T0158028

Printed in the United States
By Bookmasters

إدارة الموارد البشرية

وتأثيرات العولمة عليها

إدارة الموارد البشرية ....
وتأثيرات العولمة عليها

سنـــان الموسـوي
أستاذ إدارة الأعمال المساعد
كلية الإدارة والاقتصاد / جامعة الكوفة

25 عاماً من العطاء في صناعة الكتب

الطبعة الأولى- الإصدار الثاني

1428هـ - 2008م

المملكة الأردنية الهاشمية رقم الإيداع لدى دائرة المكتبة الوطنية (2004/4/750)

658.3

الموسوي، سنان

إدارة الموارد البشرية وتأثيرات العولمة عليها/ سنان الموسوي-
عمان: دار مجدلاوي 2004
(   ) ص.
ر.أ: (2004/4/750)
الواصفات:/ إدارة الأفراد//دراسة العمل //إدارة الأعمال /

* أعدت دائرة المكتبة الوطنية بيانات الفهرسة والتصنيف الأولية

ISBN 9957-02-144-3 (ردمك)

دار مجدلاوي للنشر والتوزيع
تليفاكس : ٥٣٤٩٤٩٧ - ٥٣٤٩٤٩٩
ص . ب ١٧٥٨ الرمز ١١٩٤١
عمان - الاردن

Dar Majdalawi Pub.& Dis.
Telefax: 5349497 - 5349499
P.O.Box: 1758 Code 11941
Amman- Jordan

www.majdalawibooks.com
E-mail: customer@majdalawibooks.com

الآراء الواردة في هذا الكتاب لا تعبر بالضرورة عن وجهة نظر الدار الناشره.

الإهـداء

إلى الوالدين الكريمين إجلالا وتقديرا

المحتويات

فهرست الأشكال

فهرست الجداول

بسم الله الرحمن الرحيم

المقدمة

أحمده سبحانه وتعالى الذي أمدني بالعون على انجاز هذا المؤلف.

لقد شهد العالم خلال العقود الاخيرة تحولات جذرية في مجالات الحياة بروافدها العلمية والمعرفية والانسانية كافة. كما وشهد تحديات كبيرة ومتنوعة تمثل ابرزها في شحة الموارد المتاحة وتعدد الاهداف وتزايد الحاجات المجتمعية والتغيرات المتسارعة في الاحداث، وما يتطلب ذلك من تحديد للأولويات وتوزيع فاعل لما هو متاح من الموارد البشرية والمادية، من هذا المنطلق سعى المؤلف إلى وضع مؤلف اداري يتناول عناوين حديثة تهم الادارة المعاصرة وطلاب الادارة وباحثيها في عالمنا العربي الفسيح ألا وهي (إدارة الموارد البشرية ... والعولمة) آملا أن يسد فراغا في المكتبة الادارية العربية بما يسهم في تطوير الواقع المعرفي للقارئ العربي الكريم.

الشكر لمن ساعد في جعل هذا الجهد حقيقة والحمد لله من قبل وبعد.

المؤلف

2002

الباب الأول
إدارة الموارد البشرية

الفصل الأول: إدارة الموارد البشرية ... نظرة عامة

الفصل الثاني: إدارة الموارد البشرية... التنظيم

الفصل الثالث: الوظائف... تحليلها وتوصيفها.

الفصل الرابع: تخطيط الموارد البشرية.

الفصل الخامس: اختيار وتعيين العاملين

الفصل السادس: الأجور وتقويم الوظائف

الفصل السابع: تقويم أداء العاملين

الفصل الثامن: تدريب العاملين

الفصل التاسع: ترقية ونقل وانضباط العاملين

الفصل العاشر: تحفيز العاملين

الفصل الحادي عشر: السلامة المهنية

الفصل الأول

إدارة الموارد البشرية ... نظرة عامة

أولا: إدارة الموارد البشرية... المفهوم

ثانيا: إدارة الموارد البشرية... الأهمية

ثالثا: إدارة الموارد البشرية... الرسالة والاستراتيجيات

رابعا: إدارة الموارد البشرية... الأهداف

خامسا: إدارة الموارد البشرية... الوظائف والمهام

سادسا: إدارة الموارد البشرية... نظام مفتوح

إدارة الموارد البشرية ... نظرة عامة

أولا: إدارة الموارد البشرية... المفهوم:

على الرغم من كثرة التعريفات التي تناولت إدارة الموارد البشرية من حيث الصياغة، إلا أنها تتحد في مضمون وروح رسالتها، وفيما يأتي مجموعـة من هذه التعريفات:

- هي مجموعة وظائف وأنشطة تستخدم لإدارة الموارد البشـرية بطريقـة بعيدة عن التحيز وبشكل فعال لخدمة الفرد والمنظمة والمجتمع في بيئة معينة.(Schuler,1981).

- هـي تخطـيط وتنظـيم ومراقبـة واسـتقطاب وتنميـة ومكافـأة وتكامـل وصيانة الموارد البشرية لغرض تحقيق أهداف المنظمة.(Flippo,1991)

- هي سلسـلة القـرارات الخاصـة بالعلاقـات الوظيفيـة المـؤثرة في فعاليـة المنظمة وفعالية الموظفين.(Milkovich,1991).

- هي العملية الخاصة باستقطاب الأفراد وتطويرهم والمحافظـة عليـهم في إطار تحقيق أهداف المنظمة وتحقيق أهدافهم.(Poole,1990).

ونفهم مـن هـذه التعريفـات إن إدارة المـوارد البشـرية تمثـل المحـور الأساس في تنظيم العلاقة بين المنظمة وموظفيها، وترمي إلى تحقيق أهدافها وأهدافهم.

ويتم ذل من خلال مجموعـة أنشـطة وبـرامج خاصـة بالحصـول عـلى الموارد البشرية وتنميتها وتوظيفها وتقويم أدائهـا وصيانتها والاحتفـاظ بهـا بشكل فعال.

وهي من هذا المنطلق تعد إدارة ستراتيجية هامة لا يمكن الاستغناء عنها وتعمل في إطار المفاهيم الآتية: (Briscoe,1992)

إن إدارة الموارد البشرية وظيفة إدارية أساسية في المنظمة شأنها شأن بقية الوظائف التنفيذية الأخرى، كوظيفة الإنتاج ووظيفة التسويق.

إن إدارة الموارد البشرية تشترك في التخطيط الاستراتيجي الشامل للمنظمة.

إن إدارة الموارد البشرية تتعامل مع العنصر البشري (الموظفين) على أساس أنه أصولا استثمارية يجب إدارتها وتطويرها بفعالية وكفاءة إذا أرادت المنظمة أن تحقق مردودا جيدا في الأمد الطويل، ممثلا في زيادة الإنتاجية وتفوق الأداء.

يجب أن تصمم البرامج، وتعد السياسات بشكل يتوافق واحتياجات العاملين الاقتصادية والعاطفية.

تهيئة المناخ الوظيفي في مجال العمل بشكل يساعد الموظفين على تقديم طاقاتهم ومهاراتهم في العمل.

تصميم وإعداد أهداف، وسياسات، ونشاطات إدارة الموارد البشرية بشكل يتحقق التناغم والتناسق فيما بينها وما يضمن التكامل مع بقية أهداف وسياسات ونشاطات الإدارات الأخرى في المنظمة.(علاقي،1993)

ثانيا: إدارة الموارد البشرية...الأهمية:

لا شك أن خلف كل منظمة ناجحة تقف إدارة موارد بشرية ناجحة في برامجها سواء كانت هذه البرامج هذه إطار اختيار الأفراد، أو تدريبهم أو تقويم أدائهم، أو صيانتهم والاحتفاظ بهم، أو من خلال برامج جيدة للمكافآت والحوافز، فهناك إذا ارتباط قوي بين نجاح المنظمة (لا سيما منظمة الأعمال) وبين برامج الموارد البشرية، وعلى الرغم من صعوبة القياس الفوري للعوائد المنتظرة من برامج جيدة للموارد البشرية إلا أن وجود مثل هذه البرامج يعود إلى تحقيق مزايا اقتصادية عديدة سواء عن طريق تخفيض التكاليف أو إضافة إلى العوائد المالية.

وهناك العديد من الدراسات التي أجريت في الدول المتقدمة تؤيد العلاقة بين وجود إدارة ناجحة للموارد البشرية ومستويات نجاح المنظمات، وبغض النظر عن حجم تلك المنظمات.

فقد أوضح تقرير تناول مائة شركة أمريكية ناجحة في سنة 1990، إن هذه الشركات تتابع السياسات التالية في إدارة مواردها البشرية: (Alvert,1990)

1- ارتباط مدير إدارة الموارد البشرية برئيس الشركة المباشرة.

2- إعطاء أهمية قصوى لسياسات الشركة في مجالات استقطاب الموظفين واختيارهم وتطوير قدراتهم.

3- تخويل الصلاحيات إلى المستويات الإدارية الدنيا في التنظيم لتتمكن من اتخاذ القرارات الصائبة في الوقت المناسب.

4- تبني تخطيط الموارد البشرية كجزء أساسي من التخطيط الستراتيجي الشامل للشركة.

وفي دراسة أخرى شملت 785 مديرا، أجاب 92% منهم أن سياسات الموارد البشرية ذات تأثير بالغ الأهمية (أو مهم جدا) في نجاح منظمات الأعمال.

وقد سئل هؤلاء القادة عن مواصفات المنظمات الناجحة وغير الناجحة في إدارة مواردها البشرية، وكانت إجاباتهم أن المنظمات الناجحة تتميز بما يلي: (Alper & Mandle, 1989)

1- الاهتمام المطلق بالموظفين واعتبارهم مورد أساسي في المنظمة.

2- وجود فرص للتدريب والتطوير والتقدم الوظيفي.

3- تقدم لهم أجورا جيدة إلى جانب الحوافز المالية الأخرى.

4- المحافظة على الموظفين وانخفاض معدل دوران العمل.

5- شبكة اتصالات داخلية مفتوحة في جميع الاتجاهات.

6- اهتمام الإدارة العليا والتزامها ببرامج الموارد البشرية.

7- تشجيع العاملين على المشاركة في اتخاذ القرارات.

أما المنظمات غير الناجحة فهي في رأي هؤلاء المدراء على النقيض من ذلك تماما.

والواقع فإن أهمية وجود إدارة فعالة للموارد البشرية نابع من إمكانية مساهمتها في نجاح المنظمة م خلال تحقيق العديد من المزايا الاقتصادية من بينها ما يلي:

1- إن وجود خبرات متخصصة في إدارة الموارد البشرية قادرة ومؤهلة على استقطاب أفضل العاملين لشغل الوظائف الشاغرة، ثم الحفاظ على هذه العناصر سيزيد من إنتاجية المنظمة ويعزز من مركزها الاقتصادي وأرباحها في الأجل الطويل.

2- إن قدرة المنظمة على توفير مناخ تنظيمي صالح للعمل، وذلك م خلال تبني برامج للموارد البشرية تساهم في تحفيز العاملين وتدفعهم إلى بذل المزيد من قدراتهم سينعكس بدون شك على رضاهم الوظيفي، وهذا سيزيد من إنتاجيتهم ومن ثم زيادة فعالية المنظمة ككل.

3- إن المعالجة الصحيحة والعادلة لمشاكل محتملة في مجالات الاختيار والتعيين وتقويم الأداء، والتدريب، والترقيات ستوفر تكاليف محتملة ناجمة عن سرعة دوران العمل، وتدني معدلات الأداء، أو انخفاض الإنتاجية.

4- إن الإدارة الناجحة للموارد البشرية توفر على المنشآت تكاليف باهضة في قضايا قانونية قد يلجأ إليها العاملين لا سيما في حالات الفصل أو عدم منح العلاوة، أو التجاوز في الترقيات.

ثالثا: إدارة الموارد البشرية... الرسالة والاستراتيجيات

لكي نبني إدارة فعالة للمواد البشرية لا بد أن يعرف ويتبنى جميع المسؤولين في المنظمة رسالة واستراتيجيات وأهداف هذه الإدارة.

بإمكاننا تعريف الستراتيجية بأنها: (خطط وأنشطة المنظمة التي يتم وضعها بطريقة تضمن إيجاد درجة من الانسجام بين رسالة المنظمة وأهدافها، وبين هذه الرسالة والبيئة التي تعمل بها بصورة فعالة وذات كفاءة عالية).

أما " رسالة المنظمة " فهي الخصائص الفريدة للمنظمة والتي تميزها عن غيرها من المنظمات المماثلة الأخرى. ومن هنا فإن الرسالة هي: (تجسيد للفلسفة الأساسية للمنظمة إلى جانب تعبيرها عن الصورة الذهنية التي ترغب المنظمة في إسقاطها على أذهان الآخرين).

وأخيرا، فإن "الأهداف " تمثل الوسائل الوسيطة التي تحتاج إليها المنظمة لكي تترجم رسالتها الفلسفية إلى مصطلحات محددة وملموسة يمكن قياسها.

فالأهداف إذن هي: (خطوات محددة على طريق تحقيق الرسالة الخاصة بالمنظمة). (السيد ، 1993)

إن مفهوم إدارة الموارد البشرية الذي قدمناه في المباحث السابقة يقوم على اعتبار أن الفرد هو أصل استثماري هام من أصول المنظمة، وإن هذه الإدارة هي شريك حقيقي وهام في التخطيط الستراتيجي الشامل، وإن عملها لم يعد محصورا فقط في إدارة الأعمال اليومية للأفراد من استقطاب وتوظيف وتدريب وتقييم...الخ، ومن هنا لا بد من التعرف على رسالة واستراتيجيات وأهداف هذه الإدارة.

1- رسالة إدارة الموارد البشرية:

إن تحديد الرسالة لإدارة الموارد البشرية والمشتقة أصلا من الرسالة العامة للمنظمة، هو الأساس في سلسلة طويلة من القرارات حول من؟ وكيف؟ وأين؟ ولماذا؟.

ومن أجل أن يفهم الجميع هذه الرسالة ويعلمون بمقتضاها، لا بد أن تتوفر فيها خصائص محددة مثل الوضوح وحسن الصياغة وتحديد المضمون

المباشر والواقعية، وعلى سبيل المثال يمكننا صياغة رسالة الموارد البشرية على النحو التالي:

التأكيد على استثمار طاقات الأفراد وقدراتهم بأقصى قدر ممكن داخل المنظمة من خلال تنفيذ استراتيجيات بناءه في مجالات الاختيار، والتعيين،، والتطوير وصيانة العاملين وبناء علاقات جيدة بينهم.

2- استراتيجية إدارة الموارد البشرية:

في ضوء الرسالة الخاصة بإدارة الموارد البشرية نستطيع بلورة الاستراتيجيات البعيدة المدى لهذه الإدارة، والمقصود بهذه الاستراتيجيات: (تحديد الأهداف الأساسية طويلة الأمد للمنظمة في مجالات إدارة الموارد البشرية التي تتجسد في مجالات العمل والممارسات التنفيذية اليومية).

ويمكن أن نحدد بعض استراتيجيات الموارد البشرية كما يلي: (,Wrether & Devis 1991)

أ) مركزية قرارات الاختيار والتعيين وذلك من أجل ثبات سياسة الاختيار والاستفادة من وجود الخبرات المتخصصة في مركز واحد.

ب) اعتماد سياسة الترقية والحصول على الكفاءات من داخل المنظمة بهدف التخلص من مصروفات البحث عن الأفراد من الخارج، ومن أجل إتاحة الفرصة أمام الموظفين الجيدين للوصول إلى المناصب الإدارية العليا.

جـ) التخلص من كل العوامل المحيطة لجهود العاملين والمثبطة لروحهم المعنوية.

د) اعتماد سياسة الاغراءات المالية للكفاءات الرفيعة بمستوى أكبر من المستوى السائد في السوق.

هـ) اعتماد سياسة التقليل من معدلات دوران العمل من خلال أسلوب جيد وفعال في الاختيار والتدريب والتحفيز.

و) اعتماد العدالة في التعامـل مـع الجميـع وتحقيـق التـوازن بـين مصالـح المنظمة ومصالح العاملين.

ز) تصـميم بـرامج تقـويم الأداء ونظام الحـوافز بشـكل مـترابط ويـرضي، ويعطي أعلى تقدير واعتراف بالإنجاز للموظفين الأكفاء في العمل.

ح) تصـميم وتطـوير والمحافظـة عـلى أسـلوب فعـال في تخطيـط التطـوير الوظيفي للأفراد تحدد فيه الفرص الوظيفية المسـتقبلية، ويتخلص فيـه الأفراد مـن العوائـق التـي تحـد مـن نشـاطهم وقدراتهم أو فرصهم في التقدم.

ط) اعتماد برامج للتطوير والتدريب لجميع المستويات الإدارية وبما يضمن رفع مهارات العاملين لمقابلـة مسـؤوليات وواجبـات الوظائـف المختلفـة بالمنظمة.

ي) تعيين الخريجين الجامعيين مـن الحاصلـين عـلى درجـة متفرقـة وممـن تتوفر فيهم مهارات الاتصال الشفوية والكتابية. (علاقي، 1993)

رابعا: إدارة الموارد البشرية... الأهداف

يتفق أغلب الباحثين على أن أهداف إدارة الموارد البشرية هي أهداف المنظمة أيضا، وعندما نحلل أهداف المنظمات بصفة عامة نجدها تنطوي تحت هدفين أساسيين هما: (White, 1991)

الكفاءة   Efficiency

العدالة   Equity

وتتجسد "الكفاءة" من خلال العلاقة بين مـدخلات العلميـة الإنتاجيـة ومخرجاتها، وتتحقق كفاءة الأداء كلما كانت قيمة المخرجات أكبر من قيمـة المدخلات ومن خلال حرص المنظمة على تحقيق أقصى استخدام لمواردهـا البشرية فإن هذا يساهم إلى جانب المدخلات الأخرى في تحقيق الكفاءة المنشودة.

ويمكن التعبير عن كفاءة أداء المنظمة من زاويتين هـما أداء المنظمـة نفسها وأداء العاملين، ويقاس أداء المنظمـة مـن زاويتين هـما أداء المنظمـة نفسها وأداء العاملين، ويقاس أداء المنظمة من خلال العائـد عـلى الاستثمار أو مـن خـلال تحديـد نصيبها في السـوق Market Share، أو مسـتوى جـدوى الخدمة المقدمة للمستهلكين... أمـا أداء العـاملين فيمكن قياسه بواسطة مؤشرات عديدة كمعدلات الأداء أو الإنتاجية، أو مـن خلال نسب الغيـاب، والحوادث والإصابات، والفصل من العمل، ومعـدلات دوران العمـل... الخ. (رمضان ، 1996)

أما فيما يتعلق بـ "**العدالة**" فهذا يتوقـف عـلى القرارات والإجراءات الخاصة بالتعامـل مـع المـوارد البشـرية، فكلـما روعيت العدالـة في أمـور التوظيف، والتدريب والتقييم والحوافز... كلما أدى ذلك في النهاية إلى رضى العاملين، وكما في جانب قياس كفاءة أداء المنظمة، فإن العدالة يمكن قياسها من زاويتين هما المنظمة والعاملين، إذ تستطيع المنظمة تحقيق العدالة مـن خلال سياسات واضحة في عدم التحيز أو المحابات في كل ما يرتبط بالعاملين وتحقيق رغباتهم وطموحاتهم.

وفي الجانب الآخر نسـتطيع الحكم عـلى عدالـة المنظمـة مـن خـلال ملاحظة نسب التظلمات والشكاوى ودرجة خطورتها وتأثيرها على معنويات العاملين وتركهم للعمل.

وفي ضوء هـذين الهـدفين الأساسيين للمـنظمات (أي هـدف الكفـاءة وهدف العدالة) يمكن أن تتبلور أهـداف إدارة المـوارد البشـرية في المنظمـة على النحو التالي:

أ) للحصول على الأفراد الأكفاء للعمل في مختلف الوظائف مـن أجـل إنتـاج السلع أو الخدمات بأحسن الطرق وأقل التكاليف.

ب) الاستفادة القصوى من جهود العاملين في إنتاج السلع أو الخدمات وفق المعايير المحددة سلفا (كما ونوعا).

جـ) تحقيق انتماء وولاء الأفراد للمنظمة والمحافظة على استمرارية رغبتهم في العمل فيها، وزيادتها كلما أمكن ذلك.

د) تنمية قدرات العاملين من خلال تدريبهم لمواجهة التغيرات التكنولوجية والإدارية في البيئة.

هـ)إيجاد ظروف عمل جيدة تمكن العاملين من أداء عملهم بصورة جيدة، وتزيد من إنتاجيتهم ومكاسبهم المالية.

و) إيجاد سياسات موضوعية تمنع سوء استخدام العاملين وتتفادى المهام التي تعرضهم للأخطار غير الضرورية.

ز) كما يتوقع العاملون أن يجدوا فرص عمل جيدة وأن تتاح لهم فرص التقدم والترقي في المنظمة عندما يصبحون مؤهلين لذلك.

كما يتوقع العاملون وجود ضمان اجتماعي وصحي جيد. (Good man, 1996).

خامسا: إدارة الموارد البشرية ... الوظائف:

ليس هناك اتفاق على ما تتضمنه إدارة الموارد البشرية من وظائف وأنشطة. ويرجع ذلك إلى انه في المنظمات المختلفة من حيث حجم أنشطتها وأعمالها وحجم العاملين بها، تختلف وظائف وأنشطة إدارة الموارد البشرية.

وقد يحدث اختلاف أيضا في توزيع المسؤوليات عن ممارسة هذه الوظائف في المنظمات المختلفة، مثال ذلك في المنظمات الصغيرة الحجم قد لا توجد بها وحدة او جهاز متخصص لشؤون الموارد البشرية حيث قد يتولى مدير المنظمة بنفسه او احد معاونيه من الرؤوساء التنفيذيين مختلف مهام توظيف العاملين والاشراف على تدريبهم وتحديد أجورهم من وظائف وأنشطة إدارة الموارد البشرية. أما المنظمات الكبيرة فعادة يوجد بها جهاز متخصص لشؤون الموارد البشرية يتولى معاونة الادارة التنفيذية في النهوض بمسؤولياتها

عن إدارة الموارد البشرية والمتمثلة أساسا في الحصول على، والابقاء والمحافظة على تنمية وتطوير.

والاستخدام الفعال، وتقييم جهود، الموارد البشرية بما يكفل ان يتوافر للمنظمة دور القوة العاملة المناسبة كما ونوعا ومن ثم فان حجم المنظمة ذاتها هو العامل الهام في توزيع المسؤوليات عن وظائف وأنشطة إدارة الموارد البشرية.

وبصفة عامة يمكن الوقوف على معالم التطور الذي طرأ على وظائف وأنشطة إدارة الموارد البشرية من خلال تتبع عدد من البحوث والدراسات التي أجريت في هذا المجال، واحدى هذه الدراسات قاد بها Coleman Charles وشملت 32 من المنظمات الكبيرة التي تعمل في مجالات مختلفة من الأعمال، وأسفرت الدراسة عن زيادة أنشطة إدارة الموارد البشرية في هذه المنظمات وذلك في ثلاثة مجالات أساسية وهي المجالات التالية:

1- التوظيف Employment

ويرجع ازدياد نشاط إدارة المواد البشرية في هذا المجال الى زيادة مطالب التوسع والتطور التكنولوجي وأثرها في زيادة الطلب على العمالة الفنية والادارية وكان من نتيجة ذلك ان برز نشاط تخطيط الموارد البشرية بصفة خاصة حيث شعرت المنظمات ان الاختيار يكون فعالا وبأقل تكلفة ممكنة اذا ما تم تخطيط احتياجات المنظمة من القوى العاملة مسبقا. وفي ذلك تبدو أهمية تحليل اتجاهات الأعمال والأنشطة المستقبلية للمنظمة.

2- إدارة الأجور Wage Administration:

أسفرت الدراسة عن تعديل كثير من الأساليب التقليدية لإدارة الأجور حيث تطبق المنظمات المبحوثة أساليب حديثة لتقييم الوظائف وتقييم الأداء، الى جانب تطبيق أساليب جيدة لتخطيط ورقابة مستويات الأجور وهيكلها بحيث تكون أنظمة التعويضات ملائمة لاستراتيجية المنظمة الى جانب كونها أنظمة محفزة وعادلة.

وتتفق هذه الدراسة مع دراسات أخرى أكدت ان عدم العدالة في تقرير سياسات الأجور يكون بمثابة عنصر خطير في مجال علاقات العمل يؤدي الى هبوط معنويات العاملين ويخلق حالة من عدم الرضاء Dissatisfaction ويرفع من معدلات الغياب Absenteeism ودوران العمل Labor Turnover ويضر بالانتاجية

3- تنمية العاملين Personnel Development :

أسفرت الدراسة عن زيادة أهمية هذه الوظيفة، وتشمل تخطيط وتنفيذ وتقييم برامج لتنمية قدرات العاملين في مختلف المستويات لمقابلة احتياجات المنظمة الحالية والمستقبلية.

وبالاضافة الى الوظائف الثلاثة الاساسية المشار اليها، فان الدراسة قد أسفرت عن ان هناك وظائف وأنشطة أخرى لإدارة الموارد البشرية ظلت على ما هي عليه بدون تغيير جوهري في أبعادها وهي الانشطة الخاصة بعلاقات العمل Labor Relations (وتشمل المساومات الجماعية والنقابات والتظلمات والتحكيم وغيرها) وكذلك أنشطة الأمن والسلامة Safety والميزات Benefits والخدمات Services.

ويبرز Fred Foulkes تطور وظائف إدارة الموارد البشرية من خلال ابرازه للاهتمامات الجديدة لإدارة الموارد البشرية والتي كشفت عنها دراسته، والتي تتمثل في مجموعها في تطوير الأنشطة المرتبطة بالعنصر البشري وأهمها الانشطة التالية:

4- مسح معنويات العاملين Attitudes Survey :

وذلك ضمن برامج للاتصال التصاعدي Upward Communication بصفة دورية ومنتظمة وليس فقط في حالة وقوع أزمات وحدوث مشاكل. ويعتبر مثل هذا المسح الدوري لمعنويات العاملين بمثابة نشاط حيوي حيث يعطي متنفسا لانفعالات العاملين كما يوفر معلومات مرتدة Feedback تعتبر أساسا جوهريا لصياغة سياسات الموارد البشرية في المنظمة.

5- تغيير يوم العمل وحياة العمل Work day and Work life :

وذلك بدراسة عدد أيام وكذلك عدد ساعات العمل التي يفضلها العاملون والتي تتيح لهم الاستمتاع بوقت فراغ أطول، مثال ذلك دراسة زيادة عدد ساعات العمل اليومي مقابل منح العاملين اجازة يومين في الاسبوع، او دراسة نظام ساعات العمل المرنة بما يناسب نماذج الحياة المختلفة للعاملين كرغبة الآباء منهم في التواجد بالمنازل قبل بدء وبعد انتهاء اليوم الدراسي لأولادهم، او دراسة تخطيط أعمال خاصة لبعض الوقت Part-Time Work تناسب النساء اللاتي لهن أطفال يحتاجون للرعاية وكذلك تناسب كبار السن والطلبة من العاملين، وبصفة عامة فان نظام ساعات العمل المرنة يتيح للموظف قدرا أكبر من الحرية في تخطيط وقته.

6- تصميم العمل Job Design :

هناك دلائل مؤكدة على ان الحياة الاسرية وحياة المجتمع بصفة عامة تتأثر ايجابيا بتحسين ظروف العمل، وقد أثبتت بعض الدراسات ان التصميم الجيد للعمل يسهم في زيادة رضاء العاملين وتحسين انتاجيتهم ، وأكدت هذه الدراسات على أهمية ملاءمة وتكييف الأعمال بما يناسب قدرات ورغبات العاملين وليس العكس .

ومن المداخل العديدة للتصميم الجيد للعمل اثارة العمل لاهتمامات العاملين Interests، وتحقيق التوافق الأمثل للعامل في عمله في ضوء أسس الهندسة البشرية Human engineering، وتكوين (فرق عمل) Team Work، واسناد مهام تحديد أهداف وحل مشكلات معينة الى عدد من العاملين لفترات محدودة وكذلك اسناد انشطة جديدة للتخطيط والرقابة توفر لهم مسؤوليات اضافية.

7- تخطيط التطور الوظيفي والتنمية Career Planing and Development

وذلك بوضع برامج تهدف الى تحسين وتطوير أداء العاملين وكذلك

تطور مستقبلهم الـوظيفي والمهنـي، مـع تـدعيم ذلك بـنظم جيدة للمعلومات Information System .

8- الأجور والميزات Pay and Benefits

وذلك بوضع سياسات جديدة ومتطورة لتحديد الأجور، مثال ذلك تحديد الأجور على أساس ما يقدر العاملون على أدائه من أعمال وليس على أساس ما يؤدونه فعلا تشجيعا لهـم عـلى تعلـم مهـارات جديدة باستمرار والالمام بخبرات متعددة، الأمر الذي يوفر للادارة درجة أكبر مـن المرونـة في إدارة الموارد البشرية. كذلك تطبيق سياسة المكافأت الجماعيـة كدلالـة عـلى أهمية فريق العمل Team Work لبعض الأعمال المرتبطة ببعضها، الى جانب أنشطة مرنة للميزات الاضافية Fringe Benefits كمعاشـات التقاعـد والتأمينـات والخدمات الاجتماعية والثقافية والصحية وغيرها.

وقد أثبتت احدى الدراسات ان بعض المـنظمات الصـناعية الأمريكيـة تعطي أهمية لبعض أنشطة ووظائف إدارة الموارد البشرية بدرجة أكبر مـما تعطيه منظمات أخرى ، مثال ذلك تـزداد أهميـة وظائف علاقـات العمـل Labor Relations والأمن والسلامة Sefety بدرجة كبيرة في صناعة الصلب حيث تزداد قوة الحركـات النقابيـة كما ان ظروف العمـل بها خطيرة، بينمـا في صناعة البـترول يـزداد الاهـتمام بوظائف الأجور والميـزات الاضافية، كما كشفت هذه الدراسة عن انه في المنظمات الكبيرة يـزداد الوقت والجهـد المستغرق في مسائل الأجور والميزات الاضافية وعلاقات العمـل بدرجـة أكبر من المنظمات صغيرة الحجم .

وبصفة عامة فان الوظائف والانشطة التالية تمثل جوهر إدارة المـوارد البشرية في المنظمة.

1- تخطيط الموارد البشرية Human Planing Resource.

وترتبط هذه الوظيفة عادة باهداف واستراتيجيات المنظمة وتشمل هـذه الوظيفة تخطيط الاحتياجـات مـن المـوارد البشريـة في فـترة مستقبلية بالعـدد

المناسب وبالنوعية المناسبة وفي الوقت المناسب سواء لمقابلة عمليات التوسع والنمو المخطط او لمقابلة عمليات الاحلال Replacement نتيجة خلو وظائف معينة من شاغليها، هذا الى جانب تخطيط المسارات التي تكفل تحقيق التوازن بين جانبي الطلب على العمالة وعرضها.

2- تحليل الوظائف او الاعمال Job Analysis :

لتحديد ابعادها من الواجبات والمسؤوليات وتحديد المتطلبات من المهارات والقدرات والخبرات اللازمة لشغلها، وتوفر هذه الوظيفة بيانات هامة ودقيقة عن الوظائف تكفل بدورها توفير الأساس الموضوعي والعادل لمعالجة كافة انشطة إدارة الموارد البشرية.

3- التوظيف Staffing:

ويركز على توفير الاحتياجات المخططة من العمالة. تتضمن هذه الوظيفة وظائف فرعية هامة تشمل استقطاب مرشحين لشغل الوظائف Recruiting سواء من خارج المنظمة او من داخلها، واختيار أفضل المرشحين المتقدمين Selection باستخدام أساليب متعددة للاختبارات Tests، وتعيينهم في الأماكن والوظائف المناسبة لقدراتهم Placement، الى جانب اتخاذ ما يلزم لنقل توقعات المنظمة الى العاملين الجدد وتهيئة وتطبيع هؤلاء العاملين مع بيئة العمل وأيضا العمل على ان تتكيف وتتوافق المنظمة مع توقعات العاملين

4- تقييم أداء العاملين Performance Appraisal

فبعد تعيين العاملين في الوظائف المناسبة لقدراتهم تبرز الحاجة إلى تقييم أدائهم وتحديد مدى كفاءتهم في أدائهم لأعمالهم ومكافأتهم عن الأداء الجيد، وقد يتضح عدم جودة أداء الموظف وهنا قد يكون التدريب مدخلا لتعويض أوجه النقص في كفاءة الموظف.

5- إدارة عمليات الترقية والنقل وانتهاء الخدمة

وذلك في ضوء سياسات وقواعد وأسس موضوعية محددة .

6- تدريب الموارد البشرية Training

لزيادة قدراتها وتطوير أدائها، وتتم ممارسة هـذا النشـاط في ضـوء برنامج مخطط لتحديد الاحتياجـات التدريبيـة وتصميم البـرامج التدريبيـة وتنفيذها ومتابعتها، ويمتد نشـاط التدريب ليشمل توجيه العـاملين الجـدد Orientation وتـدريب العـاملين في مختلـف المسـتويات الوظيفيـة، واعـادة تدريبهم عندما تتغير مؤولياتهم الوظيفية او تتغير متطلبات وظائفهم.

7- تخطيط التطور الوظيفي Career Planning

سواء على مستوى الفرد حيث يتم مساعدتهم عـلى ان يخطط لحياته الوظيفية على ضوء العوامل المرتبطة بذاته وشخصيته وبالبيئـة المحيطة والتي تحكم اتجاهات الفرد نحو مسـارات وظيفيـة معينة، او عـلى مستوى المنظمة بتخطيط تحركات العاملين للمستويات الوظيفية المختلفـة خلال فـترة حياتهم الوظيفية بما يكفل الانتفاع بالكفاءات البشرية المتاحة بالمنظمة.

8- تحديد تعويضات العاملين Compensation

ويتضمن ذلك النشاط تقييم الوظائف Job Evaluation لتحديد أهميتها النسبية فيما بينها، وتحديد النمـوذج الأفضل والأكـثر عدالـة لمـنح الأجـور، وتحديد الميزات الاضافية Fringe Benefits التي تمنح للعاملين والتي تعتبر بمثابـة زيادة في الأجر بطريقة غير مباشرة وتسهم في رفع معنويات العاملين وزيادة انتاجيتهم .

9- تصميم وتنفيذ برنامج الصيانة البشرية:

بهدف تحسين بيئة العمل المادية والاجتماعيـة والصحية والنفسـية وتطوير نوعية حياة العمل، فضلا عن توفير الأمن والسلامة للعاملين .

10- التنسيق في مجال إدارة الموارد البشرية،

ويشمل ذلك التنسيق بين مختلف وظائف وأنشطة إدارة المـوارد البشرـية في كافة أرجاء وقطاعات المنظمة من خلال ميكنيزمات التنسيق الاساسية وهـي سياسات الموارد البشرية، وقواعد الانضباط، والاتصالات الرسمية.

11- بناء والمحافظة على علاقات عمل Labor Relations فعالة داخل المنظمة :

ويشمل ذلك تنمية العلاقات التعاونية بين المنظمة والنقابة العمالية باعتبار ما للنقابات من تأثير واضح على برامج وسياسات إدارة الموارد البشرية، فضلا عن تطوير أساليب إدارة الصراع ومعالجة شكاوى وتظلمات العاملين.

12- توفير العناصر الأساسية للمدخل الانساني في إدارة الموارد البشرية وبصفة خاصة ما يرتبط منها بتوفير أساليب القيادة الفعالة، فضلا عن تحفيز العاملين لحثهم على العمل بكفاءة وفعالية وخلق الرغبة لديهم للعمل التعاوني المنتج والفعال.

13- اجراء البحوث في مجال إدارة الموارد البشرية:

للتعرف على مشاكل العاملين واتخاذ ما يلزم لحلها فضلا عن أهمية هذه البحوث في تقييم جهود وأنشطة إدارة الموارد البشرية،انه من الأهمية بمكان وضع استراتيجيات عملية لحل مشاكل أفراد القوى العاملة والتعرف على أوجه القصور ونقاط الضعف في إدارة الموارد البشرية تمهيدا لمعالجتها وتصحيح المسار نحو الهدف المنشود ، ويؤكد ذلك أهمية البحث العلمي في تقوية وتدعيم برامج إدارة الموارد البشرية وترشيد القرارات المرتبطة بها.

وتجدر الاشارة الى ان وظائف وانشطة إدارة الموارد البشرية السابق ذكرها، هي وظائف وأنشطة متكاملة ومرتبطة ببعضها البعض، واي قرار او معالجة خاصة باحداها انما تؤثر بالضرورة على وظائف وأنشطة أخرى.

(chruden & sherman,1989).

سادسا: إدارة الموارد البشرية ... نظام مفتوح:

الإدارة هي مجموعة الوظائف المتكاملة والمتناسقة لاستخدام الموارد المتاحة (**البشرية، والمادية، والفنية، والمعلوماتية**) بأقصى طاقة ممكنة من أجل تحقيق أهداف المنظمة، وتشمل هذه الوظائف تحديد الأهداف، والتخطيط،

والتنظيم، والتوجيه، والرقابة، وتقييم أداء العاملين.

ونعني بتحديد الأهداف النتائج المرغوب الوصول إليها أو تحقيقها.

أما التخطيط فهو التقرير المسبق لما يجب عمله؟ وكيف يتم؟ ومتى؟ ومن الذي يقوم به؟

أما التنظيم فهو رسم الأدوار وتحديد الوظائف والاختصاصات وتوزيع السلطات والمسؤوليات، وتوضيح العلاقات الرسمية بين الوحدات الإدارية المختلفة.

ويمثل التوجيه إرشاد العاملين وتوجيههم لتنفيذ الأعمال المطلوبة منهم، ويدخل في ذلك تحفيزهم وتشجيعهم من أجل تحقيق الأهداف المرسومة بأفضل ما يكون.

وأخيرا "الرقابة"، وهي التأكد من أن عناصر الانتاج المتاحة (المادية والبشرية) تستخدم استخداما فعالا ووفق الخطط التي تضعها المنظمة، وهي بهذا المعنى تعبير شامل عن الإشراف والمتابعة وقياس الأداء وتحديد المعايير ومقارنتها بالانجازات.

إن إدارة الموارد البشرية هي جزء من العملية الإدارية في المنظمة، وهي بدورها تمارس الوظائف الإدارية التي أشرنا إليها أعلاه. وهي في نفس الوقت نظام فرعي sub-system يتفاعل مع الأنظمة الفرعية (الوحدات الإدارية) الأخرى في المنظمة.

وبتطبيق مفهوم نظرية النظم المفتوحة على إدارة الموارد البشرية يمكننا تقديم الشكل التنظيمي التالي، وفيه نرى العديد من خصائص الأنظمة المفتوحة التي تناولناها في الفقرة السابقة ومن بين هذه الخصائص المدخلات، والعمليات، والمخرجات، والتغذية العكسية، والبيئة.

شكل رقم (1)

إدارة الموارد البشرية بصفتها نظاما مفتوحا

الحدود	البيئة الخارجية	
المدخلات	العمليات / الأنشطة	المخرجات
* فلسفة الإدارة العليا	* تحليل الوظائف وتصميمها	- سياسات وقرارات واستراتيجيات
* الأهداف	* تخطيط الموارد البشرية	- إنتاجيــة الفـرد والمجموعة
* القوانين	* التوظيف	
* الموارد البشرية	* تقويم أداء العاملين	- معنويـة ورضـا الأفراد
* الموارد المادية	* تعويض الموارد البشرية	
* الموارد التنظيمية	* حفز العاملين	- إنتاجية المنظمة
* قيم ومعتقدات	* صيانة الموارد البشرية	- قيم ومعتقدات
*	* إدارة علاقات العمل	

التغذية العكسية

البيئة الداخلية

وفيما يلي شرح لهذه العناصر في نظام إدارة الموارد البشرية وفي ضوء العملية الإدارية (White ; Chruden & Sherman,1989)

1- المدخلات

كما يلاحظ من الشكل أعلاه فإن مدخلات إدارة الموارد البشرية تتكون بشكل أساس من:

أ) الأهداف:

فالأهداف التي تسعى إلى تحقيقها هذه الإدارة تضم المنظمة والأفراد العاملين، والتي من بينها اختيار الأفراد الأكفاء والمـاهرين لتحقيـق أهداف

المنظمـة، وتـدريبهم وتطـويرهم وتعزيـز انـتمائهم وولائهـم للمنظمـة كـما تسعى إلى توفير فرص عمل جيدة وظروف ومناخ عمـل جيـد، والعدالـة في الأجور والمعاملة، والاستقرار وصيانة العاملين صحيا واجتماعيا...

ب) السياسات والتشريعات:

تمثل سياسات الموارد البشرية في المنظمة توجيهات أو قواعـد إرشادية لمساعدة العاملين في تحقيق أهداف المنظمة، وفي نفس الوقت تحدد هـذه السياسات ما هو مقبول أو مرفوض من سلوكيات.

ويتولى أعداد هذه السياسات المسؤولين عـن إدارة المـوارد البشريـة في المنظمـة، وتكـون السياسـات عـلى شكل عبـارات عامـة ويفضل أن تكون مكتوبة لكي يتمكن متخذ القرار من الرجوع إليها عند الحاجة.

وترتبط السياسات الخاصة بالأفراد بما سبق تحديده من أهداف، وهي بدورها تحدد المسار الذي تسير عليه خطط العمل.

وفي إدارة المـوارد البشرية هنـاك سياسـات خاصـة بالاختيـار والتوظيف والتدريب والترقية والأجور والمكافآت وتقويم الأداء...الخ.

ومن الأمثلة على السياسات في التوظيف وجوب تطبيق مبدأ الجدارة بغض النظر عن الاعتبارات الشخصية.

أما التشريعات فتتضمن القوانين والأنظمة واللوائح والإجراءات المتبعة في المنظمة وهي تؤثر بشكل مباشر على كيفية ممارسة إدارة الموارد البشرية لوظائفها الأساسية.

ج) الموارد البشرية:

وتشمل جميع العاملين في المنظمة، وهم الركيزة الأساسية لإدارة المنظمـة وإن إنجاز الأهـداف لا يمكن أن يتحقـق إلا مـن خلالهـم، ولا بـد لإدارة المـوارد البشرية من دراسة المواصفات الشخصية المهنية والعلمية والسلوكية للعاملين في المنظمة والوقوف على أهم الفروقات بينهم وما هي مستوياتهم الثقافية والقيم

والاتجاهات التي يحملونها بشأن العمل والمنظمة.

كما يتوجب عليها التعرف على الافتراضات أو الفلسفة تحملها الإدارة العليا بخصوص العاملين، إن الوقوف على هـذه المتغيـرات أو الخصائص تساعد بلا شك إدارة الموارد البشرية في كثير من سياساتها وخاصة في مجال التطويـر والتـدريب، تصـميم الوظائف، تحديـد الواجبـات، تحديـد الأجور والرواتـب والمزايـا الماديـة وغيـر الماديـة، تقويـم الأداء، وتخطيـط المسـار الوظيفي.

د) الموارد المادية:

وتشمل الموجودات الثابتة علـى اختلاف أنواعهـا كالأبنيـة والمكائن واللوازم المستخدمة في العمل.

هـ) الموارد التنظيمية:

وتتضمن طرق وأساليب العمل الخاصة بأداء العمل اليومي أو بأعداد موازنة القوى العاملة أو الخاصة باختيار الأفراد وتقويم أدائهـم وتـدريبهم، وتطوير، وتحديد مسارهم الوظيفي... الخ.

2- العمليات أو الوظائف المتخصصة:

كذلك يبين الشكل السابق إن إدارة الموارد البشـرية تمارس عـددا مـن العمليـات أو الوظائـف الإداريـة المتخصصة لتحليل الوظائف وتوصيفها وتخطيط الموارد البشرية واختيار تعيين الأفراد للعمـل في المنظمـة وتقويم الأداء وتدريب وتطويـر العاملين إلى جانـب حفـزهم ومعالجـة أوضـاعهم ومشكلاتهم. والواقع أن ممارسة إدارة المـوارد البشـرية لهـذه العمليـات أو الوظائف المتخصصة تسير جنبا لجنب مع ممارستها لوظائف إداريـة أخرى تشترك فيها مع جميع الإدارات الموجودة داخل المنظمة.

وهذه الوظائف الإدارية هي التخطيط والتنظيم والتوجيـه والمتابعـة التي تمارسها على أنشطتها والعاملين فيها، (flippo, 1994)

3- المخرجات:

لنظام إدارة الموارد البشرية مخرجات عديدة تضخها في البيئة الداخلية و/ أو الخارجية، وتتمثل المخرجات هنا بنتائج ملموسة كالخدمات الاستشارية العديدة التي تقدمها في مجالات تصميم الوظائف وأنظمة الأجور والحوافز الاستشارية الخاصة بالتدريب وتخطيط المسار الوظيفي والعلاقات بين الموظفين، وتلك الخاصة بالإنتاج والخدمات الخاصة بالصحة والسلامة للعاملين.

4- التغذية العكسية:

وكما نلاحظ من الشكل السابق أن من بين عناصر نظام إدارة الموارد البشرية، التغذية العكسية Feedback، وهي معلومات تحمل رسائل وإرشادات معينة من ذوي العلاقة توضح لهم كيفية سير العمل في النظام ومدى تطابق إنجازاته مع الخطط الموضوعة.

إن التغذية العكسية هي التي تربط المخرجات والعمليات والمدخلات مع بعضها.

5- البيئة:

هي الإطار الذي تعمل فيه إدارة الموارد البشرية، أو هي جميع الأشياء أو المتغيرات التي تحيط بهذه الإدارة ولها علاقة معها، ويمكن تقسيم بيئة إدارة الموارد البشرية إلى بيئة داخلية أي داخل المنظمة وتضم المتغيرات التي تربط هذه الإدارة مع الإدارات أو المستويات الإدارية الأخرى داخل المنظمة، ومن بين هذه المتغيرات الخصائص العامة للمنظمة وهيكلها التنظيمي ومستوى التكنولوجيا ومواصفات العاملين إلى جانب فلسفة الإدارة العليا وأساليب تعاملها مع العاملين.

وهناك أيضا البيئة الخارجية لإدارة الموارد البشرية وهي البيئة التي

تحيط بالمنظمة بصورة عامة وتتمثل في كل الأحداث والمنظمات والقوى الأخرى ذات الطبيعة الاجتماعية والاقتصادية والتكنولوجية والسياسية والقانونية والثقافية، والواقعة خارج نطاق سيطرة إدارة الموارد البشرية. (Poole, 1990).

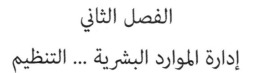

الفصل الثاني

إدارة الموارد البشرية ... التنظيم

أولاً: علاقة إدارة الموارد البشرية بالإدارات الأخرى

ثانياً: التنظيم الداخلي لإدارة الموارد البشرية

ثالثاً: العاملين في إدارة الموارد البشرية...المهارات والصفات المطلوبة

الفصل الثاني

إدارة الموارد البشرية ... التنظيم

أولاً: علاقة إدارة الموارد البشرية بالإدارات الأخرى:

إدارة المـوارد البشـرية هـي إدارة متخصصـة في شـؤون العـاملين في المنظمة إلا أن هذه الحقيقة لا تعني إلغـاء دور الإدارات الأخرى في رعايـة شؤون العاملين بها والتأكد من صلاحيتهم للعمل من أجل تحقيق أهداف المنظمة، فعلى مديري الإدارات الأخرى التأكـد مـن قـدرة الأفـراد واستغلال طاقاتهم بأعلى كفاءة ممكنـة، ويساعدهم في ذلك إدارة المـوارد البشـرية، فالعلاقة قوية إذن بـين هـذه الإدارة والإدارات الأخـرى، حيـث تقـوم إدارة المـوارد البشـرية بمسـاعدة هـذه الإدارات في ضمـان الحصـول عـلى هـذه الطاقات وتطويرها والمحافظة عليها وذلك مـن خـلال بـرامج وسياسـات مخصصة لهذا الغرض.(هاشم، 1989)

ومـن هـذا المنطلـق فـإن لإدارة المـوارد البشـرية وظيفـة أو سـلطة استشارية Staff Authority تميـز نمـط علاقـة هـذه الإدارة بـالإدارات الأخرى الموجـودة في المنظمـة ومـا نقصده في هـذه السـلطة هـو أن إدارة المـوارد البشرية (على عكس الإدارات التنفيذية الأخرى والتي تتمتع بسلطة تنفيذية أو خطيـة Line Authority) لا تتمتـع بحـق إصـدار الأوامـر والتوجيهـات إلى الإدارات الأخرى الواقعة على خط السلطة، بـل فقـط تتمتع بحـق المشورة والنصح للإدارات التنفيذيـة الأخرى عنـدما تطلـب منهـا ذلـك بخصـوص المواضيع المرتبطة بكيفية الإدارة الفعالة للموارد البشرية تحت إداراتهم.

ومن جهة أخرى، يجب عدم الخلط بين السلطة الاستشارية التي تصف علاقة إدارة المـوارد البشرية مـع الإدارات الأخرى وبين السـلطة التنفيذية أو الخطيـة التـي تـتم مزاولتها داخـل هـذه الادارة. ذلـك أن مـدير ادارة المـوارد

البشرية، بينما لا يملك حق اصدار الأوامر والتوجيهات للعاملين في الادارات الأخرى، فإنه يملك سلطة اصدار مثل هذه الأوامر والتوجيهات للعاملين داخل إدارته.(Dessler,1999)

وإذا كانت إدارة الموارد البشرية حكمها في ذلك حكم العديد من الإدارات الاستشارية الأخرى مثل الشؤون القانونية والتخطيط والمتابعة والبحث والتطوير تتمتع أساساً بسلطة استشارية فإن الكثير من علماء الإدارة وممارسيها اليوم أصبحوا يؤمنون بأهمية هذه الإدارة على مستوى المنظمة إجمالاً، ويؤمنون أيضاً بعدم جدوى الفصل القاطع بين السلطة التنفيذية والسلطة الاستشارية فيها لاسيما في المنظمات الحديثة الضخمة والمعقدة، وهذا الذي ندعو إليه في كتابنا. فمدير إدارة الموارد البشرية في مثل هذه المنظمات يجب إعطائه الحق في إصدار قرارات تنفيذية ملزمة لباقي الإدارات في العديد من المسائل المتعلقة بإدارة الموارد البشرية. وهذا يعني أن إدارة الموارد البشرية أصبحت تمارس نوعا ثالثاً وجدياً من السلطة يطلق عليه السلطة الوظيفية Functional Authority.

وتستمد إدارة الموارد البشرية سلطتها الثالثة هذه من خلال الخدمات التي تقدمها للوحدات الإدارية الأخرى مثل إعداد مشروعات القوانين واللوائح الخاصة بشؤون العاملين، ووضع الأنظمة المتعلقة بترقية وتعيين العاملين ونقلهم، مقابلة المرشحين، وجمع المعلومات عن العاملين، وتوصيف وتقويم الوظائف... الخ.(mathis & Jackson,1995)

وإذا كانت علاقة إدارة الموارد البشرية بالإدارات الأخرى في المنظمة تتميز أساسا بكونها علاقة استشارية بدأت ترقى مؤخراً في بعض المنظمات المتطورة إلى مرتبة العلاقة الوظيفية، فإن هناك نقطتين تميزان أيضاً العلاقة بين هذه الإدارة وبقية الإدارات الأخرى، هما:

1- المركزية أو اللامركزية في تنظيم العلاقة:

فعند اتباع أسلوب المركزية يتم إنشاء إدارة واحدة مركزية للموارد البشرية تقوم بخدمة جميع إدارات أو فروع المنظمة. أما في حالة اتباع أسلوب اللامركزية فتقوم الإدارة العليا في المنظمة بإنشاء أكثر من وحدة للأفراد لخدمة الفروع أو المصانع المختلفة مع وجود أو عدم وجود إدارة مركزية للموارد البشرية وهناك بالطبع عوامل عديدة تغري الإدارة في اتباع أسلوب اللامركزية أو المركزية في هذا المجال، ومن أهم هذه العوامل ما يلي: (Randall & shler, 1991)

أ)حجم المنظمة:

تميل المنظمات صغيرة الحجم إلى الأخذ بالأسلوب المركزي نظراً لقلة عدد العاملين بإدارة الأفراد. أما في المنظمات الكبيرة أو العملاقة والتي عادة تضم أكثر من فرع أو مصنع وفي مناطق جغرافية متباعدة فنلاحظ ميلها إلى الأخذ بالأسلوب اللامركزي من خلال إنشاء وحدة للأفراد في كل فرع أو مصنع.

ب) فلسفة الإدارة العليا تجاه الموارد البشرية:

فعندما تركز الإدارة العليا على هدف توحيد السياسات المرتبطة بالموارد البشرية وتنسيقها على مستوى المنظمة ككل، أو عندما ترغب الإدارة العليا في اتخاذ قرارات الأفراد بنفسها أو تحت إشرافها المباشر فإنها تتجه عادة للأخذ بأسلوب التنظيم المركزي.

ج) الحاجة إلى التخصص:

عندما تحتاج الممارسة الكفئة لنشاط معين من أنشطة إدارة الموارد البشرية إلى درجة عالية من التخصص في المعارف والخبرات فيفضل في هذه الحالة الأخذ بالأسلوب المركزي في تنظيم هذه الإدارة.

د) الظروف البيئية:

فكلما اتسمت الظروف البيئية التي تعمل فيها المنظمة بالتعقيد والتغير المتواصل غير المتوقع تتجه الإدارة العليا نحو الأخذ بالأسلوب اللامركزي في تنظيم إدارة الموارد البشرية، والعكس صحيح. وتشمل الظروف البيئية الأمور الاقتصادية والسياسية والاجتماعية والثقافية والقانونية...

1- أسلوب تنظيم المصفوفة في تنظيم العلاقة:

أما فيما يتعلق بمدى الأخذ بأسلوب تنظيم المصفوفة Matrix Organization Structure عند تنظيم علاقة إدارة الموارد البشرية بالإدارات الأخرى في المنظمة، فإن الأخذ بهذا الأسلوب سيجعل الهيكل التنظيمي لإدارة الموارد البشرية يخضع لشكلين من أشكال التنظيم في آن واحد. أولهما التنظيم الوظيفي، حيث تقسم المنظمة إلى مجموعة من الإدارات الوظيفية مثل الإنتاج، والتسويق والمالية والأفراد... وثانيهما تنظيم المشروع وإدارته Project Management. حيث يتم إنشاء مشروعات صغيرة داخل المنظمة مؤلفة من جماعات عمل أخذت من الإدارات الوظيفية بشكل مؤقت. أي عندما يتم إنجاز المشروع يرجع أعضاء المجموعة كل إلى إدارته الأصلية بانتظار البدء بمشروع جديد آخر. ومن منظور إدارة الموارد البشرية فإن متخصصي الأفراد في حالة الأخذ بتنظيم المصفوفة سيخضعون لرئاستين في وقت واحد، هما مدير إدارة الموارد البشرية ومدير المشروع الذي يعملون معه طوال مدة حياة المشروع. الأمر الذي قد يؤدي إلى تضارب الاختصاصات والمصالح، وبالتالي فإن هذا النوع من التنظيم يحتاج إلى مهارة إدارية عالية. ويمثل الشكل التالي العلاقة بين إدارات المنظمة في حال الأخذ بأسلوب تنظيم المصفوفة: (Source: poole: 1990)

شكل رقم (2)

التنظيم المصفوفي

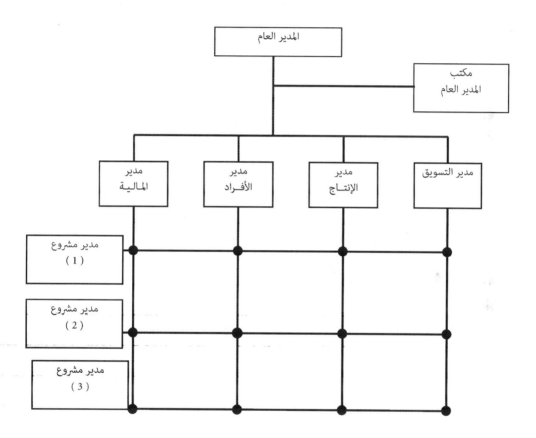

ثانياً: التنظيم الداخلي لإدارة الموارد البشرية:

قلنا سابقاً أن موقع إدارة الموارد البشرية في الهيكل التنظيمي يختلف بحسب متغيرات عديدة من بينها فلسفة الإدارة العليا حول أهمية هذه الإدارة في المنظمة، والواجبات والمسؤوليات المسندة إليها.

ولكن، وبناءاً على ما سبق أن بيناه في المباحث السابقة فإن المسؤوليات

التي تضطلع بها هذه الإدارة كبيرة ومتنوعة، وعليه نستطيع القول أن وضع هـذه الإدارة في الهيكـل التنظيمـي لشركة كبـيرة أو متوسـطة الحجم يمكن أن يكون في نفس مستوى إدارات الإنتاج والتسويق والمالية.

ويرأس مدير إدارة المـوارد البشـرية عـدة أقسـام أو وحـدات وظيفـية متعددة حسب الاختصاصات والتشابه الوظيفي وتتولى إدارة الموارد البشرية إعداد وتصميم معظم السياسات والبرامج الخاصة بالأفراد عـلى أن يقوم بالتنفيذ الإدارات المختلفة في المنظمة مع تقـديم النصح والاستشارة إليهم عند الحاجة.

وفي حالة ما إذا كان للشركة فروعاً خارجية موزعة بين أكثر من مدينة فإن مدراء تلك الفروع ملزمين بتنفيذ السياسات العامة التي تنظم أمور الموارد البشرية في الشركة من توظيف، وتطوير، وحوافز خدمات، وغيرها.

والشكل التالي يصور موقع ونشاطات إدارة الموارد البشرية في منظمة إفتراضية، علما بأن هـذه الأنشطة لا يوجد اتفاق كامـل بشـأن عـددها أو تسمياتها، وقد تتداخل الاختصاصات مع بعضها أيضاً، ومـرد هـذا الاختـلاف أسباب عديدة كفلسفة الإدارة العليا، وحجم المنظمـة، ونوع القطاع الـذي توجد فيه المنظمة، والظروف البيئية التي تعمل في ظلها.

شكل رقم (3)

موقع ونشاطات إدارة الموارد البشرية في منظمة كبيرة أو متوسطة الحجم

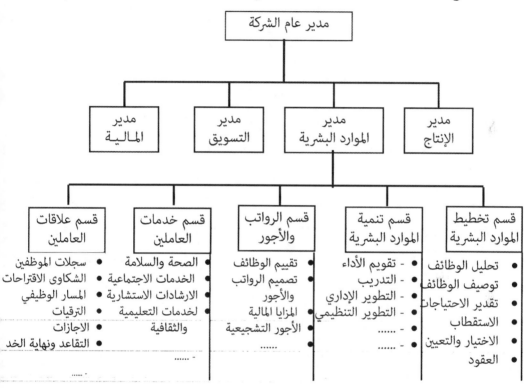

(Source :Flippo,1994)

ثالثاً: العاملين في إدارة الموارد البشرية ... المهارات والصفات المطلوبة:

يحتاج المدراء إلى مجموعة من المهارات لكي يؤدوا عملهم بشكل جيد، ويمكن تصنيف هذه المهارات إلى ثلاثة أقسام هي:

1- المهارات الفنية أو التخصصية:

وهي التي تختص بمعرفة المدير لطبيعة العمل المناط به وخصائصه، وقدرته على حل مشاكله بكفاءة.

2- المهارات السلوكية:

أو ما يسمى بفن التعامل مع الآخرين، مثل مهارات الاتصال، حل الصراعات، والتفاوض وتكوين العلاقات الاجتماعية، وكسب ثقة الآخرين ومحبتهم.

3- المهارات الفكرية:

وهي قدرة المدير على التفكير المنطقي والحكم على الأمور بشكل سليم، والقدرة على التنبؤ، واتخاذ القرارات مناسبة.

غير أن المستوى اللازم من هذه المهارات يختلف باختلاف موقع المدير في الهرم التنظيمي للمنظمة.

فما موجود منها لدى مدير يعمل في الإدارة العليا يختلف عما هو موجود لدى زميله الذي يعمل في مستوى الإدارة الوسطى أو مستوى الإدارة الإشرافية، ويوضح الشكل التالي مستوى وحجم المهارات المطلوبة في كل مستوى إداري.

شكل رقم (4)

المهارات المطلوبة للمدير في المستويات الإداريةالمختلفة بالمنظمة

المهارة / المستوى الإداري	المهارة الفكرية	المهارة السلوكية	المهارة الفنية
الإدارة العليا			
الإدارة الوسطى			
الإدارة الإشرافية			

وحيث أن إدارة الموارد البشرية يفترض أن تحتل موقعاً استراتيجياً في الهيكل التنظيمي للمنظمة، فإنه ينبغي أن تتوفر لدى قيادتها الخصائص والمواصفات التالية:

1- معرفة جيدة بطبيعة العمل وجوانبه العملية والنظرية.

2- إلمام شامل بطبيعة المنظمة وأهدافها والظروف التي تعمل فيها.

3- إلمام بطرق العمل الفنية ومقاييس الأداء والإنتاجية.

4- الاطلاع والفهم على القوانين والأنظمة الحكومية ذات العلاقة.

5- مقدرة تفاوضية جيدة.

6- الاستماع الجيد.

7- تكوين العلاقات مع الأطراف المختلفة.

8- القدرة على الاتصال بأشكاله المختلفة.

9- معرفة جيدة في استخدام الحاسوب.

الفصل الثالث

الوظائف ... تحليلها وتوصيفها

أولاً: الوظائف... تحليلها.

ثانياً: الوظائف... توصيفها.

ثالثاً: استمارة جمع المعلومات عن الوظائف.

الوظائف ... تحليلها وتوصيفها

أولاً: الوظائف ... التحليل:

تبدأ عملية تحليل الوظائف بجمع الحقائق والمعلومات عن التنظيم الإداري القائم وعن الوظائف نفسها لا عن شاغليها.

ولهذه العملية أهمية كبيرة، فهي حجر الأساس في العملية الشاملة لتحليل الوظائف، ولذا، يجب الإحاطة بميزانية الوظائف وبالتنظيم القائم وبمكونات كل وظيفة، إن هذه المعلومات سيتم الاعتماد عليها لدى إجراء تقويم الوظائف.

ولدى جمع المعلومات عن التنظيم الإداري القائم، يراعى ضرورة التعرف على التقسيمات الرئيسة والفرعية للتنظيم وخطوط السلطة والاتصال، واختصاصات كل تقسيم تنظيمي، كذل، لا بد من التعرف على نظام سير العمل داخل التنظيم، وعلى القوانين واللوائح والتعليمات والنظم التي تحكم العمل، ومواقع الوظائف في البناء التنظيمي، حتى يتحدد نطاق إشرافها، وكذا الإشراف الواقع عليها.

وفي إطار عملية جمع الحقائق والمعلومات، يتم حصر الوظائف القائمة في الهيكل الوظيفي للمنظمة، سواء أكانت هذه الوظائف شاغرة أو مشغولة. ومن ثم جمع المعلومات عن واجبات ومسؤوليات الوظيفة، ذلك لأن ما يعمله في وظيفته يحدد القدرات الجسمية والذهنية المطلوبة. وفي إطار هذه العملية أيضا تتم معرفة كيف يؤدي الموظف وظيفته، أي الطرق التي يسلكها لأدائها والوسائل التي يستخدمها لذلك، ومعرفة مستوى الشخص الذي يشغل الوظيفة وهدفها، ومكانها في العملية الإنتاجية، ودرجة أهميتها قياسا بالوظائف الأخرى.

عموما، تعتبر المصادر التالية مـن الروافد التـي يمكـن الاعتماد عليهـا لجمع الحقائق والمعلومات لأغراض التحليل الوظيفي:

1- القوانين والأنظمـة التـي تحكـم التنظيـم وتبـين كيفيـة إنشـائه، وتحـدد اختصاصاته وطريقة توزيعها على وحداته التنظيمية المختلفة.

2- نظم وسياسات التوظف وهي تفيـد فائـدة كبيرة في عمليـة التحليـل، إذ أنها تصور الأوضاع الوظيفية والمالية للموظفين، التي يعلمـون بهـا حاليـا وقبل إجراء عمليات التحليل الوظيفي.

3- التعليمات والقرارات الخاصة بإجراءات العمـل التـي توضـح واقـع هـذه الإجراءات، والتي تعطي صورة صادقة كذلك عن نظام العمل وتتابعه.

4- التقارير التي تعدها الوحدات التنظيمية عن أوجه نشاطها، وهـي تفيـد كذلك في الوقوف على أهداف هذه الوحدات.

5- الخرائط التنظيمية التي توضـح مختلـف الوحدات التنظيميـة الرئيسـة والفرعية كما هي فعلا.

6- اختصاصات كل تقسيم رئيس أو فرعي في الوحدات التنظيمية.

7- سجلات العاملين لحصر وتحديد عناوين الوظائف المشمولة بعمليـات التحليـل الوظيفي، وبما ينسجم مع الحاجة الفعلية لطبيعة وضرورات العمل.

أساليب جمع الحقائق والمعلومات:

تستخدم عادة الأساليب الأساسية التالية لجمع الحقائق والمعلومات:

أ) الملاحظة أو المشاهدة الشخصية:

تبدأ عملية الملاحظة الشخصية بـأن يقدم المحلـل التنظيمـي نفسـه للرئيس المباشر الذي تقع الوظيفة ضمن إشرافه ليستأذن في بدئ الملاحظة، وفي تحديد العاملين الذين ستتم ملاحظتهم. ثم يقدم المحلـل نفسـه لهـم ويشـرح لهـم طبيعـة المهمـة وأهـدافها، وقـد يسـتكمل المحلـل ملاحظتـه بالاستيضاح من

شاغل الوظيفة أو من الرئيس المباشر، كلما كان ذلك ضروريا، على أنه من المهم ألا يتدخل في أسلوب أداء الموظف لوظيفته.

وتتم عملية الملاحظ الشخصية بتتبع عمل شاغل الوظيفة، وملاحظة إجراءتها، و خطواتها، وعلاقتها بغيرها، وجميع العناصر التي تتعلق بالممارسة الفعلية لواجبات ومسؤوليات الوظيفة. ويكفل هذا الأسلوب، دقة وسلامة الحقائق التي يتم جمعها، لأنه المحلل من المعرفة المباشرة بالوظيفة، ويتيح له ملاحظة عدد من الوظائف في الوقت نفسه.

تصلح الملاحظة الشخصية للوظائف التي يغلب عليها السلوك الظاهر وذات الطابع الجسماني المتكرر،أي أنها مفيدة بوجه خاص في جمع المعلومات عن الوظائف التي تنطوي على عمليات يدوية، أما الوظائف التي تعتمد في أدائها على المجهود الذهني فيتعذر رصد أنشطتها عن طريق الملاحظة الشخصية.

ب) المقابلة الشخصية:

أي مقابلة شاغل الوظيفة ورئيسه المباشر، وقد يتطلب الأمر مقابلة الأشخاص الذين يؤثرون ويتأثرون بالوظيفة، للتعرف على الوظيفة التي يقوم بها الموظف والظروف التي تحيط بها. على أن ما يجب ذكره هنا أن المحلل لا يحتاج إلى إجراء مقابلات مع جميع الذين يشغلون منصبا معينا بل يكتفي بعينة ممثلة منهم، بحيث تضم هذه العينة أكثر الموظفين خبرة وأقلهم خبرة كذلك، وعادة ما يقوم المقابل Interviewer بإثارة عدد من الأسئلة مع شاغل الوظيفة، تتعلق بحجم الواجبات الوظيفية، والأجزاء التي تتكون منها، ومدى انتظام هذه الأجزاء، وتكرارها، وتوقيتها، ودرجة أهميتها وصعوبتها، والإشراف الذي تمارسه الوظيفة أو الذي يقع عليها ونحوها. وأسلوب المقابلة الشخصية شائع الاستخدام في دراسة مكونات الوظائف الإدارية وذات التخصصات العالية والدقيقة (كوظائف البحوث) نظرا لما تتطلبه طبيعة هذه

الوظائف م ضرورة التعمق في عملية استيفاء المعلومات، وضرورة تطويع الأسئلة بما يناسب الطبيعة المعقدة والمتغيرة لكل وظيفة.

ويتميز هذا الأسلوب بأنه يسمح بالحصول على المعلومات المطلوبة، ويعفي الموظفين من الكتابة، ويكون المحلل في موقف يسمح له بمناقشة جوانب الوظيفة المختلفة، بما يمكن من الوقوف على أصدق صورة لها. ويضمن هذا الأسلوب مشاركة مباشرة ومفتوحة للموظفين، ويعطي المحلل فهما أفضل للوظيفة. وهو يتطلب إلماما كافيا بالأساليب الفنية لعملية المقابلة الشخصية للحصول على صورة صادقة وصحيحة لما هو مطلوب. ولكن يعاب على هذا الأسلوب أنه يتطلب كثيرا من الجهد والوقت. وقد يشعر بعض الموظفين بالتهديد وعدم الارتياح لإعطاء معلومات كافية، كما أنه قد يركز على العناصر الحالية للوظيفة ويتجاهل النواحي المستقبلية لها. ويعيبه، كذلك، التركيز على شاغل الوظيفة لا على مواصفات الوظيفة نفسها، وعلى ما يقوم المرؤوس بأدائه فعلا.

ومن الإرشادات المفيدة عند القيام بالمقابلة، بهدف جمع الحقائق والمعلومات، ما يلي:

1- قيام المحلل المقابل بتقديم نفسه وشرح سبب المقابلة وطبيعة المهمة وإظهار اهتمامه بالموظف وبوظيفته، والتحدث إلى الموظفين بلغتهم الخاصة.

2- تجنب اختبار الموظف بكيفية الأداء، أو لفت النظر إلى أخطاء الأداء، فطبيعة عمله هنا وصفية بحتة لا انتقالية.

3- الإعداد للمقابلة: بما يضمن الحصول على إجابات عن جميع الأسئلة الواردة في الاستبيان، كما يجب تخطيط تتابع الأسئلة حتى لا تكون هناك لحظات صمت باهتة نتيجة للتردد أو عدم الثقة.

4- تحديد موعد المقابلة، بحيث لا يحدث إلا أقل ما يمكن من الإرباك في سير عمل الوحدة التنظيمية.

5- مقابلة الموظفين في أماكن أعمالهم الفعلية وتشجيعهم على الحديث، وإعطائهم الفرصة لتقديم معلومات إضافية وطرح أي أسئلة يريدونها.

6- تحديد مدة المقابلة، بحيث تتراوح مدتها بين عشرين وثلاثين دقيقة.

7- عدم إعطاء أية معلومات تتعلق بتسميات الفئات الوظيفية أو أجورها أو غير ذلك من البيانات لأي من الموظفين، إذ أن هذا الوقت ليس مناسبا للتصريح بأي شيء يتعلق بأوضاع العاملين.

8- تخصيص وقت كاف لكتابة نتائج المقابلة، والتقليل من كتابة المذكرات خلال الزيارة إلى الحد الأدنى، إذ أن ذلك قد يثير الموظف.

9- الحرص على أوقات المتقابل معهم وعدم التدخل في المشكلات والخلافات التي قد يثيرها العاملون، والابتعاد عن المصطلحات الفنية التي يعتذر على بعض العاملين فهمها. كذلك الابتعاد عن كل ما من شأنه أن يثير الريبة في نزاهة المقابل.

10- الحرص على تسجيل جميع البيانات والملاحظات والمعلومات بعد انتهاء المقابلة مباشرة.

ج) الاستبيان الكتابي:

وفقا لهذا الأسلوب، يقوم شاغل الوظيفة بالإجابة عن مجموعة من الأسئلة المكتوبة، بحيث تغطي الوظيفة التي يؤديها، من حيث واجباتها ومسؤولياتها، والمعدات المستخدمة فيها، والتسهيلات اللازمة لها، ودرجة تكرار جزئياتها.

والاستبيان الكتابي من أكثر أساليب جمع المعلومات شيوعا لسهولته وانخفاض تكلفته، ويكون أداة فعالة عندما تكون الوظائف التي سيتم تحليلها واضحة المعالم. غير أن ما يعيبه أن البيانات التي يتم جمعها قد تكتنفها المبالغة، مما لا يعطي دلالة حقيقة عن واجبات ومسؤوليات الوظائف، فقد

يعمد أحد العاملين، لعدم وجود اتصال مباشر بين محلل الوظيفة والموظف، إلى إعطاء إجابات غير صحيحة أو غير دقيقة، ظنا منه أن لذلك تأثيرا على تحديد مستوى وظيفته، وفي الوقت نفسه قد تتسم إجابات بعضهم بالإيجاز أو عدم الوضوح، بسبب ضعف القدرة اللغوية أو بسبب السرعة أو عدم المبالاة. كما قد تظهر مشكلات تتعلق بتفسير الأسئلة لدى المجيب عن الاستبيان ولدى المحلل أيضا. كما أن صعوبة وضع نموذج يفهمه جميع العاملين في المنظمة يمثل عيبا آخر.

ولدى استخدام أسلوب الاستبيان الكتابي، من الضروري أن يرفق بخطاب إضافي لكل موظف باسمه، يوضح أهداف الاستبيان، والفائدة المتوقعة منه، مع طلب تعاونه، بالإجابة الصريحة عن الأسئلة وتسليمها للرئيس المباشر، ويقوم هذا الأخير بتعديل أو باعتماد صحة ما ورد من معلومات. ومن المهم الحصول على توقيع كل موظف باستلام قائمة الاستبيان، بحيث يسهل حصر واستلام القوائم بعد مهلة استيفائها، التي يجب توضيحها في الخطاب الشخصي أو في صدر قائمة الاستبيان.

ووفق هذا الأسلوب، هناك طريقتان رئيستان لصياغة أسئلة قائمة الاستبيان، هما: **طريقة الأسئلة المفتوحة** Open Ended Questions، **وطريقة الأسئلة المغلقة أو المقيدة** Closed or Restricted Questions.

ووفقا للطريقة الأولى، تصاغ الأسئلة التي تتضمنها الاستمارة ويطلب من الموظف كتابة الإجابات عن الأسئلة في فراغات مخصصة لهذا الغرض. أما طريقة الأسئلة المغلقة، فتقوم على إعطاء الموظف بدائل الإجابات الممكنة ليختار منها الإجابات الصحيحة التي تطابق الوظيفة التي يؤديها العامل، ولكل طريقة مزاياها وعيوبها.

جدير بالذكر أن اختيار أي أسلوب من أساليب جمع المعلومات المذكورة يتوقف على ظروف كل منظمة ومدى الدقة المطلوبة والوقت والإمكانات المتاحة، إذ أن لكل أسلوب مزاياه وعيوبه، فأسلوب الملاحظة الشخصية، وأسلوب المقابلة

الشخصية هما أكثر الأساليب دقة للحصول على البيانات الواقعية، بخاصة إذا ما كانت أعداد الوظائف محدودة. ومن شأن هذين الأسلوبين أن يؤديا إلى إحساس الموظفين بمشاركتهم في عمليات التحليل والوصف، مما يجعلهم يسعن إلى التعاون معهم بطريقة إيجابية.

على أن المسألة الجديرة بالاعتبار فيما يتعلق بقائمة استبيان تحليل الوظائف ،ان تتم على عينة من الموظفين، حتى اذا ما تبين حصول خطأ معين جرى تصحيح الخطأ بسرعة وبأقل تكلفة ممكنة، واذا ما نجحت التجربة الأولى جرى تعميمها على سائر الوحدات التنظيمية الأخرى المشمولة بالتحليل الوظيفي.

ومن الحقائق المسلم بها في هذا السياق ،انه ينبغي ان يراعى عند وضع الأسئلة ،السهولة والوضوح وتحديد المطلوب في السؤال بطريقة قاطعة لا تحتمل التأويل. وأن لا يترك الموظفون بمفردهم لتعبئة بيانات نموذج الاستبيان.

يتم تصميم نموذج الاستبيان في ضوء طبيعة نشاط المنظمة، وفي ضوء مستويات تأهيل العاملين فيها. وقد يعد أكثر من نموذج في المنظمة الواحدة، وذلك لمراعاة المستويات العلمية والثقافية والقائمة بين العاملين.

ومن القواعد التي ينبغي مراعاتها عند إعداد نموذج الاستبيان:

1- الترتيب المنطقي للأسئلة، فالسؤال المتعلق مثلا بواجبات الوظيفة ينبغي أن يعقب السؤال المتعلق بعنوان الوظيفة.

2- الترابط بين الأسئلة، بحيث تثبت الأسئلة المتعلقة بكل عنصر ـ في فقرة واحدة أو في فقرات متتالية، فلا يجوز أن تتخلل الأسئلة المتعلقة بواجبات الوظيفة الأسئلة المتعلقة بالظروف المحيطة بعملها.

3- تدرج الأسئلة من ناحية الصعوبة، بحيث ترد الأسئلة السهلة أولا يعقبها الأسئلة الأكثر صعوبة.

4- وضوح الأسئلة والابتعاد عن استخدام المصطلحات العلمية والفنية.

الأسلوب الأفضل لجمع الحقائق والمعلومات

إن اختيار أفضل أسلوب لجمع الحقائق والمعلومات عن الوظيفة يتحدد بناء على نوع الوظيفة، فأسلوب المقابلة الشخصية وأسلوب الاستبيان يناسبان الوظائف الإشرافية والتخصصية، في حين يناسب أسلوب الملاحظة الشخصية الوظائف الروتينية. وعلى مدى سهولة أو صعوبة وصول المحلل إلى مكان العمل، ففي الوقت الذي نجد فيه مناسبة أسلوبي المقابلة الشخصية والملاحظة الشخصية للوظائف الموجودة في المركز، فإن أسلوب الاستبيان يناسب الوظائف الموجودة في الفروع وأخيرا، على مدى تقبل الموظفين للأسلوب المتبع، فأسلوب المقابلة الشخصية يعتبر أكثر قبولا من جانب الموظفين، لأنه يتيح المجال للمحلل للتوضيح والتفسير في حين يعتبر أسلوب الاستبيان وأسلوب المشاهدة على النقيض من ذلك، بخاصة إذا لم يسبقهما الإعداد والتهيئة المناسبة.

عوامل التحليل:

بمجرد الانتهاء من الحصر والإنفاق على أنواع الوظائف وتسمياتها لا بد من البدء في الاستفادة من البيانات الموجودة عن الوظائف، فيتم وضع كشف تحليلي لكل وضيفة، بقصد قياس مقدار الجهد الذي سيبذل لإنجاز الواجبات المطلوبة، وحجم المسؤوليات المترتبة على أداء هذه الواجبات، وما تفرضه ظروف العمل على الموظف من عناء، ومقدار الجهد السابق الواجب أن يكون شاغل الوظيفة قد بذله لتأهيل نفسه للقيام بالأعمال المطلوبة منه، وذلك ممثلا في تعليم أو خبرة سابقة أو كليهما، ويتم تحليل البيانات وترجمتها إلى عوامل يطلق عليها **عوامل تحليل الوظيفة** وتتمثل هذه العوامل في الآتي:

1- واجبات الوظيفة:

إذ يتعين معرفة الواجبات الرئيسة المتكررة، والواجبات الدورية، والواجبات الطارئة، والواجبات الرسمية، والبحث عن مدى صعوبة هذه

الواجبات، وتحديد نسبة الوقت المستغرق في أدائها. كذلك العدد والأدوات والآلات التي تستخدم في أداء هذه الواجبات.

2- ظروف العمل ومخاطره:

يستهدف هذا العامل التعرف على أثر ظروف العمل في مستوى صعوبة أدائها. وهي الظروف التي لا دخل لشاغل الوظيفة فيها، مثل درجات الحرارة، والرطوبة والإضاءة، والضوضاء، وغيرها مما يؤثر تأثيرا مباشرا في راحة شاغل الوظيفة من الناحية البدنية والعقلية، كذلك التعرف على ما يسود مكان العمل من المخاطر، وعلى المجهود البدني والحركي اللازمين لأداء واجبات الوظيفة.

4- إشراف الوظيفة على وظائف أخرى:

أي البحث في عدد الأفراد الخاضعين للإشراف، وحجم الوحدة التنظيمية التي يتم الإشراف عليها، ذلك بالاستناد إلى عدد الوظائف التي تشتمل عليها هذه الوحدة الخاضعة للإشراف، ومدى تعدد الوحدات التنظيمية التي يتم الإشراف عليها وتنوع اختصاصاتها.

4- الإشراف الواقع على الوظيفة:

ويعني ذلك البحث عن نوع هذا الإشراف (إداري، فني، إداري وفني)، وتحديد نوع التعليمات التي يتلقاها شاغل الوظيفة، فيما إذا كانت تفصيلية أو عامة، وذلك لما لهذا من أثر في درجة صعوبة واجبات الوظيفة ومستوى مسؤولياتها.

5- المسؤوليات غير الإشرافية:

وأهم هذه المسؤوليات هي:

أولاً: المسؤولية عن مراجعة أعمال الآخرين، أي المسؤولية عن دقة وسلامة الإجراءات والعمليات المتخذة من قبل الغير.

ثانياً: المسؤولية عن اتخاذ القرارات أو التقدم بتوصيات، وهذه تتطلب معرفة ما إذا كان يدخل ضمن واجبات ومسؤوليات الوظيفة سلطة اتخاذ القرارات أو التقدم بتوصيات، وما مدى حرية شاغلها والنتائج المترتبة على ذلك.

ثالثا: مسؤولية الاتصالات التي تقتضيها الوظيفة، وهذه تتطلب تحديد العناصر المتعلقة بهذه الاتصالات، وذلك بالبحث عن الأفراد الذين يتم الاتصال معهم من داخل المنظمة أو خارجها. والبحث عن الغرض من هذه الاتصالات والسلطة المخولة لها. وتتضمن، أخيرا، مسؤوليات أخرى تؤثر في تقويم الوظيفة، منها المسؤولية المالية، وهذا يقتضيـ تحديد نوع الأموال المسؤول عنها شاغل الوظيفة، (نقدية، عينية، أو غيرها من الأشياء ذات القيمة الخاصة) لمعرفة حجم ودرجة أهمية هذه المسؤولية.

ويؤخذ هذا العامل بعين الاعتبار في الحالات التي تدعو إلى عناية خاصة أو حراسة للمحافظة على أشياء ذات قيمة من إهمال أو انحراف الآخرين.

ومنها كذلك المسؤولية عن سلامة الآخرين، والمسؤولية عن الدقة والتحرر من الأخطاء.

6- مؤهلات شاغل الوظيفة:

وذلك بالإلمام بنوع مؤهلات شاغل الوظيفة ومستوى هذه المؤهلات، ونوع الخبرة ومدتها، ونوع التدريب والقدرات والمهارات المتوافرة لها، لتساعد في تحديد شروط شاغل هذه الوظيفة.

ثانياً: الوظائف ... التوصيف:

أهمية الوصف الوظيفي

تستخدم الأوصاف الوظيفية كوظيفة أساسية تخدم معظم الإجراءات المتعلقة بشؤون الموظفين، ابتداء من إنشاء الوظيفة ومرورا بإجراءات التوظيف، وانتهاء بتحديد برامج التدريب وتقييم الأداء، إلخ.

ومع أن الوصف الـوظيفي ضروري لتصنيف الوظائف فـإن أكثر استخداماته أهمية هو اعتماده كأساس لتحديد الراتـب وكعقـد بـين الإدارة والموظف يحدد واجبات الوظيفة التي يشغلها، ومقدار الأجر الذي يجب أن يتسلمه الموظف مقابل قيامه بهذه الواجبات.

هذا ولما كان الوصف الوظيفي يحدد واجبـات ومسؤوليات موظف معين بوحدة من الوحدات التنظيمية فإن الشخص المسؤول عن عمل هـذه الوحدة هو نفسه القادر على اعتماد الأوصاف وتحديد واجبات ومسؤوليات الموظف، وعادة ما يكون ذلك الشخص هـو المشرف في المسـتوى الإشرافي الأول، على أن يخضع لمراجعة واعتماد مستويات إدارية أعلى.

إن هنالك مناسبتين رئيسيتين لكتابة الأوصاف الوظيفية:

الأولى: عند إنشاء الوظيفة.

والأخرى: حين تتغير الواجبات والمسؤوليات بسبب إعادة التنظيم أو تغير نوع الواجبات الموكلة للموظف.

وبصرف النظر عن الوقت الـذي يكتب فيـه، فإن الوصـف الـوظيفي الدقيق يساعد في تحديد واجبات ومسؤوليات الموظف، ويمد الإدارة بوسيلة تساعد على الاستخدام الفعال للمواد البشرـية. كما أن الأوصاف الوظيفيـة الواضـحة تسـاعد في الحصـول عـلى المرشحين ذوي المـؤهلات المطلوبـة. ويجب أن تتم مراجعة جميع الأوصاف الوظيفية بصورة دورية للتأكد مـن دقتها ومطابقتها لواجبات ومسؤوليات الموظف الذي يشغل الوظيفة.

كيفية كتابة الوصف الوظيفي؟

يبدأ الوصف الوظيفي بتحديد الهدف مـن الوظيفـة بوضـوح، حتـى يتفهم المرؤوس والرئيس النسب من اعتماد وإقرار هذه الوظيفة.

وهناك عدة أساليب لوصف واجبات ومسؤوليات الوظيفة، فقد يكون بترتيب الواجبات عـلى حسـب أهميتهـا، أو ترتيبهـا عـلى حسـب أولويـة إنجازها.

وبصرف النظر عن الطريقة المستخدمة فإن لا بد بداية من عمل قائم بجميع الواجبات المتشابهة التي يجب إنجازها.

وقبل البدء في عملية وصف الوظائف لا بد من الإشارة إلى ملاحظتين:

الأولى: ضرورة إعداد بطاقة وصف واحدة للوظائف ذات التخصص الواحد، التي تتساوى في شروط التأهيل المطلوبة لإشغالها (مثال ذلك: وظيفة مهندس، لجميع التخصصات كالكهرباء، والميكانيك، والعمارة، الخ)، مع إجراء الفرز في حقل الواجبات والمسؤوليات، إذ أن هناك أمورا مشتركة تحدد ابتداء، وأخرى متخصصة يحدد كل منها على انفراد حسب التخصص، وضمن حقل الواجبات والمسؤوليات.

كذلك، يحسن إعداد وصف واحد للوظائف المتشابهة في المسؤوليات والواجبات، وفي جميع الأحوال يتطلب الأمر قراءة البيانات الموجودة باستمارة تحليل الوظائف، وتجميع النماذج التي يتضح أنها متشابهة في مجموعات، ثم يختار من كل مجموعة نموذج يعتبر عينة مناسبة تستخدم في إعداد وصف واحد للوظائف المتكررة أو المتشابهة.

والملاحظة **الثانية**، استثناء وظائف الإدارة العليا م عمليات الوصف، لأن شاغل أي منها يتولى واجبات ومسؤوليات ويتمتع بصلاحيات ذات أهمية، وإن متطلبات شاغل مثل هذه الوظائف تخضع لمواصفات خاصة عادة حسب تقدير واقتناع السلطة المختصة العليا.

وتجدر الإشارة إلى ضرورة أن يكون العمل في هذه المرحلة جماعيا، بحيث لا ينفرد محلل بدراسة وتحليل الوظيفة بمفرده، بل يجب أن تتم من قبل مجموعات تضم كل واحدة منها محللين اثنين على الأقل، دعما للموضوعية وتوخيا للمصلحة العامة.

بطاقة وصف الوظيفة

تتضمن هذه البطاقة عادة ما يلي:

أ) بيانات عامة:

وتشمل عنوان الوظيفة، وموقعها التنظيمي (القسم أو الإدارة)، وموقعها المكاني (الجغرافي)، ورمز الوظيفة. ويجب أن يكون هذا العنوان **مقبولا** لدى الموظفين والإدارة، وأن يكون محددا بعيدا عن العاوين الهلامية، مثل: "كاتب" أو " مساعد " لأن مثل هذه العناوين فيها العمومية الكثير. والأصوب هنا استخدام "كاتب صادر " أو "كاتب حفظ " أو " مساعد كهربائي"، وهكذا. وأن يكون **وصفيا** دالا على نوع جوهر الوظيفة بوضوح، **ومميزا** لها عن غيرها من الوظائف الأخرى. وأن يكون **مختصرا ومفهوما وخاليا من التعقيد**. وأن يتم استخدام **عنوان واحد** للوظائف ذات الواجبات والمسؤوليات المتشابهة، على أن ذلك لا يمنع من استخدام عنوان الوظيفة لأكثر من مستوى ضمن مجموعة الوظائف الواحدة، ومثل ذلك: " كاتب" بالدرجة الخامسة والرابعة في مجموعة الوظائف الكتابية، ولكن لا يجوز استخدام عنوان وظيفي واحد ضمن مجموعتين للوظائف التخصصية. وأخيرا، يجب أن **يعكس** العنوان الوظيفي المسؤوليات والواجبات الفعلية للوظيفة، بحيث يمكن التعرف مباشرة على طبيعتها والتأهيل المناسب لشغلها.

ب) الوصف العام:

يراعى عادة في كتابة الوصف العام للوظيفة ذكر ما يلي:

1- النشاط العام للوظيفة، وبماذا تختص الوظيفة.

2- القوانين والنظم والتعليمات التي تؤدي بموجبها الواجبات والمسؤوليات.

3- نطاق إشراف الوظيفة على الغير حيث عدد الوحدات التنظيمية الفرعية وعدد العاملين فيها.

4- الجهات الداخلية والخارجية التي ينبغي الاتصال بها من قبل شاغل الوظيفة، مع ذكر الغرض من الاتصال، ومدى تكراره.

5- المزعجات والأخطار الصحية والحوادث التي قد يتعرض لها شاغل الوظيفة

بسبب ظروف العمل، أو أية لأخطار أخرى لها علاقة بواجبات ومسؤوليات الوظيفة.

ج) الواجبات والمسؤوليات:

يحدد هذا الجزء من وصف الوظيفة **"ماذا"** يؤدي من أنشطة، **"لماذا"** يتم أداؤها، **"كيف"** يتم أداؤها. ويراعى عادة عند كتابة الواجبات والمسؤوليات ما يلي:

1- وصف الواجبات والمسؤوليات وظروف أداء الوظيفة كما هي، لا كما يجب أن تكون. فوصف الوظيفة يجب أن يبين الظروف التي تؤدي فيها الواجبات وتمارس المسؤوليات عند القيام بالوصف. وإذا ما أجريت تغييرات على طرق العمل وظروفه لا بد من تغيير الوصف، إلا إذا كانت التغيرات طفيفة لا تؤثر على محتوى الوظيفة. ويلاحظ ضرورة تركيز الاهتمام على واجبات الوظيفة موضع الوصف دون التأثر بمقدرة أو عدم مقدرة شاغل الوظيفة على القيام بها.

2- كتابة وصف الوظيفة في ظل ظروف الأداء الحقيقية لها، لا بافتراض بعض الظروف التي يجب أن تكون عليها. وأن يتم إظهار الواجبات والمسؤوليات بتعبيرات مختصرة واضحة. وأن يتم كذلك تلافي كتابة ما هو بديهي. فمثلا، ليس هناك من مبرر لتوضيح الجملة التي تصف « أعمال النسخ » بأن تبين أن هذه الأعمال يتم إنجازها عن طريق استخدام الحاسوب. ولكن عندما يكون هناك اختلاف في المراد من المعنى، فعلى الواصف أن يوضح هذا، من ذلك مثلا، ذكر لغة البرمجة المطلوبة في معالجة البيانات.

3- الابتعاد عن المبالغة في الوصف. ومثال ذلك، إذا تطلبت وظيفة أحد الكتبة الاتصال ببعض الجهات الخارجية فإنه من الخطأ أن يذكر في الوصف (في فقرة مسؤوليات الوظيفة) التفاوض مع الجهات الخارجية في المسائل التي تهم المنظمة والتي لها طابع تعاقدي. ذلك لأن مثل هذه العبارة تظهر الوظيفة بأهمية أكبر من حقيقتها.

4- عدم جواز اعتبار وصف الوظيفة كقائمة نهائية للواجبات والمسؤوليات المطلوب القيام بها من قبل الموظف. وفي غير ذلك يصبح وصف الوظيفة بمثابة قائمة محددة على سبيل الحصر- للواجبات التي ينبغي على الموظف أن يقوم بها، ورفض أية واجبات أخرى غير مدونة في وثيقة وصف الوظيفة.

5- ذكر الواجبات الوظيفية على حسب أهميتها، أو وفق التتابع الزمني لأدائها (أولوية إنجازها).

وبصرف النظر عن الطريقة المستخدمة في ذكر الواجبات. فإن **الخطوة الأولى** هي إعداد قائمة بجميع الواجبات المتشابهة التي يجب إنجازها، **والخطوة الأخرى** هي تحديد الواجبات لكل فرد حسب أهمية أو تتابع أو تسلسل هذه الواجبات في إنجازها، بالإضافة إلى تحديد الوقت المتوقع للإنجاز. فإذا ما كانت الواجبات العامة متشابهة في الأهمية مع عدم وجود أي تمييز فيما بينها يتعلق بتتابع إنجاز العمل فإنه من الممكن جدولة هذه الواجبات وفق الزمن المتوقع لإنجازها.

ومن المهم في جميع الأحوال أن يتضمن وصف الواجبات إيضاح ما يقوم به شاغل الوظيفة، والغرض أو الهدف من الواجب، والوسائل المستخدمة في أدائه.

6- التبويب المنطقي لهذه الواجبات، بما يضمن تجمع الأجزاء المترابطة للعملية الواحدة وكتابتها في بند واحد.

7- التمييز بين الواجبات المستمرة التي تشغل معظم وقت الموظف وبين الواجبات الدورية والطارئة والموسمية.

فبالنسبة للواجبات الدورية والموسمية يتعين تحديد فترة وقوعها إن وجدت، ومدى تكرار حدوثها.

8- تدوين الواجبات التي تميز وظيفة معينة عن غيرها من الوظائف المتشابهة، ودون اللجوء إلى تسجيل التفاصيل المتعلقة بالوظيفة، والاكتفاء

بتسجيل ما هو ضروري منها، والابتعاد عن ذكر الواجبات الصغيرة غير المهمة وغير المتكررة التي يتم أداؤها في جميع الوظائف.

9- التمييز بين الاختصاصات والواجبات، فالاختصاصات تحدد الأهداف العامة للوظيفة، أما الواجبات فهي العمليات الإجرائية التي تؤدي إلى تحقيق هذه الأهداف. والمطلوب هنا في هذا الجزء ذكر الواجب وليس الاختصاص.

10- الابتعاد عن الأسلوب الإنشائي في الكتابة، وتجنب الأفعال التي لا تبين الفعل المراد إنجازه، والتعبير بصيغة الفعل المضارع لضمير الغائب المذكر عند كتابة كل واجب فيذكر مثلا أن شاغل الوظيفة **"يراجع"**، **"يشرف"**، **"يصمم"**، **"يحلل"**، الخ.

11- تجنب ذكر الضمائر، وعند الحاجة إلى الرجوع إلى الموظف مثلا تذكر كلمة، "الموظف" بدلا من "هو".

12- تلافي التعميم، كالقول بأن المشرف « يقوم بتقديم الإرشاد للآخرين »، ومن الأوفق هنا تبيان نوع الإرشاد للآخرين، وكيفية تقديمه، والأفراد الذين يتلقونه.

13- مراعاة الدقة في التعبير واستخدام لغة سهلة وجمل قصيرة وواضحة ومفهومة، مع ضرورة تفسير كل مصطلح فني أو واجب، كلما دعت الحاجة إلى ذلك. وتجنب ذكر الكلمات التي قد تحتمل أكثر من معنى. أو تتسم بعدم تحديد مستوى المسؤولية في الواجب المؤدي، مثل: يساعد، يعاون، الخ، ما لم تكن معززة بإيضاحات لها. أو مثل: "قد يعمل على"، "أحيانا"، "دوريا"، "من حين إلى آخر"، كما يجب الحد من استخدام "أفعال التفضيل"، مثل: "أكبر من"، "أقل من"، الخ.

14- استخدام مصطلحات كمية Quantitative Terms إذا كان ذلك ممكنا، للتدليل على تكرار أو درجة أداء الواجبات، فإذا كان السفر مثلا مطلوبا

وضروريا للقيام بأعباء وظيفة ما، فإنه من الضروري تبيان ذلك بصورة محددة، كالقول مثلا: "يقوم بجولات تفتيشية يومية، أسبوعية، شهرية على مشروعات المنظمة"

15- اختتام قائمة الواجبات بجملة: "**أية واجبات أخرى ذات علاقة مباشرة يكلفه بها رئيسه المباشر**".

وذلك حتى لا تصبح قائمة الواجبات على نحو يحرم الرؤساء من سلطة إسناد واجبات أخرى إلى المرؤوسين، كما سبق أن ذكرنا.

4- تحديد مواصفات شاغل الوظائف (الحد الأدنى من متطلبات التأهيل والخبرة):

ويقصد بذلك الحد الأدنى من متطلبات التعليم والخبرة والتدريب وأية مواصفات أخرى، من المعارف والقدرات اللازمة لأداء الوظيفة بدقة.إذ لا يجوز تحديد مستويات التعليم والخبرة أولا، والافتراض بأن المعارف والقدرات ستنتج عنها.

فالأساس في تحديد المؤهلات والخبرات هو تحليل واجبات ومسؤوليات الوظيفة ذاتها، واستخلاص ما يتطلب القيام بها من مؤهلات وخبرات، مع الاسترشاد في ذلك بتعليق الرئيس المباشر ورأي الرئيس الأعلى.

هذا و تتمثل متطلبات الوظيفة في المعارف والقدرات والمهارات:

فأما **المعارف** فيقصد بها المعلومات المتعلقة بالحقائق والنظريات والأنظمة والتطبيقات والتعليمات، وغيرها مما له علاقة بأداء الواجبات والمسؤوليات المطلوبة في الوظيفة (كالمعرفة بمبادئ وطرق الإدارة والمعرفة، بقوانين وتعليمات الخدمة، بالاتجاهات والنظريات السائدة في إدارة الموظفين).

وتحدد المعرفة، عادة، بمراتب تدل على تدرجها في ضوء ما يتطلبه أداء واجبات المستوى من معارف، مثل: "معرفة قليلة في ..."، "معرفة متوسطة في ..."، "معرفة كبيرة في ...".

أو مثل "بعض المعرفة في ..."، "معرفة في ..."، "معرفة عميقة في ...".

فيعبر عن **المعرفة** إذن بذكر مرتبة المعرفة، ثم تحديد نوع المعرفة (أي نوع النظريات والقوانين والتعليمات .. الخ الخاصة بوظائف المستوى).

وأمـا **القـدرات**، فيقصـد بهـا جميـع الصـفات والخصـائص الذهنيـة والبدنية: الفطرية منها والمكتسبة بالتعليم أو التدريب أو الخبرة، التي يعتبر توافرهـا بمستوى معين لدى الشخص شرطا أساسيا مـن شروط الجـزم بتوافر القـدر اللازم مـن الكفـاءة لأداء واجبـات الوظيفـة أو هـي القابليـات في استخدام الآلات والأجهزة والمواد، وفي تطبيق الأساليب والأنظمة والطرق والسياسات والتعليمات، وأية مسائل لها علاقة بأداء الواجبات والمسؤوليات المطلوبة في الوظيفة.

ومن الأمثلة على ذلك، الذكاء العام، والاستدلال اللفظي، والقدرة على التعبير الشفهي والمكتوب، والانتباه، وتذكر التعليمات الشفوية، والمبادأة، واتخاذ القرارات، والإدراك، والقدرة على التمييز بين الألوان والروائح، ودرجة الإبصار، واستخدام الأيدي، وهكذا.

ولا تحدد المقدرة بمراتب لعدم إمكانية تحقيق ذلك عمليا.

ويعبر عنها عادة بذكر المقدرة المطلوبة (بدنية أو ذهنية)، وذكر نوعها وطبيعتها.

وتمثل **المهارة**، مستوى القابليـة والاستـعداد والاستـطاعة عـلى تطبيق المعرفة بدرجة اتقان تتكافأ مع مستوى المعرفة اللازمـة لأداء الوظيفـة مـن ناحية، ومع نوع القدرة التي تمثل أحد مكونات الكفاءة الكلية التي لا يمكن ان تنجز الوظيفة إلا بتوافر كحد أدنى من ناحية أخرى.

ويقصد **بالتعليم**، الدراسة الأكاديمية أو الدراسة والتدريب الفنـي أو المهني الذي يمنح بموجبه شهادات أو وثائق معترف بها مـن قبـل جهـات التعليم الرسمية، والذي يوفر القدرة المطلوبة لأداء الوظيفة.

وكمثال على ذلك، فإن مستوى التعليم المطلوب في شاغل وظيفة "مهندس ميكانيكي" هو شهادة جامعية أولى في الهندسة الميكانيكية، ويعبر عن التعليم بذكر الدراسي ثم تحديد موضوع الدراسة أو الاختصاص.

ويقصد **بالخبرة**، الاشتراك الفعلي أو ممارسة أنشطة ذات علاقة بواجبات ومسؤوليات الوظيفة.

وهي لا تعني بأية حال من الأحوال سنوات الخدمة بصورة مطلقة، بل نوعية الخدمة، إذ قد تكون فترة الممارسة في مجال الوظيفة كلها خبرة مفيدة، وقد يعتبر جزءاً منها مفيداً ويعتبر الجزء الآخر تكراراً، بحيث لا يؤدي إلى اكتساب معارف وقدرات جديدة.

ويعبر عن الخبرة بالصيغة التالية: "خبرة لمدة لا تقل عن ... في مجال الوظيفة أو حقل الاختصاص".

ويعتبر التدريب قبل التعيين من ضمن الخبرة إذا لم يترتب عليه شهادات تجعله جزءاً من التعليم، ويعبر عن التدريب بذكر موضوع التدريب ومدته.

وقد يتطلب إنجاز بعض الوظائف توافر مواصفات أخرى لم تذكر ضمن المؤهلات المذكورة، مثل بعض الإجازات أو التصريحات الخاصة (كإجازة السوق)، ومعرفة لغات أخرى، وخصائص شخصية معينة مثل المظهر الشخصي- أو اجتماعية مثل التعامل مع الآخرين، أو ذهنية مثل قوة الذاكرة، أو بدنية مثل القدرة تحمل أعباء الوظيفة في المناطق الحارة أو الباردة.

ثالثاً: استمارة جمع المعلومات عن الوظائف:

أولاً / بيانات عامة:

- اسم الوظيفة:
- موقع الوظيفة (إدارة/ قسم/ شعبة):
- الدرجة (الفئة المالية):

ثانياً / بيانات عن شاغل الوظيفة:

- الاسم (ثلاثياً):

- المؤهلات العلمية، وتاريخها:

المؤهل العلمي   التخصص   تاريخ الحصول عليه

- الدورات التدريبية (بصفة مشارك): موضوعها، ومدتها، وتاريخها:

موضوع الدورة   المدة   التاريخ

-

- مدة الخبرة في الوظيفة الحالية:

سنة   شهر   يوم

ثالثاً / واجبات الوظيفة:

(تدرج على حسب أهميتها، ويحدد مقدار أو نسبة الوقت المستغرق في أداء كل واجب أو مجموعة واجبات مترابطة).

وضح الواجبات التي تقوم بها بإيجاز، وفقاً للتقسيم التالي، مع بيان النسب التقديرية للوقت الذي يستغرقه كل نشاط إلى إجمالي الوقت المحدد:

الواجبات الرئيسية (اليومية المتكررة)   Main Duties:

- ....
- ....

الواجبات الدورية (شهرية، فصلية، سنوية) ذات العلاقة المباشرة بالوظيفة

Periodical Duties:

- ....

- ....

الواجبات الطارئة (غير المحددة مسبقاً):

- ....

- ....

الواجبات الموسمية Occasional Duties:

- ....

- ....

رابعاً :- الإشراف الذي تمارسه الوظيفة على الغير:

- الأقسام والشعب والوظائف: ....

- التعليمات: ....

- المراجعة: ....

خامساً :- الإشراف الذي تخضع له الوظيفة:

- عنوان وظيفة الرئيس المباشر: ....

- التعليمات: ....

- المراجعة: ....

هل تتطلب وظيفتك اتخاذ قرارات؟

نعم ( )   لا ( )

- حدد نوع هذه القرارات، إذا كانت الإجابة بـ " نعم"

- هل القرارات التي تتخذها تخضع لأي مما يلي:

- قواعد وأنظمة

- تعليمات

- سوابق

- أخرى (اذكرها)

سادساً :- الاتصالات مع الغير، والآلات والأدوات المستخدمة، والممتلكات.

والاتصالات مع الغير:

- جمع معلومات

- إعطاء معلومات

- تنسيق جهود

- المشاركة في لجان

- أخرى (اذكرها)

هل تتم الاتصالات بشكل منتظم أم على فترات متباعدة:

- بشكل منتظم

- على فترات متباعدة

الآلات والأدوات المستخدمة:

ما هي الآلات والأدوات التي تستخدمها؟

....

....

ما هي درجة تعقد هذه الآلات والأدوات؟

....

....

ما هي درجة المهارة التي تتطلبها استخدام هذه الآلات والأدوات؟

....

....

عالية   متوسطة   عادية

الممتلكات:

ما هو نوع الممتلكات ومقدارها التي بحوزتك:

- أموال نقدية:

....

....

- سندات مالية:

....

- سجلات ووثائق رسمية:

....

....

- مواد مخزونة:

....

....

- أخرى (اذكرها):

....

هل يتم التفتيش على هذه الممتلكات؟

نعم ( )   لا ( )

إذا كانت إجابتك بـ " نعم " ، فما هي الفترة بين تفتيش وآخر؟

سابعاً / متطلبات وظروف أداء الواجبات والمسؤوليات:

الجهود الذهنية:

هل تتطلب وظيفتك بذل جهود ذهنية، مثل:

- الإبداع والتطوير
- الاجتهاد والتفسير
- اليقظة والانتباه
- أخرى، وهي:

الجهود البدنية:

هل تتطلب وظيفتك بذل جهود بدنية، مثل:

- وقوف مستمر
- حركة مستمرة
- أخرى، وهي:

الأخطار:

ما هي أنواع حوادث أو اصابات العمل المحتمل وقوعها بسبب الأخطاء أو الاهمال في العمل؟

....

....

ما هو مدى تكرارها؟

....

....

ما هي الأضرار التي تلحق بك بسببها؟

....

....

ما هي اجراءات السلامة المطلوب اتخاذها؟

....

....

المزعجات والمخاطر الصحية:

هل ظروف أداء الوظيفة (مثل: الحرارة، والرطوبة، والضغط، والأبخرة، والغازات، والاشعاعات، والصوت، والإضاءة، ... الخ) تسبب لك إزعاجاً في وظيفتك؟

نعم (   )   لا (   )

إذا كانت الإجابة بـ " نعم":

- حدد هذه الظروف:

....

....

- اذكر أنواع الأمراض المهنية التي يحتمل تعرضك لها:

....

....

التاريخ: /   /

توقيع شاغل الوظيفة

ثامناً / تعليق الرئيس المباشر:

1- ملاحظات الرئيس المباشر على البيانات التي دونها شاغل الوظيفة:

-   الوصف دقيق وكامل ويعبر بشكل صحيح عن الوظيفة:

-   هناك واجبات ومسؤوليات:

- أهملت، وهي:

....

....

- ظهرت بصورة مضخمة:

....

....

....

- نعم (   )، وهي:

....

....

- لا (   ):

....

....

2- الشروط التي تعتقد بضرورة توافرها لشاغل الوظيفة:

- المؤهلات الدراسية:

....

....

- الخبرات العملية (نوعها ومدتها):

....

....

- التدريب (نوعه ومدته):

....

- المهارات والقدرات المطلوب توافرها في شاغل الوظيفة:

....

....

- السن:

....

....

- شروط أخرى، وهي:

....

....

اسم الرئيس المباشر:

وظيفته:

....

....

التاريخ: /   /   **توقيع الرئيس المباشر**

الفصل الرابع

تخطيط الموارد البشرية

أولا :- تخطيط الموارد البشرية .. المفهوم والأهمية والأهداف

ثانيا :- مراحل تخطيط الاحتياجات البشرية

ثالثا :- الاحتياجات البشرية للمنظمة... وطرق تقديرها

الفصل الرابع

تخطيط الموارد البشرية

1- تخطيط الموارد البشرية ..... المفهوم:

يعرف التخطيط بصورة عامة بأنه اتخاذ قرار مسبق حول مـاذا نعمـل ؟ كيف نعمل ؟ ومن يعمل؟.

كما يمكن تعريفه " حاضر لأحداث نرغب تحقيقها في المستقبل ". أنه ببساطة أين نحن اليوم وماذا نريد أن نكون غدا

وعندما ننتقـل إلى التخطيط في إدارة المـوارد البشرـية نجـد أنـه لا يتناول فقط تحديد الاحتياجات البشرية كما ونوعا ولكنـه عمـل شمولي يقتضي أيضا تخطيط جوانب متعددة في أنشطة الموارد البشرـية وخاصـة في مجالات الاستقطاب والاختيار ، والتعيين ، والتـدريب وتقـويم الأداء وتخطيط المسار الوظيفي .. بمعنى آخر إن عملية تخطيط الموارد البشرية تتناول كـل مـا يهـم المنظمـة والأفـراد في إطـار التعامـل مـع احتياجـات المنظمة مستقبلا وبما يحقق أهداف المنظمة والعاملين معا.

وبالنظر إلى تخطيط الموارد البشرية بنظرة شمولية تمتـزج مبـاشرة مـع التخطيط الشامل للمنظمة ، نستطيع تعريف تخطيط الموارد البشرية كما يأتي:

- التأكد من توافر العدد والنوعية الملائمة من الموارد البشرية للقيام بـأعمال تناسب احتياجات المنظمة وتحقق رضا العاملين فيها.

- هو وسيلة لضمان حصول المنظمـة عـلى الأفـراد اللازمين لسـير العمليـات الإنتاجية والتسويقية والإدارية المختلفة خلال فـترة زمنيـة مسـتقبلية مـن كفايات محددة وبأعداد معينة

- تحديد الاحتياجات المستقبلية من العاملين مـن حيـث العـدد والمهـارات

للمنظمة ككل ، وكذلك للأنشطة المختلفة فيها.

- تقديرات وتنبؤات المنظمة باحتياجاتها من الكوادر البشرية المختلفة كما ونوعا في الوقت المناسب والمكان المناسب وذلك من أجل تحقيق الأهداف العامة للمنظمة أو الأهداف الخاصة للقطاعات العاملة بها.

- هو استراتيجية للحصول على ، واستخدام وتطوير الموارد البشرية في المنظمة.

- يقصد بتخطيط الموارد البشرية ، عملية جمع واستخدام المعلومات اللازمة لاتخاذ القرارات حول الاستثمار الأمثل في نشاطات الموارد البشرية المختلفة.

وعلى الرغم من التباين الواضح في التعريفات السابقة إلا إنها تشترك بنقاط عديدة من بينها مثلا إن تخطيط الموارد البشرية عملية مستقبلية لابد أن تنسجم مع التخطيط الشامل للمنظمة. بمعنى إن عملية تخطيط الموارد البشرية ليست عملية منفصلة عن عمليات تخطيط باقي الموارد الأخرى في المنظمة . كما إن التخطيط يعتمد أولا وقبل أي شيء آخر على وجود أهداف تسعى المنظمة لتحقيقها عن طريق تخطيط مواردها المختلفة والتي من ضمنها الموارد البشرية.

يقتضي تخطيط الموارد البشرية وجود خطة واضحة المعالم تتضمن عمليات أو أنشطة إدارية أخرى تمارسها إدارة الموارد البشرية كالتوظيف والتدريب وتنمية العاملين في المنظمة ، وإن ذلك يتطلب جمع معلومات لا بد أن تكون دقيقة وصادقة وكافية من أجل اتخاذ القرارات التي تضمن النجاح المتصاعد في المنظمة.

ومن جانب آخر ، فإن عملية تخطيط الموارد البشرية تقع (كما أشرنا أعلاه) في إطار مفهوم تحليلي شامل للظروف البيئية المحيطة بالمنظمة وكذلك ظروف البيئة الداخلية ، ويصور لنا الشكل رقم (التداخل بين تخطيط الموارد البشرية والتحليل الشامل للمنظمة).

شكل رقم (5)

تخطيط الموارد البشرية في إطار التشخيص الشامل للمنظمة

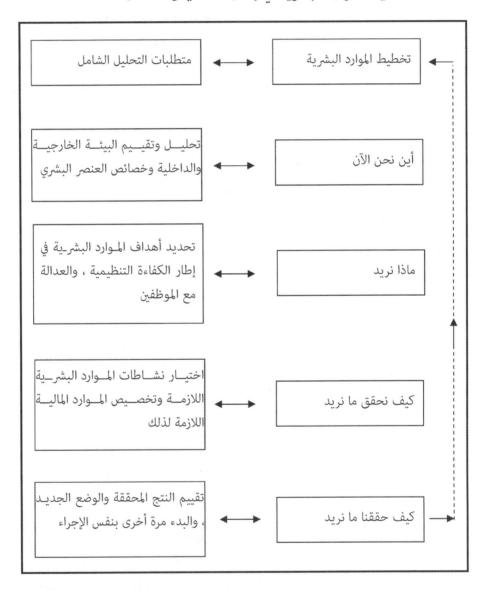

ونلاحظ من الشكل السابق مدى وضوح العلاقة بين تحديد ملامح الموارد البشرية وظروف العمل بالمنظمة . فنحن لا نستطيع تحديد (أين نقف الآن) إلا إذا عرفنا الظروف البيئية المحيطة بنا من اقتصادية واجتماعية وتكنولوجية ... وعرفنا أيضا ما هي مواصفات وخصائص العاملين حاليا في المنظمة.

كذلك فإن تحديد ما ذا نريد ، يعني تحديد الخطوة الأولى في التخطيط . وهي تحديد الهدف ، أو النتائج التي نرغب الوصول إليها خلال الفترة القادمة . ومتى ما عرفنا أين نحن الآن ، وحددنا ماذا نريد غدا ، استطعنا أن نتبين ما هو المطلوب عمله ، ما هو التغيير المطلوب، وكيف نقيس نجاحنا في إحداث هذا التغير .

ومع ذلك فإن التغيير يتطلب وضع خطة ، والخطة تحتاج إلى مستلزمات مالية ، وهذه الخطة تكون شاملة أو قطاعية وقد نتناول نشاطا واحدا من أنشطة الموارد البشرية أو عدة أنشطة مجتمعة معا .

وأخيرا فإننا في آخر المطاف نسأل أنفسنا هل حققنا الهدف أم لا؟ للإجابة على ذلك لا بد من المقارنة بين النتائج المتحققة والأهداف التي حددت سابقا. وكلما كانت أهدافنا واقعية ومدروسة بشكل جيد ، كانت النتائج المتحققة أقرب إلى ما خططنا له سابقا.

2- تخطيط الموارد البشرية .... الأهمية:

على الرغم من أن التخطيط للموارد البشرية يتوجب ممارسته من قبل جميع المنظمات الا أن أهميته تظهر بشكل واضح في المنظمات الكبيرة والمتوسطة نظرا لما يحقق لها من فوائد عديدة تتمثل بما يلي :

أ) الحصول على أحسن الكفاءات البشرية من سوق العمل أو من مخزون المهارات الداخلية في المنظمة .

ب) يساعد على تحسين استخدام الموارد البشرية وبالشكل الذي يحقق سياسة "إنتاج أكثر بتكاليف أقل".

ت) يساعد على توسيع قاعدة المعلومات الإدارية الخاصة بالعاملين هو أمر له أهميته في خدمة أنشطة الأفراد وباقي الوحدات التنظيمية في المنظمة.

ث) يساعد المنظمة على تحديد احتياجاتها المستقبلية من الموارد البشرية ومن ثم تخفيض التكلفة التي تنتج عن النقص أو الزيادة في تلك الموارد والتخلص من الانعكاسات السلبية الإدارية في تلك الحالة.

ج) يساعد على إظهار نقاط القوة والضعف في نوعية أداء الموارد البشرية وبالتالي في تحديد نوعية برامج التدريب والتطوير المطلوبة لرفع مستويات أداء العاملين.

ح) يساعد على تحقيق التكامل والترابط بين مختلف برامج إدارة الموارد البشرية. ذلك إن تخطيط الاحتياجات لا يعمل بمعزل عن تخطيط التدريب مثلا،أو تخطيط الأجور أو الاستقطاب والاختيار . ولو أصبح كل نشاط يؤدى بمعزل عن النشاط الآخر لفقدت إدارة الموارد البشرية أهميتها ، وفقدت القرارات فعاليتها.

3- تخطيط الموارد البشرية .... الأهداف

بالإمكان تحديد أهم أهداف تخطيط الموارد البشرية في المنظمة بما يأتي :

أ) الحصول على العدد اللازم والنوع المناسب من الموظفين لاداء العمل في الوقت المناسب والمكان المناسب.

ب) مساعدة إدارة المنظمة في تحقيق أهدافها " إنتاجية أكبر بتكلفة أقل " وذلك بالحرص على تخفيض تكاليف العمل من خلال تأكيد التوازن بين العرض والطلب من وعلى الموارد البشرية الكافية لاحتياجات المنظمة.

ت) المحافظة على طاقات العاملين واستثمارها ، وتعزيز دافعيتهم نحو العمل بالأساليب التي تضمن تقدمهم ونموهم الوظيفي وانتمائهم الصميمي للمنظمة وإخلاصهم لها.

ث) إعداد ميزانية الموارد البشرية سواء في مجال التوظيف أو التدريب أو الخدمات أو إنهاء الخدمات.

ج) تحقيق التكامل بين الخطط الاستراتيجية للمنظمة وبين استراتيجية إدارة الموارد البشرية وأنظمتها المختلفة.

ثانيا: مراحل تخطيط الاحتياجات البشرية:

قبل أن نحدد الأساليب أو الطرق المتبعة في تحديد الاحتياجات المستقبلية من الموارد البشرية نعرض أولا المراحل الأساسية لعملية التخطيط وذلك على النحو التالي :

1- تحديد الطلب المتوقع من الموارد البشرية :

يعتمد تحديد الاحتياجات المستقبلية من الموارد البشرية (تحديد الطلب) على الأهداف التي تسعى المنظمة لتحقيقها. ولا بد أن يبحث موضوع تحديد الاحتياجات المستقبلية في ضوء ثلاث نقاط مترابطة هي :

- عدد العاملين الذين تحتاجهم المنظمة مستقبلا.
- مواصفاتهم الشخصية
- الوقت المناسب لتعيينهم في المنظمة

وتتأثر الإجابة على أي من النقاط السابقة بأوضاع المنظمة الداخلية والخارجية كما تتأثر بمدى تخطيط الموارد البشرية وهل يغطي فترة قصيرة أم متوسط أم طويلة (خمس سنوات فأكثر).

2- تحديد العرض المتوقع من الموارد البشرية :

تتعلق هذه المرحلة بحصر الموارد البشرية العاملة حاليا في المنظمة وتحليلها وكذلك دراسة المتوافر منها في سوق العمل من مهارات في ضوء الاحتياجات التي تم تحديدها في المرحلة السابقة . ولا بد من دراسة الموارد البشرية العاملة حاليا في المنظمة على ضوء ثلاثة مراحل أساسية هي :

- تحديد عدد العملين في المنظمة وتثبيت ما يمتلكوه من خصائص شخصية ومهارية.

- تحليل طبيعة الأعمال داخل المنظمة للتأكد من المهارات والقدرات المطلوبة للقيام بالعمل.
- التأكد من توافق العاملين مع ما يمارسوه من أعمال.

ويتم الحصول على هذه المعلومات من خلال إعداد قوائم خاصة توزع على جميع الأقسام أو من خلال طلبات الاستخدام أو من خلال تقارير تقويم الأداء.

ولابد أن تمتلك المنظمة نظام معلومات جيد خاص بالموارد البشرية يتضمن جميع المعلومات الخاصة بالفرد منذ التحاقه بالمنظمة وأهم التغيرات التي مر بها وما هي المهارات والقدرات التي يملكها إلى جانب توفير معلومات أخرى كالراتب والمكافآت والعلاوات والحوافز التي حصل عليها .... الخ.

أما ما يخص سوق العمالة الخارجية فأنه يمثل جانب آخر من عرض الموارد البشرية الذي تستقي منها المنظمة أولئك الذين يحققون أهدافها فيجب على إدارة الموارد البشرية في المنظمة دراسة هذا السوق من زوايا متعددة كالنوعية والخبرة المتوفرة ومدى ثبات العرض من الموارد البشرية المطلوبة على مدار السنة وحجم وتوزيع الموارد البشرية والمؤثرات البيئية والاجتماعية والاقتصادية والسياسية التي تتفاعل مع هذه الموارد وتؤثر في حركتها.

وفي ضوء نتائج التقويم الدراسة تقرر إدارة الموارد البشرية مدى أمكانية إشباع احتياجات المنظمة من الأفراد اعتمادا على المصادر الداخلية والخارجية ويعتمد القرار النهائي بالالتجاء إلى أي المصدرين على عاملين أساسيين هما :

- القدرة على الإيفاء باحتياجات المنظمة
- التكلفة المالية في ضوء أوضاع المنظمة المالية

ويتخذ القرار النهائي الخاص بتحديد المصدر الذي يجب الاعتماد عليه وكيفية تنفيذه في المرحلة الأخيرة من تخطيط الموارد البشرية ونعني بها وضع خطة العمل.

3- وضع خطة العمل Action Plan

بعد دراسة العرض والطلب على الموارد البشرية في ضوء الأهداف المستقبلية تقوم إدارة الموارد البشرية بوضع خطة العمل . وتمثل خطة العمل نظاما إجرائيا لتنفيذ الأهداف ، أو خطوات عمل تفصيلية لما يجب أن يتم عمله.

وتعتمد تفاصيل ومحتويات الخطة على نتائج التحليل والمقارنة المشار إليها سابقا . وكذلك على اجتهادات الجهة التي تعد الخطة . ومهما كان الأمر فأن خطة العمل لا بد وأن تعكس أهداف الموارد البشرية واستراتيجيتها البعيدة المدى وذلك في إطار الظروف المحيطة بالمنظمة داخليا وخارجيا . ومن بين القرارات التي يمكن وضعها في الخطة ما يلي :

- خطة الانتقاء والتوظيف
- خطة الترقية والنقل والتقاعد
- خطة للتدريب والتطوير
- خطة لتعديل الأجور والرواتب
- خطة لبحث كيفية تطوير المسار الوظيفي ... وهكذا

1- تنفيذ الخطة ومتابعتها :

وبعد أن تصبح الخطة معدة للتنفيذ تقوم إدارة الموارد البشرية (أو الجهة المختصة) بنقلها إلى حيز التنفيذ وترجمتها إلى أعمال وأفراد يؤدون تلك الأعمال وفق جدول زمني معد مستقبلا.

ومن أجل أن تحقق المنظمة أهدافها يتوجب مراقبة عملية تنفيذها بقصد تقويمها والوقوف على نواحي القوة والضعف فيها ، وتحاول إدارة الموارد البشرية الحصول على إجابة دقيقة لكل من الأسئلة التالية وهي تراقب وتقوم الخطة :

أ)مدى كفاءة الخطة حتى الآن في تحقيق أهداف المنظمة ؟

ب) هل الخطة فعالة من حيث التكلفة والعائد ؟

ت) ما هي إيجابيات وسلبيات الخطة على كل من المنظمة والعاملين؟

أن الهدف الأساس من هذه الأسئلة وغيرها هو الوقوف على مدى نجاح الخطة في توفير الموارد البشرية للمنظمة وفقا لاحتياجاتها ، في الوقت المناسب وبالعدد المطلوب والمواصفات الملائمة.

ثالثا: الاحتياجات البشرية للمنظمة ... وطرق تقديرها:

بعد أن تطرقنا في الفقرات السابقة إلى مفهوم وأهمية وهداف تخطيط الموارد البشرية وطبيعة العلاقة بين تخطيط الموارد البشرية والتخطيط الاستراتيجي للمنظمة ، وكذلك ، تحديد مراحل الاحتياجات البشرية ، نحاول هنا تناول بعض الطرق الخاصة بتقدير احتياجات المنظمة من القوى البشرية .

وعلى الرغم من تنوع الطرق المستخدمة في تقدير الاحتياجات المستقبلية للعاملين في المنظمة إلا ان اكثرها شيوعا في المنظمات الكبيرة هي التي تبتعد قدر الامكان عن الاحكام والتقديرات الشخصية وتعتمد في تحديد حاجاتها من العاملين على واحدة أو اكثر من الطرق التالية :

أ) تحليل عبء العمل .

ب) تحليل قوة العمل .

ج) تحليل النسب .

وسوف نتناول هذه الطرق تباعا مع اعطاء بعض الأمثلة على كل منها بقصد التوضيح . ولابد من الاشارة هنا قبل تناول هذه الطرق إلى ان هناك طرق احصائية اخرى فضلنا عدم تناولها نظرا لوجودها في الكتب الاحصائية ومن بين تلك الطرق طريقة السلاسل الزمنية ، وطريقة تحليل الانحدار Analysis Regerssion ومعامل الارتباط Correlaiion Analysis .

أ – تحليل عبء العمل Workload Analysis .

يتفق خبراء الإدارة على أن تحليل عبء العمل في منظمة معينة يبدأ من خلال تحديد معدل حجم المبيعات المتوقع خلال الفترة القادمة . ويعبر عن

هذا المعدل بالسلع والخدمات التي تنتجها الشركة . وعليه كلـما كـان تقدير المبيعات دقيقا تمكنا مـن التوصل إلى تحديد حجم القـوى العاملـة المستقبلية بشكل ادق . ويتم ذلك من خلال ترجمة رقم المبيعـات المتوقـع إلى برنامج عمل يحدد سير الاعمال في جميع الاقسام بالشركة.

حيث يتحول رقم المبيعات إلى برنامج عمل انتاجي في قسـم الانتـاج , وبرنامج مشتريات في قسم المشتريات وهكذا بالسبة لبقية الاقسام .

ويجب ان يترجم هذا البرنامج إلى وحدات عمل محـددة في شـكل سـلعة أو خدمة معينة معبر عنها بساعات محددة .

ان النتيجة المباشرة لتحليل عبء العمل هي تحديد الافراد اللازمـين لتأدية الاعمال المستقبلية . وعلى الرغم من ان هذه الطريقـة ليست دقيقـة تماما في تحديد حاجاتنا المستقبلية من الموارد البشرية لكنها من اكثر الطرق استخداما في هذا المجال .

والفكرة الاساسية وراء هذه الطريقة هي الاجابة على سؤالين :

- ما هي كمية العمل الاجمالي المطلوب تنفيذه ؟

- ما هو العمل الذي يستطيع ان يقوم به الفرد ؟

مثال :

تهدف شركة للصناعات الإلكترونية إلى إنتاج (10000) جهاز تسـجيل في العام القادم . ويحتاج كل جهاز إلى :

- عمل هندسي بواقع ساعتين للجهاز الواحد .

- عمل فني بواقع خمس ساعات للجهاز الواحد .

- عمل غير فني بواقع عشر ساعات للجهاز الواحد .

- عمل اداري بواقع ساعتين للجهاز الواحد .

فاذا علمت ان متوسط عدد ساعات العمل السنوي 2500 ساعة ,

فالمطلوب تحديد حجم قوة العمل المطلوبة للعام القادم .

حل المثال :

مجموع الساعات المتوقعة للعام

القادم من كل تخصص = حجم الانتاج المطلوب × عدد الساعات التخصصية

في العام القادم   لانتاج الوحدة

= 10000 × 2 (عمل هندسي)

= 20000 ساعة عمل هندسي .... (1)

= 10000 × 5 (ساعات عمل ماهر)

= 50000 ساعة عمل ماهر .... (2)

= 10000 × 10 (ساعات عمل غير ماهر)

= 100000 ساعة عمل غير ماهر .... (3)

= 10000 × 2 (ساعة عمل اداري)

= 20000 ساعة عمل اداري .... (4)

عدد ساعات العمل المتوقعة للعام القادم
من التخصص
قوة العمل المطلوبة من كل تخصص = ─────────────────────────────
متوسط ساعات العمل للعامل

المهندسون $= \dfrac{30000}{2500} = 8$ .... (1)

الماهرون $= \dfrac{50000}{2500} = 20$ .... (2)

غير الماهرين $= \dfrac{100000}{2500} = 40$ عامل غير ماهر   .... (3)

$$\text{الإداريون} \quad 8=\frac{20000}{2500} \quad \text{إداري} \qquad \dots\dots (4)$$

قوة العمل المطلوبة للعام القادم = 8 مهندسون + 20 عامل ماهر
+ 40 عامل غير ماهر + 8 اداري = 76 شخص .

ويمكن عرض النتائج كما في الجدول التالي :

5	4	3	2	1
قـــوة العمل المطلوبة (3÷4)	عـدد الســاعات المتوقعـة للعـام القادم (1×2)	متوسط عدد ســـاعات العمــــل للعامل	عـــدد الســاعات لإنتـاج الجهـاز الواحد	حجم الإنتاج المطلوب للعام القادم
8	20000	2500	2 عمل هندسي	10000
20	50000	2500	5 عمل ماهر	10000
40	100000	2500	10 عمل غير ماهر	10000
8	20000	2500	2 عمل اداري	10000
76	مجموعة قوة العمل المطلوبة			

ب – تحليل قوة العمل   Workforce Analysis

أن الأرقام التي تم التوصل إليها من خلال تحليل عملية عبء العمل
لابد من مقارنتها مع ما هو متوفر عند الشركة حاليا من العاملين ومـن ثـم
طرحها من العدد الإجمالي الذي توصلنا إليه بواسطة تحليل عـبء العمـل.
وبالعودة إلى المثل السابقة ، وإذا عرفنـا ان عـدد العـاملين في هـذه الشركة
الآن كما يلي :

(5 مهندسين + 15 عامل ماهر + 8 عمال غير ماهر + 12 اداري)
فستصبح عملية تحديد العجز أو الفائض المتوقع بالنسبة لكل اختصاص من قوة العمل كما يلي :

قوة العمل الاجمالية المطلوبة	قوة العمل الحالية	الفائض أو العجز في قوة العمل
8 مهندسين	5	3 -
20 عامل ماهر	15	5 -
40 عامل غير ماهر	8	32 -
8 اداريون	12	4 +

ومن هنا فإن تحليل قوة العمل يركز على قوة العمل الحالية في المنطقة اضافة إلى حركة العاملين المتوقعة من وإلى المنظمة (دوران العمل) وانعكاسات ذلك على حاجتها من الموارد البشرية مستقبلا .

جـ - تحليل النسب :

تستخدم الاساليب السابقة عادة في التنبوء بحجم العمالة المباشرة أما تحليل النسب Ratio Analysis فيستخدم في التنبوء بحجم العمالة غير المباشر. على سبيل المثال ، يمكنك استخدام النسب لتقدير الحجم الامثل للعاملين وذلك بقسمة حجم العمالة الكلية بالمشروع على عدد العاملين بادارة الأفراد ، أو تقدير الحجم الامثل للادارة القانونية عن طريق قسمة عدد القضايا المطروحة حاليا أمام المحاكم أو المحتمل طرحها على عدد المحامين بالادارة القانونية ، أو تقدير الحجم الامثل بقسم الصيانة عن طريق مقارنته بعدد المركبات وعمرها الانتاجي . ومن الواضح ان هذه النسب تكون فائدتها محدودة لخبراء تخطيط الموارد البشرية إذا لم تقارن بنفسها خلال السنوات السابقة أو مقارنتها بنسب مماثلة في المنشآت المتشابهة ذلك لان مثل هذه المقارنات غالبا ما تؤدي إلى الكشف عن حالات العمالة الزائدة أو الناقصة .

ومن الممكن استخدام نسب الانتاجية خلال الفترة الماضية للتنبؤ بحجم العمالة المستقبلية . عن طريق المعادلة التالية .

$$\text{معدل الانتاجية التاريخي} = \frac{\text{عبء العمل خلال الفترة الماضية مقدرا بالساعات مثلا}}{\text{عدد العاملين}}$$

وبفرض عدم توقع تغيرات جذرية في المستقبل ، فانه من الممكن تقدير الطلب المستقبلي على العمالة عن طريق قسمة عبء العمل المقدر خلال الفترة القادمة على ناتج النسب التاريخي الذي تم التوصل إليه بالمعادلة السابقة .

2- طرق تقدير العرض الداخلي من الموارد البشرية :

نظرا لان العاملين حاليا في الشركة هم الأساس الذي ترتكز عليه عملية تقدير العرض الداخلي المستقبلي ، لذلك يتوجب ان يكون لدى ادراة الموارد البشرية قاعدة بيانات Data base غنية بالبيانات عن الموظفين .

ومن بين الطرق العديدة لتقدير العرض الداخلي المستقبلي من الموارد البشرية طريقة مخزون المهارات ، وخرائط الاحلال ، وسلسلة ماركوف ، فيما يأتي شرح مختصر لكل منها .

أ – مخزون المهارات Skills Inventory

يتكون مخزون المهارات من قائمة بأسماء الموظفين الحاليين في الشركة تحتوي على معلومات تفصيلية عن كل موظف من حيث :

- اسم الموظف وعمره وحالته الاجتماعية .
- المؤهلات التعليمية .
- الخبرات السابقة .
- البرامج التدريبية التي اشترك بها .
- الامتحانات التي اجتازها .
- نتائج تقييم الاداء للسنوات الاخيرة ، مع التركيز على مواطن القوة والضعف ومعدل التحسين .
- الغيابات ، الجزاءات التأديبية ان وجدت .
- القابلية للترقية وتحمل المسؤولية على مستوى اعلى .

- تطلعات وطموحات الموظف في الترقية أو في تغيير خطه الوظيفي .

ولا شك ان مثل هذه القائمـة تعطي تصورا واضحا للمخططين عـن امكانية ترقية أو نقل موظف إلى وظيفة اخرى على ضوء المعلومات السابقة حول مؤهلات وقدراته. هذا وتستخدم هـذه الطريقـة في الشركات صغيرة الحجم .

ب – خرائط الاحلال   Replacement Charts

بالنسبة لتقدير الوقع القائم لبعض الوظائف المهمة – كوظائف الادارة العليا مثلا – تستخدم طريقة خرائط الاحلال لتحديد الموظفين المتوقع احلالهم فيها عند انتهاء فترة القائمين عليها حاليا . وهـذه الخـرائط توضح اسم شاغل الوظيفة الحالي وأسماء المرشـحين للاحلال محلـه ودرجـة استعداد كل منهم ومستوى ادائه وعمره وقدراته ومهاراته.

وبقدر ما تفيدنا هذه الخرائط في تشخيص الأفراد الـذين بالإمكان ترقيتهم حاليا ، إلا انها لا تعطي أهميـة تـذكر للوظيفة التـي سيتم ترقيـة الموظف لها . ويبدو ان هذه العملية يسيرها الحكم الشخصي بصورة عامة . ويجب ان لا ننسى ان المدير المهيئ لشغل وظيفـة اعـلى قـد يكون مـؤهلا لوظائف مختلفة أخرى ، ولكننا اتحنا له فرصة واحدة فقط . كما ان هنـاك عيبا آخر ... وهـو احتمال حـدوث تغيـير في هيكـل الوظائف والهيكـل التنظيمي قبل الاستفادة الفعلية من هذه الخرائط .

جـ – سلسلة ماركوف   Markov Chain

تقوم سلسلة ماركوف عـلى دراسـة وتحليـل المـوارد البشـرية داخل المنظمة بين عدة وظائف وعلى فترات زمنية متعاقبة ، بحيث يمكن التنبؤ بتركيب القوى العاملة في المستقبل . ويشمل هذا التحليل تحركات العـاملين عبر الوظائف وبين الأقسام والمسـتويات ومـن درجـة ماليـة إلى اخرى ومن أجل استخدام سلسلة ماركوف في التنبؤ باحتياجات المنظمة للعاملين يشترط توفر ثلاثة من المعلومات :

- عدد العاملين في كل وظيفة في بداية الفترة الزمنية للتحليل .
- احتمالات احصائية تعكس تحركات العاملين بناء على التحركات السابقة.
- الفترة الزمنية المستقبلية التي يجب ان يشملها التحليل للتنبؤ بالاحتياجات البشرية .

وجدير بالإشارة ان استخدام سلسلة ماركوف يقوم على مجموعة افتراضات يجب على الباحث ان يتحقق من صدقها قبل تطبيق هذه الطريقة . وهذه الافتراضات هي :

- ان المنظمة لديها بيانات مفصلة عن العاملين وتحركاتهم خلال فترة زمنية طويلة نسبيا .
- توافر درجة من الثبات النسبي في هيكل القوى العاملة والسياسات الخاصة بالموارد البشرية .
- ان تتصف الاحداث الأولية التي تمثل نقطة البدء في سلسلة الأحداث بالثبات النسبي .

وفيما يلي مثال يوضح بناء سلسلة ماركوف :

مثال :

الاتي بيانات استخرجت من سجلات الشركة العامة للصناعات الالكترونية عن وظيفتي عامل تشغيل وعامل صيانة في الإنتاج عن الخمس سنوات الماضية (1997 ، 1998 ، 1999 ، 2000 ، 2001) وهي تمثل إجمالي هذه السنوات:

- عدد عمال التشغيل في بداية الفترة = 500 عامل .
- عدد عمال الصيانة في بداية الفترة = 250 عامل .
- عدد الباقين في وظيفة عامل صيانة ممن استمروا يشغلون نفس الوظيفة خلال السنة = 125 عامل .
- عدد الباقين في وظيفة عامل تشغيل ممن استمروا يشغلون نفس الوظيفة خلال السنة = 350 عامل .

- عدد المنقولين من وظيفة عامل صيانة إلى وظيفة عامل تشغيل خلال السنة = 75 عامل .

- عدد المنقولين من وظيفة عامل تشغيل إلى وظيفة عامل صيانة خلال السنة = 100 عامل .

- عدد تاركي الخدمة من عمال التشغيل خلال السنة = 50 عامل .

- عدد تاركي الخدمة من عمال الصيانة خلال السنة = 50 عامل .

المطلوب :

1- بناء سلسلة ماركوف التي تبدأ بوظيفة عامل تشغيل للسنتين 2002 / 2003 .

2- احتمال الوجود في وظيفة عامل صيانة في نهاية سنة 2003 ممن كانوا يشغلون وظيفة عامل تشغيل في أول سنة 2002 .

3- بيان احتمال ترك الخدمة خلال سنتي : 2002 / 2003 من بين من كانوا يشغلون وظيفة عامل تشغيل في أول سنة 2002 .

الحل :

لنفرض أن وظيفة عامل تشغيل يرمز لها بالرمز (أ) ، ووظيفة عامل الصيانة بالرمز (ب) ، وترك الخدمة بالرمز (جـ) . ولكي نبني سلسلة ماركوف نقوم بتحويل البيانات السابقة إلى احتمالات (نسب) بسيطة كما يلي :

- احتمال البقاء في (أ) خلال السنة

$$\frac{\text{عدد الباقين في (أ) خلال السنة}}{\text{العدد الكلي في (أ) في بداية السنة}} = \frac{350}{500} = 0.70$$

احتمال البقاء في (ب) خلال السنة =

$$\frac{\text{عدد الباقين في (ب) خلال السنة}}{\text{العدد الكلي في (ب) في بداية السنة}} = \frac{125}{250} = 0.5$$

احتمال الانتقال من (أ) إلى (ب) خلال السنة =

$$\frac{\text{عدد المنقولين من(أ) إلى (ب) خلال السنة}}{\text{العدد الكلي في (أ) في بداية السنة}} = \frac{100}{500} = 0.20$$

احتمال الانتقال من (ب) إلى (أ) خلال السنة=

$$\frac{\text{عدد المنقولين من (ب) إلى (أ) خلال السنة}}{\text{العدد الكلي في (ب) في بداية السنة}} = \frac{75}{250} = 0.30$$

احتمال ترك الخدمة من (أ) خلال السنة =

$$\frac{\text{عدد تاركي الخدمة من (أ) خلال السنة}}{\text{العدد الكلي في (أ) في بداية السنة}} = \frac{50}{500} = 0.10$$

احتمال ترك الخدمة من (ب) خلال السنة =

$$\frac{\text{عدد تاركي الخدمة من (ب) خلال السنة}}{\text{العدد الكلي في (ب) في بداية السنة}} = \frac{50}{250} = 0.20$$

ونظرا لان عدد من يعودون إلى أي عمل من وظيفتي (أ) و (ب) خلال السنة بعد تركهم الخدمة = صفر ، فأن احتمال الانتقال من (جـ) إلى (أ) خلال السنة $= \frac{\text{صفر}}{500} =$ صفر

احتمال الانتقال من (جـ) إلى (ب) خلال السنة $= \frac{\text{صفر}}{250} =$ صفر

وبذلك يكون احتمال البقاء في (جـ) ممن انتقلوا إليها خلال السنة =
1.00 واحد صحيح .

أولا : بناء سلسلة ماركوف :

نقوم الآن ببناء سلسلة ماركوف اعتمادا على احتمالات (النسب)
السابقة :

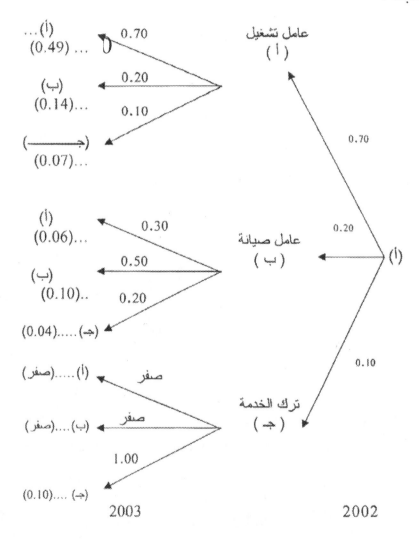

2003   2002

ثانيا : احتمال الوجود في وظيفة عامل صيانة (ب) في نهاية 2003 ممن كانوا وظيفة عامل تشغيل (أ) في بداية 2002 .

هذا الاحتمال هو مجموع الاحتمالات المشتركة للمسارات الوظيفة التي تنتهي بوظيفة عامل صيانة (ب) في السلسلة السابقة وهي :

أ ← أ ← ب واحتماله = 0.14

أ ← ب ← ب واحتماله = 0.10

أ ← جـ ← ب واحتماله = صفر

وبذلك يكون الاحتمال المطلوب = 0.14 + 0.10 + صفر = 0.24

ثالثا: احتمال ترك الخدمة (جـ) خلال سنتي 2002 ، 2003 من بين من كانوا يشغلون وظيفة عامل تشغيل في بداية سنة 2002 .

يكون هذا الاحتمال عبارة عن مجموعة احتمالات مشتركة للمسارات التي تنتهي بترك الخدمة (جـ) في السلسلة السابقة وهي :

أ ← أ ← جـ واحتماله = 0.07

أ ← ب ← جـ واحتماله = 0.04

أ ← جـ ← جـ واحتماله = 0.10

وبذلك يكون الاحتمال المطلوب = 0.07 + 0.04 + 0.10 = 0.21

الاحتمالات السابقة بالإمكان تصويرها في الجدول التالي :

تشغيل	صيانة	ترك العمل	%
0.49	0.14	0.07	0.70
0.06	0.10	0.04	0.20
صفر	صفر	0.10	0.10
0.55	0.24	0.21	%100

3 - الموازنة بين الطلب والعرض :

تشكل الموازنة بين ما هو متاح وما هو مطلوب من العاملين محور

العملية التخطيطية ، حيث يتم في هـذه المرحلة تحديد مشكلة العمالة من خلال اجراء مقارنة بين العمالة المتاحة والعمالة المطلوبة للعمل . وعـلى ضوء ذلك يتم تحديـد مقدار الخلل ونوعـه ومكانـه والأسـاليب الواجب اتباعها لعلاجه والوصول إلى حالة التوازن المطلوب .

وقد نلاحظ بنتيجة المقارنة :

أ – أما زيادة الطلب على العرض (وجود عجز) .

ب- أو زيادة العرض على الطلب (وجود فائض) .

جـ – أو زيادة الطلـب عـلى مجموعـة مـن الوظـائف وزيادة العـرض في مجموعة أخرى .

وقد تلجأ المنظمة في **الحالة الأولى** (حالـة العجـز) إلى واحـد أو أكثر من البدائل التالية :

أ – اللجوء إلى مصادر جديدة للتوظيف .

ب – تخفيض شروط الالتحاق بالوظائف .

جـ – استخدام العمالة المؤقتة .

د – زيادة فترة الخدمة أي اطالة سن التقاعد .

هـ – زيادة ساعات العمل خارج أوقات الدوام .

و – تحسين برنامج الأجور والحوافز وربطه بزيادة إنتاجية الفرد .

أما في **الحالة الثانية** ، أي زيادة العرض على الطلب (حالـة الفـائض) فقد تلجأ المنظمة إلى استخدام واحد أو أكثر من السياسات الآتية :

أ – تخفيض ساعات العمل .

ب – تشجيع على التقاعد المبكر .

جـ – تخفيض عمليات التوظيف .

د – استخدام العمالة المؤقتة الرخيصة الأجر في بعض الوظائف .

هـ - وقد تلجأ المنظمة إلى سياسة إنهاء الخدمة .

أما في **الحالة الثالثة** فيتم توجيه الفائض في تصنيف وظيفي لعلاج العجز في الوظائف الأخرى ، ان تطبيق مثل هذه السياسة يستلزم من المنظمة إعادة تأهيل الأعداد الزائدة وتدريبهم لتولي الوظائف الجديدة بدلا من اللجوء إلى إنهاء خدمات العمالة الزائدة وتوظيف أشخاص جدد.

الفصل الخامس
اختيار وتعيين العاملين

ثالثاً :- مسؤولية أختيار العاملين

خامساً :- خطوات عملية الأختيار والتعيين

الفصل الخامس

اختيار وتعيين العاملين

أولاً: التمهيد:

يعـرف الكثـيرون عمليـة الاختيـار بانهـا عبـارة عـن (عمليـة تحديـد المؤهلات التي تتناسب وأهداف المنظمـة مـن الأفراد المؤهلين والـذين تـم اختيار طلباتهم للتوظيف. وتحديد مؤهلات الأفراد طبقاً لتوصيف المتبع في المنظمـة) . ويعـرف احـد البـاحثين عمليـة الاختيـار بأنهـا (العمليـة التـي بمقتضاها يـتم تقسـيم المرشـحين للتعيـين غـلى مجمـوعتين مجموعـة تقبـل لشغل الوظائف الشاغرة في المنظمة ومجموعة ترفض) .

يتضح مما تقدم ان عملية الاختيار تنطوي على اختيار الأفراد المناسبين للعمل في المنظمـة واسـتبعاد الأفراد غـير المناسبين ولا يمكن ان يـتم ذلك بشكل سليم الا بعد توصيف الوظائف في المنظمة والذي يجب ان يتضمن تحديداً دقيقاً ومفصلاً وشاملاً لمسؤوليات الوظيفـة وواجبـاتهم وصـلاحيتها وشروطها ومطالبها والسمات والخصائص الواجب توفرها فيمن يصلح لأن يقوم بشغلها على الوجه الأكمل . هذا مـن جهـة ومن جهـة اخرى ينبغـي تحديد احتياجات المنظمة مـن القـوى العاملـة لمـدة زمنيـة قادمـة حسـب الاختصاصات والاعداد المطلوبة من كل اختصاص . ان عـدم اعتماد نظام لتوصيف الوظائف كأساس في اختيار الأفراد وسوء تحديـد الاحتياجـات مـن القوى العاملة بدقة يعني ذلك فقدان الأسس العلمية والموضوعية في اختيار الأفراد المناسبين للعمل في المنظمة.

وتهتم المنظمات الحديثة بعملية الاختيار لأنها تعتبرهـا مـن المراحـل الحيوية لا في حياة المنظمة فحسب بل في حياة الفرد نفسـه . أنهـا مرحلـة تطوير وكشف عن مؤهلات الأفراد المتقدمين للعمل في المنظمة . كـما أنهـا فرصة يمكن

لكلا الطرفين المنظمة والفرد انتهازها ليتعرف كل منهما على الاخر وتبادل الآراء في مواضيع العمل اضافة إلى ذلك ان للفرد الكفء دوراً مهماً واساسياً في تحديد مستقبل المنظمة وتحقيق أهدافها .

ومن الاخطاء الشائعة في عملية الاختيار هو التركيز على الجوانب السلبية في الأفراد ، أي الاهتمام بأكتشاف نواحي الضعف التي يحتمل ان تؤدي إلى الفشل وبالتالي استبعاد الأفراد على هذا الأساس . اما الاتجاه العلمي الحديث فهو التركيز على الجوانب الايجابية أي يجب ان لا يكون الهدف هو تحديد مدى مقابلة صفات ومؤهلات كل فرد لعمل معين في المنظمة وانما تحديد مدى مناسبة الفرد للعمل في المنظمة أي لا تكون الحاجة إلى الفرد من نظرة ضيقة وعلى ضوء متطلبات حالية لمركز معين وانما على ضوء احتمالات الاستفادة من امكانياته وقدراته في المنظمة مستقبلاً وأي الأعمال تكون اكثر مناسبة له.

لقد ثبت بما لا يدع مجال للشك بان اختيار الفرد المناسب للعمل المناسب يؤدي إلى رفع معنوية الفرد ورفع الكفاءة الانتاجية والوصول إلى الأهداف المحدد باسرع وقت ممكن وأقل تكلفة بالإضافة إلى تحقيق وحدة التنظيم وتجانس القوة العامة . أما الاختيار غير السليم فسوف يؤدي إلى حدوث مشاكل عديدة للمنظمة وربما تعرضها للخطر ، إذ ان اختيار غير الصالحين من الأفراد ربما يؤثر مباشرة على فاعلية وكفاية القدرات الإنسانية كمجموعة أو كنظام System نحو تحقيق أهداف المنظمة .

ويتم اختيار غير الصالحين من الأفراد في ثلاث صور .

1- اختيار فرد تقل صلاحيته عن مسؤوليات وواجبات الوظيفة .

2- اختيار فرد تتساوى صلاحيته (Qualified) في وقت اختياره مع الوظيفة الشاغرة لكنه لا يملك إمكانات مستقبلية كاملة Poteuial لمواجهة الوظائف المستقبلية الأرفع.

3- اختيار فرد تزيد صلاحيته أو مؤهلات عن مسؤوليات وواجبات الوظيفة (Over Qualified) .

ومن الأسباب الاخرى التي يدعو الإدارة إلى الاهتمام والتشدد في عملية الاختيار هو صعوبة التخلص من فرد غير كفء أسيء اختياره منذ البدأ بسبب الشعور المتزايد بالألتزام الاجتماعي الذي يقع على عاتق المنظمات والتشريعات القانونية المتعلقة بالعمل والنقابات والاتحادات المهنية التي لا تجيز للمنظمات فصله والاستغناء عن خدماته حتى في حالة انخفاض كفاءته الإنتاجية .

وسنتناول في هذا الفصل فوائد الاختيار السليم للأفراد ومسؤولية عملية الاختيار والتعيين والبيانات والمعلومات التي تتطلبها وبالنظر لأهمية خطوات عملية الاختيار والتعيين فسنقوم بشرحها بشيء من التفصيل.

ثانياً: فوائد الاختيار السليم:

يحقق الاختيار السليم للأفراد وللإدارة فوائد عديدة وتكون هذه الفوائد ملموسة لديهم عندما يكون الاختيار علمياً وموضوعياً يأخذ بعين الاعتبار طبيعة العمل وصلاحيته ومسؤولياته وظروفه ومتطلباته .... الخ والحاجة الفعلية من مختلف الاختصاصات . ومن فوائد الاختيار السليم .

1. يشكل الاختيار السليم للفرد العامل عاملاً مهماً من عوامل رضأه عن العمل وقناعته به ورفع روحه المعنوية وبالتالي يندفع في تأدية أعماله بحماس وشعوره بالمسؤولية مما يساعد ذلك على تطوير قابلياته وتخصصه في العمل وترقيته وزيادة أجره ومكافاته .
2. أما بالنسبة للعمل فان الاختيار العلمي والموضوعي يساهم في اتقان العمل وزيادة الإنتاج وتحسين نوعيته وانخفاض مستوى التلف ومعدل دوران العمل والغياب والتعرض للاصابات واستخدام عناصر الإنتاج بكفاءة أعلى. وبالتأكيد فان هذه الفوائد تساهم في تحقيق أهداف المنظمة كزيادة

الفوائض أو (الإرباح) والراحة النفسية للعاملين وتحسين سمعة المنظمة في المجتمع .

ثالثاً: مسؤولية اختيار العاملين:

تقع مسؤولية وضع سياسة الاختيار ضمن صلاحيات إدارة الأفراد التي يقوم بوضع سياسة تتناسب وأهداف المنظمة المنشورة . تعتبر عملية اختيار أفراد جيدين من أصعب العمليات التي تواجه إدارة الأفراد لأن العملية ذاتها تتطلب ان تتطابق الأعمال (الوظائف الشاغرة) مع مواهب وكفاءات المتقدمين لاشغالها ، وهذه العملية بذاتها تتطلب دراسة وكفاءة من قبل مسؤولي إدارة الأفراد لأن أي خلل يحدث في عملية التطابق يؤدي إلى اختيار فرد لا تتناسب مؤهلاته وخبرته مع الوظيفة التي يشغلها .

ولكي تتمكن إدارة الأفراد من اختيار اكفأ الأفراد ينبغي ان تتعاون وتنسق مع بقية الإدارات الاخرى في المنظمة . فالحاجة إلى الأفراد تنشأ من حاجة الإدارات المختلفة لهم للعمل في وظائفها الشاغرة . وبالتالي فان مشاركة الإدارات في توفير المعلومات والجوانب الفنية في عملية الاختيار سوف يساعد على تنفيذها بكفاءة وفاعلية .

رابعاً: البيانات والمعلومات التي تتطلبها عملية اختيار العاملين:

تتطلب عملية الاختيار ان يكون بحوزة إدارة الأفراد معلومات وبيانات كافية تمكنها من القيام بعملية الاختيار ، ومن أهمها تلك التي تتعلق بالوظائف نفسها أي انواعها ومتطلباتها وطبيعتها وعدد الوظائف الشاغرة لكل مجموعة من الأعمال. ويستلزم ان تكون هذه المعلومات عن شروط التقديم لاشغال الوظائف والشروط الواجب توفرها في الفرد نفسه كالعمر والجنس والتحصيل العلمي واللغات التي يجيدها والخبرة .... الخ . وفيما يلي إيضاحا عن البيانات والمعلومات الواجب توفرها في عملية الاختيار .

1. مواصفات العمل :

لكل عمل مواصفات أساسية ورئيسة ومـن الضروري ان تكون إدارة الأفراد ملمة بها تاماً وكذلك يكون المشرفون والإداريون ملمين بهذه المواصفات بغية تمكنهم من القيام الأشراف بصورة جيدة ، ويتطلب ان تبني إدارة الأفراد علاقـات وثيقـة مـع الإدارات الاخرى في المنظمة لأن مهمـة هـذه الإدارات في الحقيقـة تتلخص في تهيئة الفرص اللازمة للموظفين لاشغال الوظائف وتقوم كذلك بالتنسيق مع إدارة الأفراد فيما يتعلق بمواصفات العمل .

2. درجة الاختيار بين المتقدمين :

تعتمـد عمليـة الاختيار بصورة اساسية عـلى عـدد المتقدمين مـن الكفوئين لاشغال الوظائف الشاغرة ، فإذا كان العدد صغيراً اما بسبب نقص في الكادر المطلوب أو بسبب ضعف في الاعلان عن الوظائف الشاغرة مثلاً ، فان درجة الاختيار تكون قليلة أو ضعيفة نوعا ما ، أي عمليـة الاختيار قـد تتطلب جهداً أكثر لأن البدائل المتوفرة لإدارة الأفراد تكون قليلة .

3. معلومات تتعلق بالمتقدمين لاشغال الوظائف :

من أهم المعلومات الواجب معرفتها حول المتقدم للعمل هو إمكانيته على القيام بالعمل بصورة جيدة كذلك إمكانيته المستقبلية وطموحاته كذلك ترغب المنظمة في معرفة كفاءة وتحصيل المتقدم وخبرته العمليـة وسلوكه العام وتاريخ أول عمل قام به والمراكز التي شغلها وغيرها مـن المعلومات . ويشترط بالمعلومات ان تكون صحيحة وموثوقا بها وعـلى إدارة الأفراد التأكد مـن ذلك بـالطرق المتعارف عليها إذ يجب الاعتماد عـلى معلومات موثوق بها قبل الاقدام عـلى تعيين الأفراد في الوظائف الشاغرة وخصوصاً للوظائف المهمة .

4. معلومات ذات علاقات مهمة بالعمل وبالمتقدم لاشغال الوظيفة :-

تحتاج إدارة الإفـراد إلى معلومـات تتعلـق بالوظائف الشـاغرة، إن طبيعة ونوع المعلومات يعتمـد عـلى نـوع الوظيفة فكلـما كانت الوظيفة مهمة وعلى مستوى

إداري عال اصبح من الضروري الحصول على معلومات أكثر حول المتقدم للعمل. وفي نفس الوقت فان على إدارة الأفراد تزويد المتقدم بمعلومات تتعلق بالعمل نفسه وبالمنظمة وبنواح أخرى يطلبها المتقدم . فالفرد المتقدم لاشغال وظيفة على مستوى مجلس الإدارة مثلاً يرغب في ان يعرف شيئاً عن الهيكل التنظيمي للمنظمة بدقة وشمول وان يفهم بالضبط مكونات المنظمة وأهدافها وارباحها وتفاصيل عن طبيعة السلع والخدمات التي تصنعها أو تسوقها للجمهور وهكذا .

ويعتبر نوع العمل وطبيعة المتقدم لاشغاله عاملان في غاية الأهمية وهما يقرران طبيعة الاسئلة التي يتم توجيهها للمتقدم . فليس من المعقول توجيه اسئلة واضحة ومعروفة لشخص يتقدم لاشغال وظيفة مدير عام أو توجيه اسئلة تتعلق بالقضايا المعروفة لمدير التمويل مثلاً . لأن هذا سوف يثير سخرية مدير التمويل ويجعله يعتقد بان المنظمة غير كفوءه ولا تعرف المبادئ الاولية لمقابلة الأفراد ثم انه من الخطأ الطلب إلى فرد في مستوى أدنى في الهيكل التنظيمي بمقابلة فرد في مستوى الإدارة العليا .

خامساً: خطوات عملية الاختيار والتعيين:

يعتبر الاقدام لاختيار الأفراد لاشغال الوظائف من اصعب المراحل التي تمر بها إدارة الأفراد وخصوصاً إذا كانت الوظائف في مستوى الإدارة العليا وهناك طرق عديدة للاختيار واجراءات متعددة تعتمد على نوع المنظمة وطبيعة الاعمال التي ترغب باشغالها وأهمية العمل ...... الخ وسنحاول فيما يلي توضيحها بشكل مفصل.

1- استقبال طالبي الوظائف:

تتضمن هذه الخطوة استقبال الأفراد الذين لديهم الرغبة للعمل في المنظمة . وتتولى إدارة الأفراد وضع برنامج تعريفي متكامل لاستقبالهم وتعريفهم بالمنظمة يتضمن تحديد العاملين الذين سوف يقومون بمهمة

الاستقبال والترحاب بطالبي الوظائف الشاغرة وتحديد شعب واقسام المنظمة التي سوف يقومون بزيارتها . وينبغي ان يقوم العاملون المسؤولون عن تنفيذ البرنامج بتقديم معلومات متكاملة عن أهداف واغراض المنظمة وسياساتها تجاه القوى العاملة والنشاطات الرئيسة والثانوية للمنظمة وانظمة الاجور والحوافز المتبعة فيها والمزايا التي يحصل عليها العاملون فيها ووضعها الاقتصادي وموقعها بين المنظمات المنافسة وغيرها من المعلومات التعريفية التي تساعد طالبي العمل في التعرف على طبيعة العمل في المنظمة .

ومن أهم ما تحققه هذه الخطوات هو ترك آثار نفسية ايجابية في نفس الأفراد المتقدمين للعمل في المنظمة وتزويدهم بمعلومات تساعدهم على اتخاذ القرار المناسب بشأن العمل في المنظمة أو البحث عن فرص اخرى للعمل وبذلك تساعد هذه الخطوة على تصفية الذين لا يرغبون للعمل في المنظمة الأمر الذي يزيد ذلك من فرص اختيار اصلح الافراد من ناحية، وتقل اعباء مصاريف الاختيار من ناحية اخرى .

2- المقابلة المبدئية:

تتولى إدارة الأفراد الراغبين في العمل بالمنظمة بمقابلتهم مبدئيا والغرض من هذه المقابلة هو استبعاد الأفراد الذين يكون من الواضح انه ليس لديهم فرصة للفوز بالوظيفة نظراً لعدم توافر الشروط الاساسية فيهم والتي يجب ان تتوفر في من سيشغل هذه الوظائف مما يحقق ذلك توفيراً في الوقت والجهد والتكاليف .

ويجب ان يعامل طالبو الوظائف بكل لياقة واحترام أثناء المقابلة وان يلم المقابل بالاسلوب الصحيح للمقابلة وبالمعلومات الكافية عن الوظائف الشاغرة والاحتياجات المستقبلية والشروط والإمكانات الواجب توافرها في المتقدمين لاشغالها . ولا تستدعي الضرورة التحليل التفصيلي للأفراد المتقدمين في المقابلة وانما يكتفى بالسؤال عن أنواع الأعمال التي يحبذونها ومؤهلاتهم

العملية وخبراتهم وتقويم عام لمظهرهم وشخصياتهم وأي معلومات عامة اخرى لها علاقة بالوظائف التي من المؤمل ان يشغلوها مستقبلاً .

3- مراحل طلب التعيين:

طلب التعيين نموذج يصمم من قبل إدارة الأفراد ويملؤه الأفراد الذين يجتازون مرحلة المقابلة المبدئية ويحتوي عادة على معلومات شاملة تساعد في التمييز بين من يصلحون للوظائف الشاغرة ومن لا يصلحون لها . ويزود أعضاء مقابلة الاختيار بالبيانات التي تساعد على بدء المقابلة وتوجيه الاسئلة. ويمكن اعتبار النموذج سجلاً يرجع إليه بعد التعيين ودراسته تعتبر مرحلة هامة من أجل تكوين فكرة عن مدى صلاحية المتقدم للتعيين لعمل ومجالات التقدم التي يصلح لها .

ويلاحظ هناك اختلاف في تصميم نماذج التعيين من منظمة لاخرى ومن الأسباب الرئيسة لذلك اختلاف طبيعة أعمال واختصاصات هذه المنظمات . وتقوم بعض المنظمات بتصميم أكثر من نموذج واحد لغرض الحصول على أفضل الأفراد ولمختلف وظائفها .

4- الاختيارات:

بعد اجتياز الأفراد المتقدمين للعمل في المنظمة المراحل الثلاث من عملية الاختيار والتعيين ينبغي على المنظمة ان تجرى الاختيارات المناسبة لغرض الكشف عن مواطن القوة والضعف لديهم وقياس المواصفات التي يجب ان يتمتعوا بها التي لها علاقة بنجاحهم في العمل مستقبلاً وهناك اتفاق بين المتخصصين في إدارة الأفراد على ان مرحلة الاختبارات من المراحل الاساسية في عملية الاختيار والتعيين وذات فائدة وقيمة كبيرة وانه لا يمكن الاعتماد عليها وحدها في عملية الاختيار وانما هي وسيلة أو خطوة مكملة لبقية الوسائل أو الخطوات الاخرى في عملية الاختيار والتعيين .

وقد انتشر استخدام الاختبارات في الوقت الحاضر في كافة مجالات إدارة

العنصر البشري ، ويعتبر لاختبار احد المقاييس العامة التي تبين درجة صلاحية الفرد لأداء عمل معين أو مدى استعداده منه ، فالاختبار وسيلة للكشف عن درجة اتقان طالب الوظيفة وسرعته في عمله وعما إذا كان لديه الاستعداد والذكاء والميل لشغل الوظيفة الشاغرة .

وتعتبر الاختبارات النفسية Psychological أكثر الاختبارات شيوعاً في الوقت الحاضر وهي عبارة عن مقاييس موضوعية ونمطية لبعض أنواع السلوك الإنساني . وقد أخذت إدارات الأفراد الحديثة تلجأ إليها لغرض اختيار انسب الأفراد ونقل الأفراد من وظيفة إلى وظيفة أخرى أو ترقيتهم ، واختيار الأفراد الذين يصلحون لنوع معين من التدريب إذ تكشف عن مدى توافر استعدادات معينة لدى الفرد وتمكنه من الابداع في مجال معين دون أخر.

أهداف الاختبارات:

تستخدم الكثير من المنظمات الاختبارات كأداة للمفاضلة بين الأفراد المتقدمين للعمل لاختيار انسبهم من حيث الأداء والسلوك وإذا ما تم استخدام الاختبارات بشكل عملي وموضوعي فانها من الممكن ان تحقق الكثير من الأهداف ومن بينها .

1. اكتشاف سمات أو صفات لا يمكن التعرف عليها بواسطة الأدوات أو الوسائل الأخرى المستخدمة في عملية الاختيار مثل طلب التعيين أو المقابلة أو الوثائق التي يقدمها طالب التعيين .

2. استبعاد الأفراد غير الصالحين في المنظمة . فعن طريق الاختبارات يمكن اكتشاف عدد من نقاط الضعف أو عدم توفر الشروط المناسبة لدى الأفراد طالبي الوظائف .

3. التنبؤ باحتمالات نجاح فرد معين ذي أداء عمل محدد .

4. تستخدم الاختبارات كوسيلة من وسائل الاختيار لاستبعاد أي تحيز من جانب الأفراد الذين بيدهم قرارات التعيين .

مبادئ الاختبارات:

تتطلب مرحلة الاختبار الكثير من الجهد والوقت والمصاريف لغرض إنجازها بكفاءة وفاعلية واذا لم تعتمد الاختبارات على مبادىء وأسس سليمة فان ذلك سوف يؤدي الى ضياع الجهد المبذول والأموال المصروفة عليها بالاضافة الى صعوبة الوصول الى اختيار سليم للأفراد

وفيما يلي عدد من المبادئ الاساسية التي يجب ان تستند عليها الاختبارات:

1- يجب ان تصمم الاختبارات على اساس برنامج تحليل وتوصيف الاعمال اذ ان الهدف من الاختبار هو التنبؤ بمستقبل النجاح في المركز الوظيفي ولتحقيق هذا الهدف فان تحليل الاعمال يبين الاستعدادات والقدرات والسمات الانسانية الاخرى التي يجب ان تتوافر في الفرد الذي يستطيع القيام بها بنجاح وتمكن معرفة السمات الانسانية المطلوبة الاخصائيين في ادارة الافراد من اختيار وتصميم الاختبارات في تحليل الافراد عند الاختيار وكذلك في الاعداد للمقابلة الشخصية.

2- المبدأ الثاني للاختبارات هو ان تكون نتائج الاختبار تتصف بالثبات (Reliability) أي عدم تغيير النتيجة التي يحصل عليها الفرد في الاختبار تغييراً ملحوظاً إذا اعطي نفس الاختبار اكثر من مرة ، فإذا اختلفت النتائج التي يحصل عليها الفرد بالنسبة لنفس الاختبار وتحت نفس الظروف دلَّ ذلك على عدم صلاحية ذلك الاختبار.

3- يجب ان يقيس الاختبار فعلاً الخاصية موضع البحث وليس شيئاً آخر أي يجب ان يتصف الاختبار بالصحة أو الدقة (Validity) فاختبار القدرات مثلاً يجب ان يقيس بدقة قدرات الفرد وليس شيئاً آخر كذلك اختبار الذكاء يجب ان يحدد درجة ذكاء الفرد وهكذا ..... لضمان فاعلية وكفاءة الاختيار أفضل الأفراد فعلى إدارة الأفراد ان تبذل جهود كبيرة للتحقق من دقة وصدق وثبات الاختبارات قبل تطبيقها والاعتماد على نتائجها .

أنواع الاختبارات:

لغرض تحقيق أعلى كفاءة ممكنة في عملية اختبار الأفراد سعى الاختصاصيون في مجال إدارة الأفراد إلى ايجاد مقاييس موضوعية وعملية للكشف عن الأفراد الملائمين للعمل في المنظمة والوصول إلى المواءمة بينه وبين الوظائف الشاغرة في المنظمة. ونبين فيما يلي عدداً من الاختبارات الشائعة الاستخدام في الوقت الحاضر في الكثير من المنظمات .

أ- اختبارات الذكاء : - Intelligence Tests

تستخدم هذه الاختبارات بشكل كبير في المجالات الصناعية وهي من أولى الاختبارات التي حظت باهتمام وتطوير المتخصصين في جوانب علم النفس . والغرض من هذه الاختبارات قياس طاقة الأفراد الذهنية أو العقلية وصحة حكمهم على الأشياء وطريقة تفكيرهم وتصرفاتهم وقوة ذاكرتهم ومقدرتهم على الملاحظة . وتتضمن اختبارات الذكاء عادة مشاكل (حالات عملية) وأسئلة تبين مقدرة الفرد على التذكر ومقدار معلوماته ومدى صواب حكمه وتفكيره وتستند على أساس من المنطق وهو ان الطاقة الذهنية أو العقلية وما تحويه من المعلومات التي استطاع الفرد الحصول عليها في السابق تعتبر المرشد أو الموجه لما يمكن ان يكون أداء الفرد عليه مستقبلاً .

وقد تم تصميم عدد من الاختبارات بما يتلاءم مع اختيار الأفراد المتخصصين في الوظائف الكتابية والاشرافية ومن أمثلة تلك الاختبارات :- اختبار التأقلم Adaptability Test ومدته خمس عشرة دقيقة ويحتوي على عدد كبير من الأسئلة من بينها :-

ما هي الكلمة من بين الكلمات التي تحدد صفة البرتقالة ؟
1- حيوان ، 2- زهرة ، 3- فاكهة ، 4- خضروات، 5- قماش
ما هو الحرف السابع في الأبجدية؟

إذا كان قلم ثمنه 25 دينار فما ثمن ستة أقلام؟

ومن اشهر المقاييس أو الاختبارات المستخدمة في الصناعة ما يعرف باسم (مقياس وشرلز للذكاء عند البالغين)   Wechler Adult Inteligence scale .

يتم هذا الاختبار لكل فرد على حدة بحيث يوجه الخبير النفسي ـ الاسئلة إلى الفرد الذي يتم اختباره ويتم تسجيل الاجابات على نموذج خاص معد لهذا الغرض . وتحتاج هذه الطريقة الكثير من الجهد والوقت والمال لذلك فأنها لا تستخدم بكثرة إلا على المستويات العليا.

وقد اثبتت فعاليتها في المجالات الإدارية . ومن بين ما يتضمنه مقياس وشزلر اختبار كلامي فيما يلي موجز عنه :

أ) المعلومات   Information : مجموعة الأسئلة عن المعلومات المادية.

ب) القدرة على الفهم   Comperhension : أسئلة اخرى تبين إمكانيات تكيف الفرد مع المفاهيم الاجتماعية .

ج) الحساب   Arithmetic : العبرة بإعطاء حلول صحيحة والوقت الذي تستغرقه الإجابة .

د) القدرة على حفظ الارقام : يتم قراءة عدد من الارقام ويطلب من الشخص ان يكررها من الذاكرة واحيانا معكوسة .

هـ) اوجه الشبه   Similarities : يتم قراءة مجموعة ثنائية من العبارات ويطلب استخراج صفة تجمع بينها .

و) مفردات اللغة   Vacabulary : مجموعة كلمات على شخص ان يعبر عنها بعبارات من عنده.

الاداء :   Performance

ز) اكمال الصورة   Picture Completion : تقدم للشخص مجموعة صور وعليه ان يحدد العنصر الناقص .

ح) ترتيب الصور Picture Arrangement : يطلب من الشخص ان يرتب مجموعة من الصور تعبر عن المعنى بأسرع ما يمكن .

ط) تجميع الأشياء Object Assembly : وهي عبارة عن ألغاز لصور مقطوعة يجب تجميعها في فترة زمنية محددة .

ي) التصميم بالمكعبات Block Design : يتم العمل بواسطة مجموعة من المكعبات الصغيرة لها وجوه حمراء أو بيضاء أو حمراء وبيضاء ويحاول الفرد تجميع بعض التصميمات المطبوعة باسرع ما يمكن .

ك) النموذج الرقمي Digit Symbol : يعطي الفرد مجموعات من النماذج والارقام لاستخدامها كرموز وعليه بعد ذلك ان يكتب اكبر عدد ممكن من الارقام الصحيحة في وقت محدد.

وتعتمد أهمية الذكاء للنجاح في الوظيفة على نوع الوظيفة فقد اكتشف في احدى الدراسات بأنه هناك ارتباط بسيط جداً بين ما يحصل عليه الفرد من درجات في اختبار الذكاء وبين نجاحه في العمل في الأعمال التي لا تتطلب مهارة في حين يزداد ويقوى الارتباط في الاعمال الاشرافية والأعمال التي تحتاج إلى مهارة . أي يمكن القول بان فائدة اختبارات الذكاء تكاد تكون محدودة جداً بالنسبة إلى الوظائف أو الأعمال التي لا تحتاج مهارة ومقدرة ذهنية عالية في حين تبرز أهميتها وفائدتها في الوظائف أو الأعمال التي تتطلب قدرات ذهنية أو عقلية عالية وذاكرة قوية وقوة ملاحظة مثل الوظائف الاشرافية والحسابية والهندسية وأعمال التصميم والأعمال التي تحتاج إلى مهارة عالية وما شابه ذلك .

واخيراً فان اختبارات الذكاء وحدها ليست كافية للحكم على صلاحية المتقدم لاشغال الوظيفة إذ يتوقف نجاح الفرد في العمل على عوامل عديدة منها الذكاء ، فاختبارات الذكاء لا تقيس ولاء الفرد للمنظمة ومدى اندفاعه وامانته واتقانه وتعاونه واخلاصه للعمل وقدرته على قيادة الآخرين. كما يواجه استخدام اختبارات الذكاء لاغراض الاختبار في المنظمات عدد من المحددات

من أهمها انها تتطلب توفر خبراء متخصصين في هـذا المجال وتحتاج إلى الكثير مـن الجهـد والوقت والمصاريف ، إضـافة إلى ان مصـممي هـذه الاختبارات وعلماء النفس لم يتوصلوا بعد إلى تحديـد دقيـق لمفهوم الـذكاء ومقاومته .

ب – اختبارات القدرات   Aptitude Tests

تقيس اختبـارات القدرات فيـما إذا الفرد يمتلك القـدرة أو القابليـة الكافية عـلى تعلـم أداء الوظيفـة إذا تـدرب بشـكل جيـد ومن الأفضـل ان تستخدم هذه الاختبارات للأفراد الذين يمتلكون خبرات قليلة أو لا يمتلكون نهائياً في مجالات الوظائف المرشحين لاشغالها . وتجـري هـذه الاختبـارات في مجالات الأعمال الميكانيكية والمكتبية واللغوية والموسيقية والأكاديمية ، هذا بالاضافة انها تستخدم لقياس براعة استعمال الاصابع واليد والتنسيق ما بـين اليد والعين في آن واحد .

ج- اختبارات الأداء   Acheivement Tests

وتهتم هذه الإختبارات بقياس مقدار كفاية الفرد ومهارتـه في عملـه وتعتبر اختبارت الأداء من الاختبارات الشائعة الاستخدام في الوقت الحـاضر. ويطلب في هذا النوع من الاختبارات من الفرد المرشح للتعيين اداء الاعمال التي سيكلف بها عند التعيين بالوظيفة لغرض تقويم أدائـه ولاختبـار افضل المتقدمين للعمل في المنظمة .وتستخدم هذه الاختبارات في الاعمال المكتبيـة كالطبع على الآلة الكاتبة والاختزال والاعمال الميكانيكية والكهربائية وغيرهـا من الاعمال التي من الممكن قياس إنجازات الإفراد التـي سـوف يشـغلونها مستقبلاً.

د – اختبارات الميول   Interest Tests

يمكن القول إذ كان الفرد ميل لعمل أو وظيفة ما فان أدائـه مسـتقبلاً سوف يكون أفضل من أداء الفرد الذي لا يمتلك نفس هذا الميل على افتراض

ثبات بقية العوامل التي تؤثر على الأداء . فالميل نحو مهنة أو وظيفة يمكن اعتباره من العوامل التي تساهم في نجاح الفرد في ادائه الوظيفي . وتستخدم مثل هذه الاختبارات لغرض قياس ميول المتقدم لاشغال الوظيفة في نوع معين من الاعمال وانسجامه معها واتجاهاته في حياته الاجتماعية والثقافية وعما إذا كانت تتعارض مع طبيعة عمله . ومن النماذج المستخدمة لقياس ميل الفرد نحو وظيفة أو مهنة محددة نموذج كودر للتفضيلات kuder Preferenc Record - Vocational ويتضمن مجموعات من ثلاث جمل تصف نواحي مختلفة من النشاط . وعلى الفرد ان يبين ما يفضله من تلك الانشطة وما لا يفضله ثم يتم تجميع هذه الاختبارات للحصول على تقديرات لمدى اهتمامه على أساس النشاط المعين الذي تم وصفه .

هـ- الاختبارات الشخصية:

تحتل الشخصية اهمية كبيرة في النجاح الوظيفي ، فهناك الكثير من الذين امتلكوا الذكاء والقدرة على الأنجاز والخبرة في وظائف محددة ولكنهم فشلوا بسبب عدم قدرتهم على الانسجام مع الاخرين والتأثير فيهم. وتظهر اهمية الشخصية بشكل كبير في الوظائف التي تتطلب الأتصال الدائم والمباشر بالجمهور وخصوصا الوظائف القيادة ووظائف البيع والعلاقات العامة وما شابه ذلك.

وللتعرف على شخصية الافراد المتقدمين للعمل في المنظمة من اجل اختيار افضلهم صمم وطور الكثير من المقاييس والشخصية والتي تتضمن عموما قياس الخبرات او السمات الشخصية للفرد. مثل قياس اخلاقه وطبائعه ودرجة تأثره بالآخرين. وحساسيته وثقته بالنفس ومدى اعتماده عليها، ومقدرته على القيادة وشجاعته وتحكمه في اعصابه ومقدار تحكم العاطفة في تصرفاته.

وتجابه هذه الاختبارات صعوبات عديدة منها:-

أ) تقيس هـــذه الاختبـارات خــبرات او ســمات او صــفات شخصــية كامنـة في داخـل الانسـان مـن الصـعوبة التعـرف عليهـا وتحديـدها او اخضاعها بدقة لمقاييس محددة.

ب) لم يتوصل علماء النفس بعد الى تعاريف للسمات او الصفات الشخصية التي تخضع للاختبار.

ت) من الصعب معرفة نوعية الشخصية اللازمة بدقة لكل عمـل او وظيفـة او مهنة.

ث) عند اخضاع الافراد الى مثل هـذه الاختبـارات فان اجـابتهم في الاغلب تتجه نحو اعطاء افضل صورة ممكنة لشخصيتهم بغض النظر عن مـا اذا كانت تعبر عن ذاتهم ام لا.

من اجل الحصول على اعلى درجات ممكنة مما يسفر ذلك عن صـورة غير حقيقية للشخصية وبالتالي تكون نتائج الاختبارات غير دقيقة

5- المقابلة :

وتبدأ هذه الخطوة بعد استكمال الاختبارات واستبعاد الأفراد الـذين فشلوا فيها ويخضع الأفـراد الـذين اجتـازوا الاختبـارات بنجـاح إلى المقابلـة لغرض اختيار الكفوئين منهم . والمقابلة في مجال اختيار الأفراد عبـارة عـن محادثة تدور بين طرفين وجها لوجه يجري فيها تبـادل المعلومـات والآراء في نواحي معينة يديرها الطرف الأول الذي ينوب عن المنظمة لغرض اكتشـاف المزايا والصفات الايجابية والسلبية لـدى الطـرف الثـاني التمثـل بالراغـب أو الراغبين في العمل في المنظمة .

وتحقق المقابلات أهدافاً عديدة من أهمها :

1. التأكد من ملاءمة المرشحين للتعيين للوظائف الشـاغرة . فبـالرغم مـن أن الخطوات السابقة تهدف إلى تحقيق نفس الغرض أعلاه إلاّ إن هذه

الخطوة تعتبر بمثابة الوسيلة الأخيرة للتحقيق من صلاحية المرشحين للتعيين عن طريق مطابقة مؤهلاتهم بمتطلبات الوظيفة .

2. تكشف الاختبارات عن قدرات واستعدادات وميول الأفراد ومدى ملاءمتهم لاشغال الوظائف الشاغرة . وتهدف المقابلة الوقوف على استعدادات الأفراد ورغبتهم للعمل في هذه الوظائف بعد تقديم البيانات والمعلومات عن كل ما يتعلق بالعمل والظروف المحيطة .

3. تمكن المقابلة من قياس بعض النواحي التي تتعلق بالمرشح بدقة وربما لا يمكن الحصول عليها عن طريق الاختبارات بنفس الدقة ومن بينها الحكم على شخصية المتقدم ومظهره وميوله وسماته المزاجية وتوافقه الاجتماعي والتنبؤ بالثقة بالنفس ومدى استطاعة الفرد التعبير عن نفسه والكشف عن انماط معينة من السلوك والقدرة على الاندماج مع الأفراد والجماعات وبعض القدرات الذهنية .

4. تساهم المقابلة في خلق جو من الود والتفاهم والانسجام بين المنظمة والمرشحين للتعين فيها بالشكل الذي يؤدي إلى رفع الروح المعنوية للراغبين في التعيين فيها . وبالتالي رفع كفاءتهم الإنتاجية فيما إذا تم تعيينهم مستقبلاً

أنواع المقابلات:

عموما يمكن تصنيف المقابلات إلى نوعين وهي المقابلات الموجهة وغير الموجهة بالإضافة إلى انه هناك أنواع خاصة من المقابلات وسوف بشرحها بشكل موجز :

أ- المقابلات الموجهة :

ويتميز هذا النوع من المقابلات بالتخطيط الدقيق والعناية باختيار المقابلين فيحدد الغرض أو الهدف المطلوب من المقابلة ونوع المعلومات المطلوب

الحصول عليها وتترك للمقابل حرية توجيه الاسئلة في حدود الاطار العام المرسوم للمناقشة . وبغية الحصول على نتائج دقيقة من المقابلات فقد تم التركيز على اعداد الاسئلة للمقابلة مسبقاً تستند على تحليل مواصفات العمل وتكون الاسئلة في كثير من الحالات تحليلية وتتطلب نوعا من التفكير المسبق من قبل المتقدم قبل الاجابة عليها ، والغرض من هذه المقابلة معرفة أشياء كثيرة عن المتقدم لا يمكن معرفتها فقط عن طريق طلب التعيين والاختبارات والتأكد من بعض المعلومات والتي سبق ان تم جمعها عن المتقدم للتعيين في المنظمة .

ب -المقابلات غير الموجهة :

وهي المقابلات التي تجري دون التقيد بقيود معينة ولا على أساس منظم ويترك الأمر للمتقدم بتعريف نفسه ولا يحدد وقت عادة

لإيقافه عن الكلام (طبعا بحدود معينة) ويقوم المقابل بالاستماع للمتقدم وتدوين ملاحظاته . مثلاً يطلب من المتقدم ان يخبره بالأسباب التي أدت إلى تقديمه طلب التعيين في المنظمة أو الطلب منه بتعريف نفسه من الناحية الاجتماعية أو سرد معلومات بدراسته أو البحوث التي قام بها وهكذا فالهدف من المقابلة هو معرفة قدرة المتقدم على التعبير عن ما يدور في خاطره وكيفية تقديم الأهم على المهم ، وترك القضايا غير المهمة جانباً .

أنواع خاصة من المقابلات :

مقابلة جماعية :

يستخدم هذا النوع من المقابلة لاختبار الأفراد في الوظائف الدنيا في المنظمة خصوصاً خريجي الجامعات والمعاهد الذين لا يملكون خبرة عملية . ويطلب في هذه المقابلة من المتقدمين (عادة يتراوح عددهم بين 10 – 12 متقدماً) باجراء نقاش بين انفسهم أو مع مدير المقابلة ويقوم المدير بتدوين ملاحظاته حول اسلوب المناقشة ومعرفة الاشخاص البارزين في النقاش ومعرفة قائد الاجتماع .

مقابلات مرهقة :

ان هذه النوع من المقابلات يتطلب قابلية بدنية وذهنية مـن جانـب المتقدم لأن مدير المقابلة يقوم بتوجيه أسئلة سريعة واحيانا محيرة إلى المتقدم قد نرهقه نوعاً ما لهذا سميت بالمقابلة المرهقة . وتلاءم هـذه المقابلات الأفراد الذين تتطلب اعمالهم نوعاً من الصبر الارهاق ولو أنها لا تعطي تصوراً جيداً حول طبيعة المتقدم الذهنية وقد تعتمد على الحظ احياناً .

وبخصوص مدى كفاءة المقابلات فقد دلت الابحاث عـلى عـدم كفايـة المقابلات غير الموجهة . ففي احدى الدراسات التي اجريت بهذا الخصوص عهد إلى (12) من مديري المبيعات بمقابلة (75) مرشحاً للعمل في وظائف البيع ولقد اظهرت المقارنة بـين الترتيب الـذي وصفـه كـل مـنهم لصلاحية المتقدمين على اختلاف كبير فقد رشح احد المقابلين واحداً من المرشحين على انه اكثر المتقدمين صلاحية للوظيفة بينما وضعه آخر في مرتبة متدنية.

عوامل يجب أخذها بنظر الاعتبار في المقابلات :-

للحصول عـلى نتائج إيجابيـة صـادقة عـن طريق المقابلات هنـاك مجموعة من العوامل التي يجب الأخذ بها لتحقيق ذلك من بينها : -

أ- يجب الأخذ بنظر الاعتبار عند أجراء المقابلة بعنصري الثبات والصحة أو الدقة ، أي يجب ان تتصف نتائج المقابلة بالثبات فلو اعيد مقابلة نفس الفرد أكثر من مرة باستخدام نفس الأسلوب في المقابلة الأولى لحصل الفرد على نفس التقدير تقريباً في كـل مـرة تعاد فيها مقابلته . كـذلك يجب ان تقيس فعلاً الصفة أو الخاصية موضوع البحث وليس آخـرى فـإذا كـان الغـرض مـن المقابلـة هـو التعـرف عـلى الثقـة بالنفس فيجب ان تركز المقابلة هذه الصفة أي شيء آخر .

ب- مـن الأخطاء الشائعة في المقابلات تأثر المقابل بالمظهر فيميل إلى إعطائه وزنا أكثر مما يستحقه لـذلك يجب تحديد معايير محددة للمقابلة يتم

بموجبها قياس الموصفات المطلوبة بشكل عادل ودقيق .

ج- عموماً يواجه المقابل فرداً بمعلومات غير صحيحة أما عمداً أو سهواً كما يتفادى البعض منهم البحث في المواضيع التي تكشف عن نواحي سلبية في ماضيهم الوظيفي وعندما تكون هذه المعلومات ضرورية فعلى إدارة الأفراد التحقق من صحتها والتأكد من الوثائق المقدمة إلى إدارة والتأكد من صحة المعلومات المدونة في طلب التعيين , واذا تعذر الحصول على المعلومات الصحيحة من المصادر المذكورة فيجب الحصول عليها من مصادر أخرى.

د- ينبغي قبل البدء بمقابلة المرشحين للعمل تحديد اهداف مقابلتهم بدقة ووضوح وان تكون الاسئلة الموجهة والاجراءات المتخذة ذات علاقة بطبيعة العمل او الوظيفة التي ترغب المنظمة بأشغالها , وعدم الانحراف عن الأهداف التي وضعت للمقابلة من قبل إدارة الأفراد أو المنظمة.

هـ - بصورة عامة يسعى المقابلون إلى البحث عن المعلومات غير الملائمة عن المرشح وبالتالي تشكل مؤشرات سلبية عليه أما المؤشرات الايجابية فتلقى أهتماماً أقل . لذا ينبغي الحصول على معلومات متكافئة سواء كانت ايجابية أو سلبية ومن ثم الحكم على صلاحية المرشح .

و- يجب ان لا يسمح لاي شخص بالاستمرار في المقابلة أو المراحل المتقدمة من عملية الاختيار ما لم يكن يملك أدنى متطلبات اشغال لأن في ذلك هدراً في الجهد والمال .

6- اختيار مبدئي:

قبل اتخاذ القرار النهائي على إدارة الأفراد مراجعة كافة المعلومات التي حصلت عليها من المتقدمين لاشغال الوظائف ، كذلك تقرير أي من الطرق التي استخدمت في الاختبار تحمل وزنا أكبر . مثلاً هل الاختبار هو الأهم أم المقابلة الختامية ؟ . هل تبحث المنظمة عن شخص ذكي أم اجتماعي أم منتج.... الخ ان هذه المرحلة تسمى بمرحلة تحديد الأوليات . ومن الأفضل

جمع وتبويب المعلومات التي تـم الحصـول عليها لتسـهيل الاطلاع عليها لسهولة والوصول إلى قرار عقلاني لصالح المتقدم والمنظمة معاً .

7- القرار النهائي:

بعد تحديد الأوليـات وجمـع وتبويـب المعلومـات وتحليلهـا وتحديد تسلسل الأفراد الذين اجتازوا مراحـل عمليـة الاختيار بنجاح تعرض هـذه الأسماء على مدراء الوحدات التي فيها وظائف شاغرة لاخذ رأيهم بالموضوع كما تعرض ترشيحات على مدير المنظمة بغية إصدار أوامر التعيين وفي حالة موافقته يتم إصدار الأمر الإداري بشأن تعيينهم.

اعلام المتقدم بالقرار :

من الضروري جداً اتخـاذ قـرار مناسب وبسـرعة كافيـة ، عـدم تـرك الموضوع لاشهر عديدة بعد المقابلة لأن هذا الأجراء قد يفقد المتقدم للعمل ثقته بالمنظمة ومما يدفعـه في بعـض الاحيان لتقديم طلب للعمـل في احدى المنظمات الاخرى .

ولكن في الكثير من الحالات يتم اعلام المتقدم بقرار المنظمة في المرحلة النهائية من المقابلة حيث ينوه له فيما إذا كان صالحا لاشغال الوظيفة أم لا.

وفي حالة الرفض يجب اعلام المتقدم به بصورة لائقـة وبكـل صراحة لتحاشي زرع عـدم الثقة بالمتقدم الـذي لم يسـعفه الحـظ بالحصول على العمل. ان المعاملة السيئة قد تسيء إلى سمعة المنظمة في المستقبل ، لـذا فليكن الرفض واقعياً وغير محرج ، لأنه ربما تكون هناك شواغر في المستقبل ترغب المنظمة بملئها وعادة ما تعطي الأولوية للأفراد الذين تقدموا مسبقاً وخصوصاً أولئك الـذيـن رفضـوا على الرغـم مـن وصولهـم إلى المرحلـة النهائيـة في عمليـة الاختيار .

8- الكشف الطبي:

قبل المباشرة بالعمل يطلب من المرشح تقديم كشف طبي يثبت فيه بأنه سالم من الأمراض السارية والعاهات ويتمتع بحالة صحية تمكنه من أداء عملة بنجاح . تتطلب بعض الوظائف حدا أدنى من اللياقة الطبية مثل الوظائف الكتابية والخدمية البسيطة في حين هناك وظائف تحتاج إلى لياقة طبية عالية كما هو الحال في وظائف الطيران المختلفة وفي حالة المرشح الكشف الطبي يكون مؤهل للمباشرة في اشغال الوظيفة المرشح لها. اما في حالة فشله في هذه المرحلة فيعتبر من غير الصالحين لاشغاله الوظيفة الشاغرة بالرغم من الاجتيازه مراحل الاختبار السابقة.

9-التعيين:

نصت الكثير من انظمة التعيين في المنظمات الحكومية وغير الحكومية على ان يوضع الفرد الذي تم تعيينه تحت الاختبار لمدة زمنية محددة . ولا توجد فترة محددة متفق عليها بهذا الخصوص الا أنها تتراوح عادة بين ستة أشهر وسنة حسب ما يحدده نظام التعيين في المنظمة .

ويعكس مبدأ وضع الفرد المتعين حديثاً مدة زمنية تحت الاختباران عملية الاختيار بمراحلها المختلفة لا يمكن ان تكشف بدقة قدرات الفرد ومؤهلات وسلوكه وبالتالي نجاحه في أدائه للعمل . فهناك حالات كثيرة ظهر فيها بانه ليس كل من اجتاز مراحل الاختيار بنجاح استطاع ان ينجح كذلك بأدائه وسلوكه الوظيفي لذلك فان هذه العملية بمثابة استمرار لمراحل الاختيار والتعيين وتستخدم معايير تقويم أداء العاملين في المنظمة للحكم على مدى صلاحية الأفراد للاستمرار العمل في للمنظمة .

ومن بين ما تحققه هذه الخطوة هو الحكم بشكل عملي على مدى صلاحية الفرد لأدارة عمله وسلوكه الوظيفي والتخلص من الأفراد الذين ثبت بانهم غير صالحين للعمل في الوقت المناسب، إذ ان الكثير من أنظمة وقوانين

العمل تضع قيود كبيرة حول عملية الاستغناء عـن العـاملين بعـد أن يتم تثبيت تعيينهم بشكل دائمي وذلك لأسباب إنسانية واجتماعية بالإضافة إلى معارضة الاتحادات والنقابات العمالية لقرارات الاستغناء عـن العـاملين وخصوصاً إذا كان سبب الاستغناء يعود إلى انخفاض مستوى كفاءة الافراد في أدائهم لعملهم.

ان بقاء الأفراد أو الفرد غير الصالح يؤدي إلى نتائج سلبية كثيرة عليه وعلى المنظمة في نفس الوقت فعن طريق هذه الخطوة يمكن تفادي قـرار التعيين الخاطئ في الوقت المناسب . كذلك تعتبر نتائج مـدة الاختيار بمثابة وسيلة للحكم على مدى دقة وصحة وكفاءة الاختيارات والمقابلات ، إذ ان المقارنة بين الـدرجات التي حصـل عليهـا الأفـراد في الاختبارات والمقابلات والدرجات والتقديرات التي حصلوا عليهـا عـن طريـق تقـويم أدائهـم خـلال مدة الاختبار تدل على مدى صحة ودقة وكفاءة تلك الاختبارات والمقابلات في اختيار أفضل الأفراد لغرض تعيينهم في المنظمة .

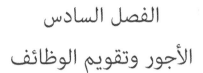

الفصل السادس

الأجور وتقويم الوظائف

أولاً: الأجور .... إطار عام

ثانياً: تقويم الوظائف ... إطار عام

الفصل السادس
الأجور وتقويم الوظائف

1- الأجور .. ماهيتها وأهميتها

تعتبر الأجور أحد أهم حوافز اعمل بخاصة في المجتمعات النامية، نظراً لضعف مستواها مقارنة بمستوى المعيشة واحتياجات العامل، ورغم أن علماء النفس لم يولو الأهمية المناسبة لهذا الحافز في المجتمعات المتطورة اقتصاديا، ونظراً لتناسب الأجور مع مستوى المعيشة فيها، فإنها تضل أهم الحوافز في المجتمعات النامية والمتطورة على حد سواء، وهي موضع اهتمام كبير من قبل العاملين والمنظمات.

فمن وجهة نظر العاملين تعتبر وسيلة أساسية لإشباع حاجاتهم المادية والاجتماعية، وهي من أهم العوامل بل أكثرها تأثيراً في اندفاع الفرد للعمل وزيادة إنتاجيته، أو إهماله وضعف إنتاجيته.

ومن وجهة نظر المنظمات تمثل أحد العناصر الأساسية في تكاليف الإنتاج، وان أية زيادة فيها تعني بالتالي زيادة في هذه التكاليف، مما يفرض عليها أن توازن ما بين ما تدفعه من أجور وحوافز مادية وبين ما تحصل عليه من مردود كنتيجة لهذه الأجور والحوافز، بحيث تكون المحصلة لصالح المنظمة والعامل والمجتمع على حد سواء.

إن المنظمة هي تسعى لوضع نظام للأجور إنما تستهدف ضمان تحقيق العدالة النسبية بين شاغلي الوظائف المختلفة، بحيث يعكس اختلاف الأجور اختلافاً حقيقياً في مستوى صعوبة وأهمية الوظائف المختلفة، كذلك تستهدف المنظمة تحقيق مستوى عالٍ من الإنتاجية، بمعنى أن تحصل الإدارة على أقصى إنتاجية ممكنة من الإنفاق على عنصر العمل.

إنه من الأهمية بمكان وضع هيكل للأجور يتسم بالعدالة والموضوعية، ويعمل على تحقيق مستوى عالٍ من الإشباع والرضى للموارد البشرية في المنظمة، ويشعر العامل فيها بأن الإختلاف في الشرائح الأجرية مرجعه الرئيس درجة الصعوبة والأهمية النسبية بين الوظائف.

فللأجرة كما سبقت الإشارة، أهمية كبيرة لعامل، بحسبان أنه يؤلف الجانب الأساسي من دخله نتيجة عمله، وهو كذلك يحدد قدرته الشرائية وبالتالي مستوى معيشته، وعليه يتوقف مركزه ومكانته بين العاملين في البيئة المحيطة الداخلية والخارجية.

هذا ويمكن التمييز بين إجمالي الأجرة، وهو ما يستحقه العامل من أجر كمقابل للوظيفة، قبل خصم أية استقطاعات، وصافي الأجرة، وهو ما يحصل عليه العامل بعد خصم الاستقطاعات المتمثلة في الضرائب والتأمينات المختلفة.

وهناك أجر نقدي، وهو المقابل النقدي لقيمة الوظيفة التي يشغلها العامل، وهناك أجر عيني وهو المقابل غير النقدي الذي يظهر في شكل خدمات تقدمها المنظمة للعامل، ومن أمثلتها الرعاية الطبية والعلاج والمواصلات والسكن والملابس ووجبات الطعام في أثناء العمل.

2- إدارة الموارد البشرية ودورها في تصميم نظام الأجور

مما يجدر ذكره هنا أن إدارة الموارد البشرية في المنظمة معنية بتصميم نظام للأجور في حين ينهض المديرين التنفيذيين الآخرين في المنظمة على تقديم المقترحات عند تصميم هذا النظام، وعادة يمر تصميم نظام الأجور بالمراحل التالية:

1- تخطيط تصميم النظام: يتم في هذه المرحلة تحديد من يقوم بتقويم الوظائف، أهي إدارة الموارد البشرية وما هو متاح لها من متخصصين، أم ستتم الاستعانة بخبراء من خارج المنظمة.

2- اختيار طريقة تقويم الوظائف المناسبة: أهي طريقة الترتيب، أم الدرجات،

أم مقارنة العوامل، أم طريقة النقط؟ تلك الطرق التي سيرد بيانها في هذا الفصل.

3- تنفيذ عملية التقويم بناء على الخطة الموضوعة.

4- تحديد هيكل الوظائف، أي تحديد عدد الدرجات.

5- تسعير الدرجات وتحديد بداية الأجر ونهايته.

6- تشغيل نظام الأجور ومعالجة أية مشكلات تطرأ على النظام.

3- تحديد الأجور: عواملها وأسسها ومعاييرها وطرق تحديدها

أ) عوامل تحديد الأجور:

يتم تحديد الأجور بناء على مجموعة من العوامل، هي:

1- العوامل الاقتصادية: للأجر وجهان، كما سبق ان ذكرنا، وجه يمثل التكلفة من وجهة نظر صاحب العمل. ووجه آخر يمثل الدخل بالنسبة للعامل، وفي الوقت نفسه يمثل السعر بالنسبة لصاحب العمل، أي ما يدفعه مقابل توظيف أحد عوامل الإنتاج، وبهذا المعنى يمثل المدفوع مقابل خدمات العامل عملية اقتصادية، وبالتالي فإن سعر العمل يتحدد على أساس طلب المشترين (أصحاب العمل) وعرض البائعين (العاملين).

2- العوامل الاجتماعية: ينظر كل فرد إلى الأجر الذي يحصل عليه بوصفه رمزاً للمركز الأدبي الذي يمثله بالإضافة إلى انه وسيلة لشراء احتياجاته، وهذا يفسر ـ ما يعلقه العاملون من دلالات حتى على الاختلافات الطفيفة في الأجور.

3- العوامل النفسية: فالأجر وسيلة لإشباع الحاجات النفسية للعاملين وحفزهم للعمل.

4- العوامل الأخلاقية: فالأجور يجب أن تكون عادلة.

5- العوامل الإدارية: وهي تلك المتعلقة بمحتوى الوظيفة كما تبينها عوامل

التحليل الخاصة بها التي تعكس طبيعة واجباتها ومسؤولياتها وظروف أدائها ونطاق اشرافها ونظم الاتصال واتخاذ القرارات الخاصة بها، ونحو ذلك.

وهذا ما سنناقشه بعد قليل لدى تناول موضوع تقويم الوظائف كأساس موضوعي لتحديد الأجور.

ب) أسس تحديد الأجور:

إن العوامل السابقة تفرض مراعاة الأسس التالية عند وضع سياسة للأجور في المنظمة:

1- أن تعكس اختلافات في الأجور بين الوظائف المختلفة الاختلافات الحقيقية في درجة صعوبة واجبات ومسؤوليات الوظائف.

2- أن تتناسب معدلات الأجور المدفوعة من قبل المنظمة مع مثيلاتها في المنظمات الأخرى في المحيط نفسه، فانخفاضها يؤدي إلى ترك الموظفين الأكفاء العمل في المنظمة للعمل في منظمات أخرى، وانخفاض الانتاجية تبعاً لذلك.

3- التوازن بين قيمة ما تحصل عليه المنظمة من قوة عمل الأفراد وبين ما تتحمله المنظمة نظير تلك القوة من تكاليف إجمالية، في شكل أجور ونفقات أخرى كالمزايا والخدمات التي يحصل عليها العاملون.

4- أن يكون هناك تناسب بين الأجور وتكاليف المعيشة للمحافظة على الروح المعنوية للعاملين.

5- أن يتم وضع حدود دنيا وعليا لأجر الوظيفة.

6- أن يعكس نظام الأجور الارتباط ما بين ما يدفع للعامل كمقابل وبين أدائه الفعلي.

7- أن يتناسب نظام الأجور مع قدرة المنظمة المالية ومركزها المالي.

جـ) معايير تحديد الأجور:

إن وضع نظام مناسب للأجور من أكثر الوظائف أهميـة وحساسـية في عمل إدارة الموارد البشرية في المنظمة، فمن الناحية النظرية يجب أن تحـدد الأجور في المنظمة بشكل يكفل إشباع حاجات العاملين فيهـا، لأن ذلـك كـما ذكرنا، يساعد في حفزهم ودفعهم للعمل بجد وإخلاص.

وما دامت حاجات الأفراد مختلفة ومتباينة فإنه لابد من إعـداد نظـام للأجور يستطيع التكيف مع هذه الحاجات الفردية المتباينة.

إن وضع نظـام مناسـب للأجـور يضـمن للعـاملين في المنظمـة الـدخل العادل الذي يتفق ومستويات أدائهـم، بمـا يحفـزهم إلى مزيـد مـن العطـاء لشعورهم بالرضى عن العمـل، إن إقـرار وتطبيـق نظـام يـربط بـين انتاجيـة الموظف من ناحية وأجره مـن ناحيـة أخـرى يمثـل مـدخلا أساسـياً لتحقيـق أهداف المنظمة.

إن تحديد مستويات عالية مناسـبة مـن الأجـور مقارنـة بمـا يـدفع في المنظمات الأخرى سوف يضمن جذب نوعيات العمالة المطلوبة، وهذا يؤدي إلى مستويات أداء عالية، وبالتالي تكون حاجـة المنظمـة إلى أعـداد أقـل مـن العاملين لتحقيق نفس الأهداف، فتكون إجمالي تكلفة العمالـة أقـل بـالرغم من مستويات الأجور العالية.

يمكن للمنظمة استخدام المعايير التالية لتحديد الأجور:

1- الأداء Performance: إذ يتقاضى العامـل وفـق هـذا الأسـاس أجـراً يتناسـب مـع أدائه تبعاً لمعايير موضوعة ومحددة بشكل مسبق، وتكمن مشكلة هـذا المعيار في التميز بين " كم" الأداء Quantity و " نوع " Quality الأداء، فمثلا قد ينتج الفرد كمية كبيرة من المنتجات لكن بنوعية متدنية، وقـد يكافـأ على هذه الكمية ويتم التغاضي عن النوعية.

2- الجهد Effort: يستخدم الجهد كمعيار لتحديد الأجور في الحالات التي يكون فيها إنجاز الفرد أدنى من المعدل المطلوب في حين كان الجهد المبـذول في

سبيل ذلك كافياً.

3- الأقدمية Seniority: تؤثر الأقدمية في العمل في نظام الاجور، وهذا العامل أكثر وضوحاً واستخداما في نظام الخدمة المدنية في الجهاز الحكومي.

4- المؤهل العلمي والخبرة Experience & Education: إن المؤهل العلمي والخبرة عاملان مهمان في تحديد أجر الفرد عند التحاقه لأول مرة في المنظمة، ولسوق العمل الدور الأساسي في تحديد المقابل لهذه المهارة والخبرة.

5-مستوى صعوبة الوظيفة Job Difficulty: يعتمد هذا المعيار على متطلبات شغل الوظيفة (الفكرية والجسدية) في تحديد الأجر، فالوظيفة المتكررة التي يسهل تعلمها تستحق أجراً أقل من الوظائف المعقدة المضنية فكرياً وجسدياً، كما أن مقدار سلطات الوظيفة عامل محدد لأجرها.

6- المستوى المعيشي- المناسب ومستوى الأسعار السائدة في السوق: تتأثر الأجور بتكاليف المعيشة في المجتمع، فكلما زادت تكاليف المعيشة نقص الأجر الحقيقي للعامل، وأدى ذلك إلى خفض مستوى معيشتهم، الأمر الذي يجعل كثيراً من المنظمات العالمية تميل إلى تحديد الأجور وفقاً للزيادة الحالية والمنتظرة في مستويات الأسعار.

د) طرق تحديد الأجر:

هناك أساسان لابد من مراعاتهما في تحديد الأجور: **الأول**، تحديد أجر ثابت لكل درجة (مرتبة)، **والآخر**، تحديد مدى الأجر لكل درجة، بحيث يكون له حد أدنى وحد أقصى، ووفق الأساس الآخر يمكن ملاحظة ثلاث طرق لتنفيذ ذلك، هي:

1- طريقة الحدود المتداخلة: وفيها يتداخل الحد الأعلى لأجر الدرجة مع الحد الأدنى لأجر الدرجة اللاحقة، وهكذا حتى آخر الدرجات الوظيفية.

وتتميز هذه الطريقة بأنها:

أ) تهيئ الفرصة لزيادة أجر الموظف، إذا لم يكن هناك مجال لترقيته إلى وظيفة أعلى.

ب) تتفادى هذه الطريقة الزيادة الكبيرة في الأجر في حالة ترقية الموظف إلى الدرجة الأعلى.

ج) لا تقضي هذه الطريقة بتخفيض أجر الموظف في حالة معاقبته بالتنزيل إلى الدرجة الأدنى.

2- طريقة الحدود المتلامسة: وفيها تكون نهاية الحد الأعلى لأجر الدرجة متلامسة مع بداية الحد الأدنى للدرجة الأعلى منها.

وبالرغم من سهولة هذه الطريقة وتعبيرها عن الفروق المختلفة بين الدرجات، فإنها لا تتيح زيادة أجر الموظف المقتدر، إذا كان قد وصل إلى أعلى مربوط أجر الوظيفة، وذلك في حالة عدم وجود درجات أعلى لترقيته.

3- طريقة الحدود المتباعدة: وفيها توجد فروق دائمة بين نهاية الحد الأعلى لأجر الدرجة وبداية الحد الأدنى لأجر الدرجة الأعلى.

وتتميز هذه الطريقة بأنها تهيئ حافزاً كبيراً للموظفين لزيادة مجهودهم، ليرقوا إلى الدرجة الأعلى كي يحصلوا على الأجر الأعلى، الذي تكون فيه زيادة كبيرة عن أجرهم السابق.

ومما يجدر ذكره، أن الأساس الآخر (وجود مدى للأجر في كل درجة) يعتبر أكثر شيوعاً في تحديد أجور العاملين بصفة عامة، لأنه يحقق هدفين: يتمثل **الأول** في أن كفاءة العامل في كل درجة تزداد بمرور الأيام، مما يقتضي زيادة أجره في نفس الدرجة.

ويتمثل الهدف **الآخر** في أنه يجب أن يكون في نظام الأجور دافع للعامل على زيادة مجهوده.

وهذان الهدفان لا يمكن تحقيقهما في حالة الإعتماد على الأساس الأول الذي يحدد أجراً ثابتاً لكل درجة، مادام العامل لم يرق (يرفع) إلى درجة أعلى.

وتتمثل الزيادات أو العلاوات في الأجور عادة في الآتي:

أ) زيادات دورية تتم كل فترة زمنية محددة، كأن يستحق العاملون زيادة دورية بانقضاء سنتين على خدمتهم في المنضمة، وتعتبر هذه الزيادات من الحوافز المنشطة لزيادة الإنتاج إذا لم تأخذ الصفة التقليدية، كأن تعطى زيادات في الأجر لجميع العاملين.

ب) الزيادات الممنوحة للأفراد بسبب ارتفاع مستوى المعيشة أو لأي سبب آخر، ولا تعتبر هذه الزيادات حافزاً فعالاً لزيادة الإنتاج في المدى الطويل إذ أخذت صفة التعميم في المنظمة.

ج) الزيادات الاستثنائية التي يحصل عليها العاملون المتميزون في أدائهم، وتعتبر هذه الزيادات داعمة للإنتاجية إذا ما بنيت على أسس ومعايير موضوعية.

4- أنواع الأجور

تتمثل أنواع الأجور في الآتي:

أ) الأجر الدوري والأجر غير الدوري:

فالأجر الدوري هو القابل للتكرار كل فترة صرف، ومثال ذلك: الأجر الأساسي وغلاء المعيشة، والأجر الدوري هو الذي يدفع على فترات زمنية طويلة لا تتفق ودورية الأجر، كما أنه ليس مقابلاً صريحاً للوظيفة، ومثال ذلك: المنح النقدية التي يحصل عليها العامل في المناسبات، كالمكافآت السنوية، ومنح الأعياد، وما في حكمها.

ب) الأجر الاسمي والأجر الحقيقي:

فالأجر الاسمي هو المبلغ الذي يتقاضاه العامل لقاء العمل الذي يقوم به، والأجر الحقيقي هو قيمة الأجر الاسمي وقدرته على إشباع الحاجات، أو هو مقدار السلع والخدمات التي يمكن أن يحصل عليها العامل بأجره النقدي.

ج) الأجر النقدي والأجر العيني:

فالأجر النقدي يتكون مـن جزأين: جـزء ثابـت، يـدفع بشـكل دوري، وجزء متحرك يرتبط بظروف العمل والجهد المبذول من جانب العامل:

الأجر الثابت:

يدفع الأجر الثابت عن الساعة أو اليوم أو الأسبوع أو الشهر أو السنة حسب نظام دفع الأجور في المنظمة، وحسب طبيعة العمل الذي يؤدى.

فالعمال المؤقتون الـذين يـؤدون عمـلاً مؤقتـاً ثـم تنتهـي علاقاتهم بالمنظمـة، تـدفع لهـم مسـتحقاتهم يوميـاً أو نهايـة الأسـبوع، أمـا العـمال الدائمون فعادة ما تدفع مستحقاتهم في نهاية كل شهر.

والمبلغ الذي يدفع بشكل ثابت يرتبط بأيام العمل التي تؤدى، ويدفع للعمال المؤقتين عن أيام العمل الفعلية أو حسب المبلغ المتفق عليه مقدماً عن كل يوم عمل، أما العـمال الـدائمون فيدفع لهـم المبلغ كـل شـهر وفقـا للنظام الموضوع الذي يحدد لكل وظيفة، بصرف النظر عن أيام العمل، عـل أن تكون أيام الغياب في حدود المدة المسموح بها.

ولا يعني هذا أن المبلغ النقدي الـذي يـدفع كأجر يظل ثابتاً عـلى امتداد مدة خدمة العامل، ولكنه يعني أنه يظل ثابتاً لفترة معينـة، ثـم يـتم تعديله نتيجة لتوافر مجموعة من الظروف تحتم هذا التعديل، ومـن أهـم هذه الظروف زيادة خبرة العامل بمرور الزمن وتزايد أعبائه العائلية بسبب التغير في عدد أفراد أسرته، ولذلك يسمح بزيادة هـذا المبلغ الثابت بمعدل معين وفي واعد معينة يحددها نظام الأجور، وتسمى هذه الزيادة التي تطرأ على الأجر " العلاوة الدورية "، كما سبق أن ذكرنا.

الأجر المتحرك:

تدفع المنظمات لعمالها إضافة إلى الأجر الثابت مبالغ إضافية، ومن أمثلتها:

1- الأجر التشجيعي الذي يعطى للعامل نتيجة زيادة إنتاجه عـن المسـتوى المحدد.

2- المكافآت التشجيعية التي ترتبط بالأعمال الخلاقة أو المبتكـرة التـي يقـوم بها العامل، بحيث تحقق فائدة للمنظمة قد تتمثل في تخفيض التكاليف أو زيادة الإيرادات.

3- الأجور الإضافية التي تدفع للعامل مقابل الساعات الإضافية التي تفرضـها طبيعة أو ظروف الوظيفة.

4- البدلات التي تدفع للعامل نتيجة لتحمـل أعبـاء معينـة مرتبطة بطبيعـة الوظيفة، كبدل الإنتقال.

5- الأرباح التي قد تدفعها المنظمة للعاملين.

5- خطوات إعداد الأجور

أ) حصر الوظائف في المنظمة وتحليلها:

بالاسـتناد إلى عوامـل التحليـل المتمثلـة في واجبـات ومسـؤوليات الوظيفة، والإشراف الـذي تمارسـه عـلى غيرهـا، والإشراف الـذي يقـع عليهـا، وظروف ومكان العمل، ونمط الاتصال، والقرارات، ونحو ذلك.

ب) وضع مواصفات وأوصاف الوظائف التي تم حصرها:

ويقصد بمواصفات الوظائف الحد الأدنى من متطلبات التأهيل والخبرة والمهارة والقـدرة الواجب توافرهـا فيمن يشـغل هـذه الوظائـف، ويقصـد بوصف الوظائف إعداد بيان مكتوب يحدد واجبات الوظيفة ومسؤولياتها وأهدافها وظروف أدائها.

ج) تقويم الوظائف:

إذ يمكن الوصول إلى تقويم عادل للوظائف من وضع هيكـل مناسب للأجور، ويعرف تقويم الوظائف بأنه العملية التي يتم بمقتضاها تحديد

الأهمية النسبية لكل وظيفة في المنظمة، بالمقارنة مع باق الوظائف الأخرى بالاستناد إلى طرق تقويم وصفية وكمية، كما سيأتي في هذا الفصل.

6- نظم دفع الأجور

يمكن تقسيم نظم دفع الأجور إلى المجموعتين الرئيسيتين الآتيتين:

أ) نظام الدفع على أساس الوقت (الأجر الزمني):

يتم احتساب الأجر في هذا النظام على أساس المدة الزمنية التي يقتضيها الفرد في عمله دون النظر إلى كمية الإنتاج أو جودته التي أنجزها ذلك الفرد، وقد يتحدد الدفع في هذه الحالة بالساعة أو باليوم أو بالأسبوع أو بالشهر أو بالسنة، وتعتبر هذه الطريقة من أقدم الطرق وأكثرها شيوعاً في المنظمات.

وتصلح هذه الطريقة للتطبيق في الحالات التالية:

1- في الوظائف التي يصعب قياس إنتاجها بوحدات كمية ملموسة، ومثالها وظائف الصيانة المتنوعة أو الوظائف الكتابية.

2- عند عدم وضوح العلاقة بين كمية الإنتاج والجهد المبذول، وعندما يكون من غير الممكن التحكم في كمية إنتاج العامل كما لو كان يعمل على خط التجميع، وكانت سرعته محكومة بسرعة الآلة التي يعمل عليها، وكانت سرعة الآلة معروفة مقدماً وليس للعامل سيطرة عليها.

3- إذا كان الإنتاج غير منتظم بسبب حدوث إعطاء ودون دخل العامل.

4- عند عدم قدرة الإدارة على مراقبة كمية إنتاج العامل أو وجود صعوبات في تحديد كمية الإنتاج.

5- عند حاجة العمل إلى عناية واهتمام خاص، وكانت الجودة أهم من الكمية، بحيث أن أية زيادة في سرعة أداء العمل تلحق أضراراً بجودة المنتجات.

وعلى الرغم من أن هذه الطريقة لا تقدم للفرد تعويضاً عادلاً أو مكافأة

مباشرة مقابل تفوقه في الإنتاج، فإنها من ناحيـة أخـرى تنطـوي عـلى ميزة مهمة هي ثبـات دخـل العامـل وعـدم تعرضـه للتقلبـات، وتمثـل هـذه الميزة حافزاً للفرد لبذل الجهود.

ب) نظام الأجر التشجيعي (الأجر على أساس الإنتاج أو القطعة):

إن الأساس الذي تقوم عليه هـذه الطريقـة هـو الـزمن الـذي يقضيه الفرد في أداء واجبات ومسؤوليات وظيفته، ولا تكون كميـة العمـل محـددة بل تقديرية، وتتحمل المنظمة المسؤولية الكاملة عـن جميـع الخسائـر، كـما تحصل من ناحية أخرى على جميع الأرباح المتولدة عن أداء العاملين.

يشيع استخدام هذا النظام في تحديد أجور عمال الإنتـاج في الصـناعة، وفي ضوء هذا النظام يتوقف أجر الفرد عـلى معـدل إنتاجيتـه، فالخصيصـة الأساسية للدفع وفق هذا النظام هي أن العمل المطلـوب تأديتـه تحـدد لـه قمة نقديـة معينـة يحصـل عليهـا الفـرد إذا أتـم العمـل، أي أن العامـل (لا المنظمة)، يحصل على المكاسب أو يلحق به الخسائر، وذلك تبعـاً للاختلافـات في الكمية المنتجة.

وبالرغم من أن نظام الدفع على أساس الإنتاج، يكون أكـثر ارضـاء مـن وجهة نظر المنظمة، كما قد يبدوا أكثر عدالة من وجهـة نظر العامـل، فـإن هذه الطريقة لا تناسب جميع الوظائف، كما قد تصبح غير مرضية إذا أسـيء استخدامها، فقد يندفع العاملون في سبيل زيادة أجـورهم إلى الدرجـة التـي قد تؤثر في حالتهم الصحية، أو تؤدي إلى زيادة حوادث العمل، أو قد تلحـق الضرر بالمعدات والآلات والمواد الخام المستخدمة.

بصفة عامة يصلح تطبيق هذا النظام في الحالات الآتية:

1- الوظائف التي يسهل قياس إنتاجها بوحدات رقمية، كوظائف الإنتاج.

2- الإنتاج النمطي ذو المواصفات النمطية الذي يتميز بالتدفق المنظم وعدم وجود أعطال كبيرة.

3- الإنتاج الذي يمكن من ربط مجهود العامل بكمية إنتاجه.

4- عدم تحكم العامل في مستوى الجودة،إذ من الممكن التحكم في الجودة إلى درجة كبيرة من خلال الآلة، أو عندما يكون من السهل اختبار جودة المنتجات أو كانت اعتبارات الجودة أقل أهمية من الكمية المنتجة.

5- عدم توافر الوقت الكافي من جانب الإدارة لملاحظة العمال.

إن هذه الطريقة وإن كانت تحقق رضى العاملين إذ طبقت في الأعمال المناسبة وبعد القيام بدراسات زمن عادلة فإنه يعاب عليها صعوبة تحديد المعايير أو المستويات القياسية للإنتاج التي يحاسب الفرد على أساسها، كما يعاب عليها أنها لا توجه اهتماماً كافياً إلى مركز العامل في المنظمة وأقدميته وسلوكه الوظيفي، وغير ذلك من العوامل المؤثرة في بيئة العمل.

ثانياً: تقويم الوظائف ... إطار عام:

1- تقويم الوظائف.. المفهوم

يقصد بتقويم الوظائف تحديد أهمية كل وظيفة بالنسبة لبقية الوظائف في المنظمة، وذلك في ضوء واجباتها ومسؤولياتها والشروط المحددة لاشغالها، وتستهدف عملية التقويم تحديد أهمية كل وظيفة والأجر المناسب لها، عن طريق تحديد درجة مالية مناسبة لها من بين الدرجات المالية المعمول بها في المنظمة، ويتوقف تحديد هذه الأهمية على واجباتها ومدى صعوبتها.

ويمكن معرفة أهمية الوظيفة ، بالرجوع إلى وصف الوظيفة ومعرفة طبيعة واجباتها ومسؤولياتها، مع ملاحظة التفاوت في أهمية الوظائف، بخاصة المتشابهة في نوع الوظيفة ودرجة صعوبتها.

وهذا يفرض ضرورة اعتماد الطريقة المناسبة للتقويم، التي تنسجم مع طبيعة الوظائف ودرجة أهميتها وصعوبتها.

إن طبيعة نشاط المنظمة تحدد إلى درجة كبيرة طريقة التقويم المناسبة، فمثلاً يعتبر مجال تطبيق طرق التقويم غير الكمية (طريقة المراتب، وطريقة

التدريج) أكثر استخداما في الوحدات الخدمية، وتعتبر طريقة التقييم الكمية (طرقة النقط، وطريقة مقارنة العوامل) أكثر استخداما في الوحدات الاقتصادية، بخاصة الصناعية منها.

ومن الجدير بالذكر، أن الطرق غير الكمية تعتمد العوامل المؤثرة في صعوبة الوظائف لتقويمها من غير وضع معيار كمي لقياس كل عامل من هذه العوامل، أما الطرق الكمية فإنها تعتمد وضع معيار كمي للقياس، يتضمن أوزاناً محددة لعوامل التقويم بمستوياتها المختلفة، مما يساعد المقوم Rater في تحديد أهمية كل وظيفة قياساً بغيرها من الوظائف.

على أننا نبادر إلى القول، إنه ليست هناك طريقة صائبة وأخرى خطأ، فلكل طريقة مزايا وفوائد عملية مثلما لها عيوب، وأن طبيعة المنظمة والوقت والجهد والتكاليف التي تبذل لتطبيق وتنفيذ نظام لتقويم الوظائف هي التي ترجح اختيار طريقة على أخرى.

أ) الطرق غير الكمية Non Quantitative Methods:

1- طريقة المراتب The Ranking Method :

تعتبر طريقة التقويم بالمراتب من أقدم وأبسط الطرق استعمالاً، وتعتمد على التقدير الشخصي- في تحديد مستوى كل وظيفة على حدة بالمقارنة مع الوظائف الأخرى، وتستخدم هذه الطريقة عادة في المنظمات التي يعمل فيها عدد قليل من الأفراد، إذ أن تنفيذها يتطلب أن تكون الصورة الكلية للوظائف وطبيعتها وخصائصها معروفة ومحددة لدى القائم بعملية التقويم، وقد يقوم فرد واحد بعملية التقويم، وقد تقوم بها لجنة أو عدة لجان متخصصة.

ومهما يكن من أمر من يقوم بعملية التقويم، فإنه يجري استخدام بطاقات Cards يدون عليها عنوان الوظيفة Job Title، وموجز مكتوب بوصفها، ثم ترتب هذه البطاقات بحسب الأهمية النسبية لكل وظيفة من الوظائف الأخرى، وتسهيلاً لعملية التقويم يجري الترتيب على مستوى الوحدات Units،

ثم على مستوى الأقسام Divisions، ثم على مستوى الإدارات Department، وأخيراً، ترتب على مستوى المنظمة ككل.

تقوم هذه الطريقة على أساس "الحكم العام الإجمالي" على كل وظيفة، بوصفها وحدة كاملة أو متكاملة دون الحاجة إلى تفتيتها إلى عناصرها ومكوناتها الجزئية، ويتم ذلك وفقاً للخطوات التالية:

1- إعداد بطاقات وصف للوظائف المراد تقويمها، ووصف الوظيفة، كما سبق إن ذكرنا، يمثل تعريفاً مكتوباً لها، يبتدئ باسمها، وينتهي بمتطلباتها الفنية أو العملية لها أو لمن يشغلها.

2- إعطاء كل عضو من أعضاء لجنة التقويم نسخة (مجموعة) كاملة من بطاقات الوصف.

3- قيام كل عضو منفرداً بدراسة الأوصاف وترتيبها وفقاً لأهميتها النسبية، مسترشداً في ذلك بالمعايير والمقاييس المتفق عليها (وهي عادة: التعليم، والخبرة، والمهارة، والمجهود الذهني والبدني، وظروف العمل ومخاطره).

4- قيام كل عضو بتحديد الوظيفة التي يجب وضعها في أعلى القائمة على أساس أنها الأقل أهمية بين الوظائف، ثم يجري وضع الوظائف الأخرى بين الأكثر أهمية والأقل أهمية، ورغبة في الحصول على نتائج أكثر صحة وأكثر إيجابية يجري تكرار عملية الترتيب عدة مرات، بشرط أن يكون هناك فاصل بين كل مرة وأخرى، ومن ثم استخراج متوسط الترتيبات كلها.

5- تجتمع اللجنة التي قد تضم عضواً من الإدارة العليا، وعضواً ثانياً من الإدارة الوسطى، وعضواً آخر من الإدارة الإشرافية، بالإضافة إلى خبير التقويم لدراسة أية اختلافات في الترتيب الذي توصل إليه الأعضاء، ثم يحدد الترتيب النهائي لحساب متوسط التقديرات لجميع الأعضاء.

على أن ترتيب الوظائف حسب الأهمية النسبية لها، طبقاً للأسلوب السابق، لا يحقق نتيجته الإيجابية إلا إذا كان عدد الوظائف قليلاً، ليتسنى

للمقوم أن يعي في ذاكرته الوظائف في مجموعها، فإذا كان عدد الوظائف المطلوب تقويمها كبيراً نسبياً، فإنه قد يكون من الصعب الاعتماد على هذا الأسلوب.

ولذا، تستخدم طريقة "المقارنة الزوجية Paired Comparison"، أي مقارنة الوظيفة مع كل وظيفة أخرى، **وتتم طريقة المقارنة الزوجية للوظائف وفقاً للخطوات التالية:**

1- إعداد جدول تدرج فيه أسماء الوظائف الداخلة في نطاق التقويم، بحيث تكتب الوظائف في عامودين وبعدد مرات متساوية، ويلاحظ هنا، إذا كان عدد الوظائف التي تجري مقارنتها عشر فإن عدد مرات المقارنة يجب أن يكون تسع مرات.

2- الاتفاق على العوامل التي يعتمد عليها في المقارنة بين الوظيفة وكل وظيفة أخرى قبل البدء في المقارنة، وتتم مقارنة كل وظيفة بأية وظيفة أخرى من الوظائف المطلوب تحديد أهميتها النسبية، اعتماداً على عوامل المقارنة التي تم الاتفاق عليها.

3- تثبت هذه المقارنة عن طريق وضع "خط" تحت الوظيفة، التي تعتبر أعلى في الأهمية، اعتمادا على العوامل المتفق عليها.

4- حصر عدد المرات التي وضع فيها "خط" تحت الوظيفة عند المقارنة، وكلما زاد عدد هذه المرات ارتفعت أهمية الوظيفة بالنسبة للوظائف الأخرى.

5- إعادة المقارنة الزوجية أكثر من مرة، بفاصل زمني مناسب، واستخدام مبدأ المتوسط، أو متوسط المتوسطات عند تعدد اللجان.

6- إذا كان عدد الوظائف كبيراً إلى الحد الذي يصعب معه حصرها، فإنه من الأفضل استخدام هذه الطريقة في كل إدارة أو قسم أو وحدة تنظيمية على حدة، ثم يجري تجميع هذه المقارنات ودراستها وتنسيقها وإدماج بعضها مع بعضها الآخر لإعداد الترتيب الكلي على مستوى المنظمة.

2- طريقة التدريج The Grading Method:

يطلق على هذه الطريقة أحياناً "طريقة التصنيف Classification Method" أو طريقة "الفئات السابق تحديدها Predetermined Class Method"، وتستند هذه الطريقة على إنشاء سلم الدرجات، تمثل كل درجة منها مستوى محدد من صعوبة تضم الوظائف التي تتفق في درجة صعوبة واجباتها ومسؤولياتها.

وتتمثل خطوات هذه الطريقة فيما يلي:

1- تحديد عدد الدرجات Grades، ويتم تمييز كل درجة من الأخرى من خلال إدراك الفروق الدقيقة بين تعاريف هذه الدرجات.

2- دراسة أوصاف الوظائف وتقسيمها إلى عدد من المستويات الوظيفية المقابلة لعدد الدرجات على أساس التماثل أو التشابه القائم بين صعوبة هذه الوظائف، ثم إعداد تعريف مستقل لكل مستوى من واقع أوصاف الوظائف.

3- تحديد عدد المستويات الوظيفية، وتوزيع أوصاف الوظائف على هذه المستويات وتعريف كل مستوى بتحديد السمات وعوامل التقويم المميزة له.

ويلاحظ هنا اتفاق طريقة المراتب مع طريقة التدريج في تحديد الأهمية النسبية للوظيفة ككل، أي النظر إلى الوظيفة كوحدة متكاملة يتم وزنها بتقدير شخصي لأهمية العوامل المكونة لها مجتمعة، دون تفتيتها إلى هذه العوامل وقياس الأهمية النسبية لكل عامل على حدة، في حين يتم تحديد قيمة الوظيفة في طريقة التدريج بالاعتماد على مقياس يستخدم للحكم على أهمية وقيمة الوظيفة بالنسبة للوظائف الأخرى.

وتمتاز طريقة التدريج عن الطريقتين الكميتين في التقويم، اللتين سيرد ذكرهما تواً، بسهولتها النسبية وامكانية تطبيقها على أعداد كبيرة ومتباينة (في نوعها وطبيعتها) من الوظائف.

ب) طرق التقويم الكمية Quantitative Methods:

1- طريقة النقط The Point Method:

تتميز هـذه الطريقـة بدقـة نتائجهـا رغـم تعقـدها وطـول إجراءاتهـا وتكاليفها المالية العالية، ويتم التقويم وفقـاً لهـذه الطريقـة بـالاعتماد عـلى هذه الخطوات التالية:

أ) تحديد أنواع الوظائف المطلوب تقويمها، تمهيداً لتحديد العوامـل المـؤثرة في صعوبة واجباتها ومسؤولياتها، وبالتالي وضع مقياس كمي واحـد لكـل نوع من هذه الوظائف.

ب) تحديد عوامل التقويم وتعريفها، إذ أن لكل نوع مـن الوظـائف عوامـل تقويم أساسـية، فقـد تمثـل ظـروف العمـل وأخطـاره، والمجهـود البـدني، عوامل أساسية في تحديد أهمية الوظائف التجارية أو الوظائف الكتابية.

ج) تحديد مستويات كل عامل مـن عوامـل التقـويم وإعـداد تعريـف لكـل مستوى، مع مراعاة تحديد عدد المستويات المناسـبة لكـل عامـل، تجنبـاً للاختناقات بين الوظائف (من ناحية مدى صعوبتها) في حالـة قلـة عـدد المستويات، وفي الوقت نفسه لـتلافي صـعوبة التمييـز بـين المسـتويات في حالة زيادة عددها.

د) تحديد أوزان عوامل التقويم وعـدد الـنقط الخاصـة بمسـتوياتها، وذلـك بتحديد الأهمية النسبية لكل عامل، بوضـع مقيـاس كمـي يكشـف عـن الفروق القائمة بين عامل وآخر عن طريقة دراسة طبيعة أنشطة المنظمة (مجال الدراسة) والظروف المحيطة بهـذا النشـاط، وتحديـد أهميـة كـل عامل بشكل نسبة مئوية في ضوء نتائج هذه الدراسة، ومـن ثـم تحديـد الأهمية النسبية لكل مستوى لكل عامل من عوامل التقـويم، بمـا يكفـل أبرز أوجه الاختلاف بين هذه المستويات.

هـ) اختيار عدد محدد من " الوظائف الرئيسية أو الدالة أو المفتاحية Key Positions" ، بحيث تمثل جميع مستويات الوظائف المراد تقويمها، لدراسة مدى توافر كل عامل من عوامل التقويم في كل وظيفة مختارة، لتحديد المستوى المناسب للوظيفة وإعطائها عدد النقط الخاصة بهذا المستوى.

و) جمع عدد النقاط، بهدف معرفة ما صلت عليه كل وظيفة، ثم ترتب هذه الوظائف تنازلياً وفقاً لعدد النقط، يلي ذلك ترجمة النقط إلى أجر يقابل أهمية الوظيفة وصعوبتها.

مثال يوضح الخطوات العملية لتقويم الوظائف بطريقة النقط:

أ) نفترض أن عوامل التقويم الأساسية لوظيفة إشرافية وأهميتها النسبية كانت كما يلي:

عوامل التقييم الأساسية	الأهمية النسبية
- المهارة	% 60
- المجهود	% 10
- المسؤولية	% 20
- ظروف العمل	% 10
	%100

ب) نفترض أن العوامل الفرعية للعوامل الأساسية وأهميتها النسبية هي:

عوامل التقويم الأساسية	النسبة المئوية	عوامل التقويم الفرعية	النسبة المئوية
المهارة	% 60	التعليم التدريب الخبرة الدقة	% 20 % 15 % 15 % 10

عوامل التقويم الأساسية	النسبة المئوية	عوامل التقويم الفرعية	النسبة المئوية
المجهود	10 %	المجهود الذهني المجهود البدني	5 % 5 %
المسؤولية	20 %	المسؤولية المالية مسؤولية الإشراف على الآخرين مسؤولية العدد والآلات	10 % 5 % 5 %
ظروف العمل	10 %	بيئة العمل أخطار العمل	6 % 4 %
	100 %		100 %

ج) نفترض أن المجموع الكلي أو الحد الأقصى للنقط (1000) نقطة.

د) يستخرج عدد النقط لكل عامل فرعي في ضوء الأهمية النسبية له، وذلك على النحو الآتي:

التعليم $1000 \times \frac{20}{100} =$ نقطة، وهكذا بالنسبة لبقية العوامل.

هـ) تحدد المستويات لكل عامل من عوامل التقويم الفرعية، ولنفرض أنها حددت على النحو التالي:

- التعليم 6
- التدريب 5
- الخبرة 4

وهكذا

ويلاحظ هنا انه ليس من الضروري أن يتساوى عدد المستويات (الدرجات) لكل عامل من عوامل التقويم المختلفة.

و) يمثل المستوى الأول لعوامل التقويم النوعية مقدار الأهمية النسبية التي يمثلها هذا العامل، فهي للتعليم (20)، والتدريب (15)، والخبرة (15)، وهكذا.

ز) تستخرج الزيادة اللازم إضافتها بين كل مستوى وآخر (أساس المتوالية) بالطريقة التالية:

$$\frac{\text{إجمالي ما حصل عليه عامل التقويم الفرعي من نقط - الأهمية النسبية لهذا العامل}}{\text{عدد المستويات}}$$

(مع ترتيب النتائج إلى أقرب رقم صحيح)

ففي عامل التعليم مثلا، تستخرج الزيادة على النحو التالي:

$$\frac{200-20}{5}=36$$

ح) تتم مضاعفة عدد النقط التي حصل عليها كل عامل فرعي في متوالية عددية Arithmetic Progression أو هندسية Geometric Progression، فلو اتبعت طريقة المتوالية العددية فإن تسلسل هذه المتوالية وفقاً لعدد المستويات السابق تحديدها لكل عامل فرعي، هي:"20، 56، 92، 164، 200"، وهكذا تستخرج لعوامل التقويم الفرعية الأخرى.

ط) بالاعتماد على بطاقات وصف الوظائف، يتم تقدير عدد النقط في كل من هذه العوامل المساعدة لكل وظيفة، فإذا كان عامل التعليم، كما جاء في بطاقة الوصف، هو تعليم على مستوى الشهادة الثانوية، وأن مستويات التعليم كما تم تعريفها هي على النحو التالي:

- المستوى الأول - تعليم على مستوى الشهادة الابتدائية، أو ما يعادلها.
- المستوى الثاني - تعليم على مستوى الشهادة الإعدادية، أو ما يعادلها.
- المستوى الثالث - تعليم على مستوى الشهادة الثانوية، أو ما يعادلها.
- المستوى الرابع - تعليم على مستوى شهادة الدبلوم المتوسط، أو ما يعادلها.
- المستوى الخامس - تعليم على مستوى الشهادة الجامعية الأولى.
- المستوى السادس - تعليم على مستوى الشهادة "فوق الجامعية".

فإن المستوى المقابل لما جاء في بطاقة الوصف هو :"المستوى الثالث"
(أي 92 نقطة)، وهكذا بالنسبة لباقي عوامل التقويم الفرعية.

ي) جمع ما حصلت عليه جميع عوامل الوظيفة مـن نقـط، ومـن ثم
ترتيب الوظائف حسب مجموع النقط التي حصلت عليها.

2- طريقة مقارنة العوامل The Factors Comparison Method:

تشبه هذه الطريقة طريقة التقويم بـالنقط فـي تحليلهـا للوظيفـة إلى
عواملها الرئيسية والفرعية، وتحديـد الأهميـة النسبيـة لكـل عامـل بتقديـر
كمي أو حسابي يتناسب وأهميته، غير أنها تختلف عنها في الإجراءات الفنية،
إذ يجري الاعتماد على اختيار مجموعة من الوظائف الرئيسة أو الدالة تمثـل
جميع أنواع الوظائف المراد تقويمها، ويتم تحديد درجاتها

وبعد تخصيص مجموعة من النقط المناسبة لكـل عامـل مـن عوامـل
التقويم فيها، يقارن كل عامل في الوظائف الأخرى المراد تقويمها مـع نفـس
العامل في الوظيفة «الرئيسة أو الدالة» الممثلة للنشاط أو الاختصاص، وعلـى
هذا الأساس تحدد القيمة النسبية للوظائف.

وتتميز هذه الطريقة بالمرونة، إذ أنها تستخدم عوامـل تقويـم قليلـة
عادة ولكنها شاملة وواسعة، وبالتالي تفادي الإغراق في التفصيلات الثانويـة،
أما أهم نقاط الضعف فيها فهي، تعقـد إجـراءات تنفيذهـا، وصعوبة شـرح
أسسها بسبب شمولية عوامل التقويم، كما أن التقدير الشخصي يقـوم بـدور
لا يمكن إغفاله فيها، بالإضافة إلى أن تنفيذها يستغرق وقتاً طويلاً.

وتتمثل الخطوات الرئيسة، التي يمكن اتباعها للوصـول إلى تقـويم للوظائف، وفق هـذه
الطريقة، في الآتي:

أ) اختيار عوامل التقويم في ضوء طبيعة نشاط المنظمـة، ونوعيـة الوظائـف
فيها وتعريفها بشكل واضح، وتستخدم عادة عند تطبيق هـذه الطريقـة
خمسة

عوامل بصفة أساسية، هي: القدرات العقلية، والمارة، والمجهود الجسماني، والمسؤولية (الإشرافية وغير الإشرافية)، وظروف العمل، بعد ذلك يتم تعريف عوامل التقويم لتحقيق وحدة فهم لهذه العوامل من قيل المقومين.

ب) اختيار عدد من الوظائف "الرئيسية أو الدالة" الممثلة للأنشطة وللمستويات الوظيفية المختلفة، بحيث تكون ممثلة للنوعيات المقرر تقويمها، وتمثل كذلك جميع المستويات الوظيفية، والمستويات المختلفة للأجور داخل المنظمة (مجال الدراسة)، ويتراوح عدد هذه الوظائف عادة بين عشر وظائف وخمس وعشرين وظيفة، وبعد اختيارها يتم إعداد وصف لكل وظيفة منها.

ج) ترتيب الوظائف "الرئيسة أو الدالة" المختارة، تحت كل عامل من عوامل التقويم السابقة، والحرص على معرفة رأي كل عضو من أعضاء لجنة التقويم بصفة منفردة في ترتيب الوظائف تحت عواملها، وذلك على أساس دراسته لوصف كل وظيفة، وتحديد الأهمية لكل عامل من عوامل التقويم، والجدول التالي يوضح ذلك:

ترتيب الوظائف "الرئيسة أو الدالة" تحت عوامل التقويم

الترتيب	القدرات العقلية	المهارة	المجهود الجسماني	المسؤولية	ظروف العمل
1	ساعي	ساعي	كاتب حسابات	ساعي	كاتب حسابات
2	كاتب حسابات	كاتب حسابات	مدير إنتاج	كاتب حسابات	مدير إنتاج
3	مهندس	مهندس	مهندس	مهندس	مهندس
4	مدير إنتاج	مدير إنتاج	ساعي	مدير إنتاج	ساعي

د) مراجعة نتيجة الترتيب، بهدف التأكد من عدم وجود غموض لأوصاف الوظائف، ويقتضي الأمر تكرار عملية الترتيب أكثر من مرة، وبفاصل زمني مناسب يكفل إعادة التفكير في النتائج لكل مرة، ويتم ترتيب الوظائف تحد

كل عامل والتعبير عنها أرقام تصاعدية، إذ تزداد أهمية الوظيفة كلما زاد الرقم، ومن ثم استخراج متوسط تقديرات عمليات الترتيب.

هـ) توزع متوسط أجور الوظائف "الرئيسة أو الدالة" المختارة على عوامل تقويمها، وفقاً للأهمية النسبية للعوامل، ويمكن ان يستخدم في عملية التوزيع متوسط الأجر الشهري أو الأسبوعي أو أجر ساعة العمل الواحدة، ويراعى في هذا التوزيع أن تتكافأ الوحدات النقدية لكل عامل مع أهميته النسبية بالنسبة لبقية العوامل في نطاق الوظيفة، ومع أهميته بالنسبة لبقية الوظائف "الرئيسة أو الدالة" المختارة.

و) إنشاء قياس التقويم، وذلك بتوزيع الوظائف "الرئيسة أو الدالة" على مقياس نقدي، وذلك بالنسبة لكل عامل على حدة.

ز) تقويم وترتيب باقي الوظائف في المنظمة، بدراسة أوصافها، ومقارنة أهمية كل عامل من عوامل تقويمها بأهمية نفس العامل في الوظائف التي سبق تقويمها، والمدرجة تحت هذا العامل بالمقياس النقدي.

الفصل السابع
تقويم أداء العاملين

ثانياً :- تقويم أداء العاملين ... المفهوم
ثالثاً:- تقويم أداء العاملين ...الأهمية والأهداف
رابعاً:- مسؤولية تقويم أداء العاملين
خامساً:- عملية تقويم أداء العاملين
سادساً :- تقويم أداء العاملين ... المعايير
سابعاً:- طرق تقويم أداء العاملين

الفصل السابع

تقويم أداء العاملين

أولاً: التمهيد:

لكي تتمكن ادارة الافراد من تهيئة القوى العاملة لرفع الكفاءة الإنتاجية من خلال التخطيط للقوى للعاملة واختيارها وتعينها وتطويرها عن طريق تدريبها بشكل فعال وكفوء فلابد ان تقوم بوضع معايير ومقاييس لتقويم اداء العاملين بحيث تمكنها من التعرف على كفاءة بعض وظائفها كالاختيار والتعيين والتدريب من جهة ومن جهة اخرى الحكم على مساهمة كل فرد في العملية الإنتاجية وبالتالي تكون نتائج التقويم اساساً لاتخاذ القرارات المتعلقة في الزيادات الرواتب والاجور ومنح العلاوات والترفيع والنقل ومنح الحوافز الاخرى وفرض العقوبات على العاملين المتقاعدين عن اداء اعمالهم بشكل مناسب .

وتقويم الأداء عملية ذات طبيعة تتسم بالاستمرارية , فصاحب العمل يراقب دائماً تصرفات عماله وموظفيه اثناء مراحل العمل وباستمرار ويرسم في ذهنه صورة ايجابية أو سلبية عنهم , وهذه الصورة تعطيه فكرة عن كيفية تقويم اداء العامل أو الموظف ولكن ما يحدث في العديد من المنظمات المتوسطة الحجم والكبيرة هو وجود برنامج شامل ورسمي لتقويم الأداء وذلك نظراً لنشاط المنظمة الواسع وكثرة عدد العاملين فيها , وهذا البرنامج يوضح ويصمم خصيصاً لتسهيل عملية تقويم الأداء وبصورة عادلة تضمن لجميع العاملين فرص متساوية في الحصول على تقويم جيد لادائهم وتحديد الافراد الذين يتقاعسون عن العمل .

وبالرغم من ان برامج تقويم الأداء تهدف إلى الوصول إلى نتائج تخدم المنظمة بصورة كاملة الا ان هذه البرامج صممت خصيصاً لتحسين وتعزيز

نتائج العمل وزيادة الإنتاجية ويعتمد نجاح أو فشل هـذه البـرامج عـلى الفلسفة المتبعة من قبل المنظمة وطبيعة الأهداف التـي تنشـدها المنظمـة وآراء وتوقعات المستويات المختلفة للادارة والاداريين في المنظمـة ولابـد مـن الإشارة إلى ان نجاح أو فشل مثل هـذه البـرامج يعتمـد كـذلك عـلى طبيعـة الرقابة على العمل وتطلعـات مراقبـي العمل واهدافهم . وكـذلك اهـداف البرامج . ان الوصول إلى الأهداف عـن طريـق تقويم الأداء بأيـة حـال مـن الاحوال لا يمكن بلوغه ما لم تدرس الإدارة أفكار الافراد العـاملين في المنظمـة وتطلعاتهم واهدافهم الخاصة وتصرفاتهم اثناء العمل وكل ما يحيطهم اثناء اداء واجباتهم المناطة بهم. ويتضمن هـذا الفصـل تحديد مفهـوم وأهميـة تقويم الأداء وأهداف برامج تقويم اداء العاملين وعـلى مـن تقـع مسؤوليـة عملية التقويم وما هي الخطوات المهمة في هذه العملية .

ثانياً: تقويم أداء العاملين .... المفهوم:

كانت طريقة قياس الجدارة إحدى الطرق المهمة لقياس أداء العامل ففي هذه الطريقة تسـتخدم معـايير خاصـة اساسـها النقـاط حيـث تعطـي النقاط للعاملين في المنظمة طبقاً لجدارتهم وأدائهم في موقع العمـل ، بعـد ذلك تجمع النقاط بطريقة معينة حسب مـا هـو متبـع في المنظمة ويتقـرر على ضوئها الرواتب والاجور والفوائد الاخرى التي تقدم إلى الأفراد ، وتجدر الإشارة هنـا بـأن طريقـة قيـاس الجدارة تسـتخدم في حالـة وجـود عـمال يتقاضون أجـورهم بالساعة وبـالرغم مـن ذلك فـأن ازديـاد اهميـة هـذه الطريقة مع ازدياد عدد العمال الماهرين وغير الماهرين أدى إلى ادخال هذه الطريقة كأساس مهم لتقويم أداء الأفراد في كل المستويات وبغض النظر عن الطريقة التي يتقاضـون فيهـا رواتبهم وأجـورهم. وبازديـاد أهميـة العمـل والانتاجية وربط الإجور بالانتاجية ولما لهذه الطريقـة مـن فوائـد جمـة في زيادة الارباح والمستوى المعاشي للأفراد فقط ظهرت مصطلحات أخـرى أكـثر عمقـاً مـن مصطلح الجدارة ومـن أكثرها شيوعاً مصطلح تقـويم الأداء

perforMance Evaluation وكما يطلق

عليه في بعض الاحيان تقييم الأداء والمصطلحات المستخدمة في هذا المضمار كلها تعطي نفس المعنى لذا نكتفي بذكر المصطلح المشار إليه أنفاً أي (تقويم الأداء) .

يقصد (**بتقويم الأداء**) (الحصول على حقائق أو بيانات محددة من شأنها ان تساعد على تحليل وفهم وتقويم أداء العامل لعمله وسلوكه فيه في مدة زمنية محددة وتقدير مدى كفاءته الفنية والعملية للنهوض بأعباء المسؤوليات والواجبات المتعلقة بصلة الحاضر والمستقبل). وهذا يتطلب تحليل وفهم وتقويم القدرات الإنسانية في احتلال وظائف في المستقبل ذات مستوى أعلى من المسؤوليات والواجبات الحالية لفتح مجالات التقويم الوظيفي واستخدام الطاقات البشرية بالشكل أو الاسلوب الذي يحقق أهداف المنظمة من خلال تحقيق رغبات الإنسان العامل. ويستخدم بعض الباحثين اصطلاح تقدير كفاية العامل بدلا من استخدام اصطلاح تقويم الأداء ويحدد احد الكتاب مفهوم ((كفاية العامل)) بأنه الوصول عن طريق وسيلة ما إلى حكم موضوعي على مدى مساهمة كل من العاملين في انجاز الاعمال التي توكل إليه وعلى سلوكه وتصرفه إثناء العمل وعلى مقدار التحسن الذي طرأ على أسلوبه في أداء العمل، وأخيراً على معاملة زملاءه وبعبارة أخرى فأن مقياس الكفاية يهدف إلى تقويم كل فرد من العاملين في المنظمة على أساس الاعمال التي اتمها خلال مدة معينة وسلوكه مع من يعملون معه.

ثالثاً: تقويم أداء العاملين ... الأهمية والأهداف:

أ- أهمية تقويم أداء العاملين :

يعتبر تقويم الأداء بحد ذاته تقويماً للأداء الكلي للمنظمة ، إذا أنه يكشف نقاط الضعف والقوة في الوظائف الإدارية في جوانب التخطيط والتنظيم والرقابة والاشراف.

فمن خلال عملية تقويم الأداء تستطيع ان تعيد النظر في سياستها

وبرامجها وإجراءاتها وعلى الاخص في مجالات الاختيار والتدريب والاشراف ، فتستطيع الإدارة ان تحكم من خلال تقويم الأداء على مدى نجاح الاختيار لان التقويم يكشف عما إذا كان الفرد المناسب مكلفا بالوظيفة التي تتفق مع قدراته وميوله ومؤهلاته كذلك تستطيع الادارة عن طريق تقويم الأداء أن تحكم على مدى سلامة الاختبارات التي تجريها للعاملين وتتمكن من أن تقوم وظيفة التدريب ومدى نجاح برامج التدريب في تنمية وتطوير العاملين كما يفصح التقويم عن قدرة المشرفين على قيادة مرؤوسيهم وتوجيههم (وخصوصا إذا تضمنت عملية التقويم تقويما متبادلا بين المشرفين ومرؤوسيهم) فأن ذلك يوضح فاعلية الاساليب المتبعة في الاشراف وتستطيع أن تتعرف الادارة كذلك ما إذا كان نظام الحوافز مناسبا ومتفقا مع رغبات وحاجات الافراد ومدى مساهمته في رفع الكفاءة الإنتاجية أو ما كان غير مناسب مما يؤدي إلى انخفاض الكفاءة الإنتاجية .

إما بخصوص أهمية التقويم للعاملين فأن العاملين يعطون أهمية كبيرة لمعرفة الراتب أو الاجر الاساس الذين يحصلون عليه والزيادات المتوقعة عليه خلال مدة الخدمة ، وتحدد هذه الزيادات على اساس الخبرة والاعباء الاجتماعية وكفاءة الشخص اثناء ادائه للاعمال الموكلة اليه ويحرص العاملون على معرفة مدى نجاحهم في تأدية الاعمال الموكلة اليهم ووجهة نظر رؤسائهم عنهم ، كذلك يهم كل رئيس أن يتعرف بشكل مستمر على مقدار التقدم الذي طرأ على اداء كل من المرؤوسين وبالامكان الوصول إلى كل ذلك عن طريق وضع نظام فعال وكفؤ لتقويم الأداء . وبناءا على ما تقدم فأن من الضروري للمنظمة وللعامل أن يتفقا على أساس عادل وموضوعي لقياس الأداء من اجل المساهمة في تحقيق اهداف المنظمة والعاملين في أن واحد.

وقد اصبحت برامج تقويم الأداء جزءا مهما في ادارة ألافراد في العديد من المنظمات على اختلاف انواعها وقد استخدمت هذه البرامج بنجاح في العديد من الانظمة وقد لاقت نجاحا منقطع النظير بشكل خاص اثناء

تطبيقها في دوائر الخدمات المدنية في الدولة ، وفي المنظمات التي لا تسعى إلى تحقيق الربح . وقد بينت احدى الدراسات أن ما يقارب 7 % من المنظمات التي تمت دراستها لم تستخدم أي برامج لتقويم الأداء إما البقية الباقية 93 % فقد استخدمت هذه البرامج وبنجاح منقطع النظير ، وهذا ما يؤكد اهمية استخدام برامج تقويم الأداء في المنظمات على اختلاف انواعها .

ب- اهداف برامج تقويم اداء العاملين :

تهدف برامج تقويم الأداء إلى تحقيق اهداف عديدة منها :

1- تساعد المشرفين في العمل على ملاحظة ومشاهدة المرؤوسين بدقة وبصورة صحيحة ومقنعة وتسهل عليهم تقديم النصائح والارشادات إلى المرؤوسين عند الحاجة .

2- ترفع معنويات المرؤوسين عن طريق تشجيعهم ومكافأتهم عند اقدامهم على زيادة الكفاءة الإنتاجية وعلى حسن الأداء حيث يقوم المشرفين بتقديم معلومات مرتدة عن العمل إليهم .

3- تقديم معلومات عن العمل وعن الأداء إلى الإدارة لاتخاذ ما يلزم فيما يتعلق بمكافأة المبدعين وترقيتهم لزيادة معنوياتهم والكشف عن مكان القوة والضعف في المنظمة .

4- تكوين قاعدة جيدة للبحث لاتخاذ القرارات الصائبة بشأن الأفراد العاملين في المنظمة .

رابعاً: مسؤولية تقويم أداء العاملين:

أن إدارة الأفراد في المنظمة هي الجهة المسؤولة عن وضع وتصميم برامج تقويم الأداء ولكن مشاركة الوحدات الأخرى في المنظمة مطلوبة أيضا لتعزيز مثل هذه البرامج وإضافة نوع من الديمقراطية عليها .أن تمثل أكبر عدد ممكن من الإدارات في لجنة التقويم يتضمن اشتراك أكبر عدد ممكن من الآراء مما يجعل برامج الأداء متكاملة ومقبولة من قبل أكبر عدد ممكن من

الإفراد في المنظمة .أن مسـؤولية لجنـة التقويم تنحصر ـ بصـورة خاصـة بوضع أهداف البرامج ومن الضروري جدا أعلام كافة الإفراد في المنظمـة بطبيعـة برامج التقويم بغية تمكينهم من فهم وأدراك أهمية مثل هذه البرامج .

خامساً : عملية تقويم أداء العاملين

يعتمد الإفراد في الكثير من الحالات عـلى تقـويم الآخـرين في مواقـع كثيرة ومتعددة وسوف تستمر هذه العملية ما دام الفـرد يعمـل في محيـط مع الآخرين في جو رسمي ولكن التقـويم الشخصي ـ أو الإنفرادي يحـدث في ظروف تسودها طبيعة غير رسمية كان يحدث التقويم خارج موقع العمـل أو في نادي العمال في المنظمة أو في النقابة .... الـخ وهـذه الطريقـة تفتقـر إلى الأسس الواجب اتباعها لتقويم الإفراد لان هناك كما اسلفنا برامج عملية لدراسة وقياس الأداء وهناك كذلك أهـداف عامـة وخاصة تسعى المنظمـة للوصول اليها عن طريق دراسة وقياس الأداء أي المقصود أن هناك نظامـا أو عملية لتقويم الأداء تسمى((Evaluation process))

الخطوات الست المهمة في هذه العملية هي كالاتي :

1- تحديد متطلبات التقويم أي تحديد مـا تتوقعـه المنظمـة مـن أعمالهـا وموظفيها اثناء قيامهم بواجباتهم أي بعبارة أخرى تحديد المعايير أو المقاييس والمتطلبات الأخرى التي تتطلبهما عملية التقـويم والتي لهـما مساس مباشر بمصالح الإفراد والمنظمة .

2- مناقشة متطلبات التقويم مع الإفراد في المنظمـة وتغيير المتطلبات عند الحاجة لارضاء كلا الطرفين .

3- مراقبة وملاحظة (عن طريق المشاهدة) كيفيـة أداء الموظـف أو العامـل واجبه المناط به .

4- تقويم أداء العامل أو الموظف طبقا للمتطلبات التي تم الاتفاق عليها في النقطتين الاولى والثانية .

5- مناقشة التقويم مع العامل أو الموظف .

6- اتخاذ القرار بهذا الشأن.

وعملية التقويم هذه ترتكز على نقطة مهمة وهي وجود متطلبات للتقويم يتم الاتفاق عليهما بين المنظمة والعاملين فيهما ويتم على ضوئهما التقويم من قبل المنظمة فعلى سبيل المثال إذا افتقرت المنظمة إلى معايير أو مقاييس لتقويم الأداء فأن عملية التقويم ستفشل بلا شك لان الهدف من التقويم كما اسلفنا هو زيادة الإنتاجية لمصلحة كلا الطرفين ، فإذا فشل الطرفان في اللقاء ومناقشة الأمور المتعلقة بمتطلبات التقويم فأن عملية التقويم نفسها تصبح بعيدة عن الواقع وغير محققة لأهدافها .

سادساً: تقويم أداء العاملين ... المعايير:

في كل عملية تقويم لا بد من وجود معايير أو مقاييس خاصة تعتمد عليها برامج التقويم المختلفة وتقارن على ضوئها درجات التقويم من حيث المستوى الواجب توافره في كل برنامج ومن الضروري اختيار هذه المعايير مقدما ما وقبل البدء بتطبيق برنامج التقويم لكل عمل .

في الأعمال الإنتاجية مثلا ، فأن إنتاج الفرد من حيث الكمية أو النوعية يجب أن يقارن مع المعايير الموضوعية عن طريق دراسات الوقت والحركة وبنفس الطريقة فيما يتعلق بالإعمال المتعلقة بالمبيعات بصورة عامة والاعتماد على معايير أو مقاييس موضوعية مقدما .

إما في الحالات التي يصعب فيها استخدام المعايير والمقاييس المعروفة في التقويم فينبغي العمل عن طريق المخرجات (أي المنتج من قبل الموظف أو العامل) كالأعمال الإدارية والإشرافية والمكتبية والاستشارية واعمال البحوث فقد كان الاعتماد في السابق ينصب على استخدام طريقة الإشراف المباشر وعن طريق المشاهدة والملاحظة المباشرة وراء المدير الشخصي في بعض الصفات التي يتمتع بها الفرد.

وفي السنوات الأخيرة برزت ظاهرة مهمة حيث ازداد استخدام الطريق

لقياس وتقويم أ داء الفرد على ضوء أهداف أو توقعات موضوعية مسبقا ولمدة زمنية متعددة كان يكون كل سنة أو مرتين في السنة أو كل ربع سنة وفي حالة تقويم أداء المدير التنفيذي مثلا تستخدم معايير نجاح المدير وتشمل هذه المعايير عوامل مثل الربحية ومعدل دوران الخزين والخدمات المقدمة للعملاء وتقليل الكلفة ، وتحسين وضع المنظمة في السوق ، وتقليل معدلات فقدان الإنتاج ...الخ

ويمكن وضع هذه المعايير كليا كما هو موضح في الجدول الاتي :

جانب من تقويم أداء مدير أحد المنظمات الصناعية

المعايير أو متطلبات العمل للمنظمة	النتائج المتحققة
1- يجب أن لا تقل أرباح المنشاة عن 10% من رأس المال المستثمر.	1- حققت المنظمة أرباحا بحدود 8% من رأس المال المستثمر .
2- إتمام عمليات التوسيع بالمصنع في 2000/7/1.	2- تمت عمليات التوسع بنفس التاريخ المحدد
3- يجب أن لا تزيد الكلفة الكلية للوحدة الواحدة من السلعة التي تنتجها المنشأة عن خمسة دنانير.	3- الكلفة الكلية للوحدة الواحدة (4.900) أربعة دنانير. وتسعمائة فلس

وهذا يبرهن على أنه بالامكان تقويم الإفراد الذين ليست لهم علاقة مباشرة بالانتاج والانتاجية من حيث النوع والكمية وهذا الاسلوب يبرهن أيضا على أهمية وضع معايير أو مقاييس مسبقا لكافة الإفراد في المنظمة وبلا استثناء ، وفي بعض الحالات توضع معايير من قبل المرؤوسين أنفسهم بعد استشارة المشرفين كما هو الحال في الادارة بالاهداف والتي سوف نقوم بتوضيحها فيما بعد .

ويعتبر تقويم المرؤوسين باستخدام وقياس اعمالهم التي تمت بالفعل ذات فائدة أكبر من توجيه السؤال إلى المشرفين واخذ ارائهم حول الموضوع لان هذا سوف يؤدي وبلا شك إلى ظهور ما يسمى بالتحيز وهذا شئ يجب تجنبه لتأثيره السلبي على عملية تقويم الأداء .

سابعاً: طرق تقويم أداء العاملين:

هناك طرق متعددة للتقويم يمكن تصنيفها إلى طرق تقليديه وطرق حديثة كآلاتي :

الطرق التقليدية : وتشمل :

- طريقة التقويم ببحث الصفات أو السمات
- طريقة الترتيب .
- طريقة المقارنة الزوجية بين العاملين
- طريقة التوزيع الاجباري
- طريقة القوائم

الطرق الحديثة :- وتشمل :

- طريقة الاختيار الاجباري
- طريقة الاحداث الجوهرية أو المهمة .
- طريقة الأدارة بالاهداف .

وسنقوم بشرح هذه الطرق بشكل موجز .

أ- الطرق التقليدية :

حاولت طرق التقويم التقليدية قياس تصرفات الأفراد كما وفق قياسات تضعها المنظمة أخذه بنظر الاعتبار مدى فائدة العاملين فيها وكان التأكيد دائما على قياس خواص الأفراد أثناء عملهم وكثيراً ما كانت هذه

الخواص غير واضحة والأهداف متشابكة ولهذا فقد فسر المدراء هذه المواصفات والمعايير حسب فهمهم لها مما سبب ارباكاً في عملية التقويم ولهذا السبب حاول الخبراء أنذاك وضع طرق وأسس جديدة ومتطورة لقياس الأداء وقد نجحت بعض الطرق في الوصول إلى قسم من أهدافها المرسومة كما اقترح وضع أسس ومواصفات بالإمكان مشاهدتها (أي مقاييس مرئية كالانتاجية مثلاً) وكذلك بالإمكان تطبيقها في نطاق واسع وفضلاً عن ذلك فقد اقترح ان يقوم الفرد المقوم بتقويم الشخص طبقاً لأهداف المنظمة وطبقاً لما يراه مناسباً خلال ملاحظته لما يدور في موقع العمل. ولابد من الإشارة إلى انه لا يمكن على الاطلاق استخدام أية طريقة للتقويم ما لم يكن المدراء والمشرفون ملمين الماماً تاماً بأهداف ومتطلبات وخطوات التقويم.

كما يستوجب من الإدارة العليا ان تستدعي انتباه هؤلاء المدراء المشرفين إلى الاخطاء والمشاكل التي تواجههم أثناء عملية التقويم لكي يكونوا على علم بها ومحاولة تجنبها وايجاد الحلول السليمة لها. ومن هذه الاخطاء مثلاً التحيز الشخصي والآراء المتشابكة للمقومين.

1- طريقة التقويم ببحث الصفات أو السمات:

يتضمن نظام تقويم الصفات أو السمات مجموعة من الصفات أو السمات الشخصية مثل القدرة على التعامل مع الاخرين والقيادة التحليلية والمثابرة والتقدير واصدار الأحكام والمبادأة وغيرها. وعادة يتم أتباع مقياس محدد وهو أن يحصل الفرد على تقدير يتراوح من صفر إلى عشرة مثلاً لكل صفة أو سمة من الصفات أو السمات التي تم تحديدها لتقويم أداء العاملين حيث صفر تمثل درجة عدم انطباق تلك الصفة في الفرد وعشرة تمثل الدرجة القصوى من توفرها فيه.

ويوضح المثال الأتي هذه الطريقة :

وبموجب هذه الطريقة فقد حصل الأفراد(أ ، ب ، جـ ، د) على

التقديرات الواردة في الجدول التالي والتي تمثل الكفاية النسبية لكل منهم.

جدول (1) يوضح تقويم أداء العاملين ببحث الصفات أو السمات

الفرد د	الفرد جـ	الفرد ب	الفرد أ	الصفات والسمات
7	8	9	7	1. مدى شعوره بالمسؤولية
9	9	10	8	2. مدى التزامه بالدوام المحدد
8	7	9	5	3. علاقته برؤسائه
9	8	9	6	4. علاقته برؤسائه
7	7	9	4	5. علاقته بمرؤوسيه
6	8	10	4	6. القدرة على التعاون
7	8	9	6	7. القدرة على حل المشاكل
8	9	9	6	8. القيادة
9	10	10	8	9. المثابرة
8	9	9	6	10. التقدير
78	83	93	60	المجموع

وبينما يختلف عدد الصفات أو السمات وطبيعتها المحددة المستخدمة في المنظمات المختلفة فأن معظم نظم التقويم التقليدية تؤكد عموماً على العوامل النفسية ، وقد انتهت الدراسة التي اجريت في سنة 1957 إلى أن ((معظم الشركات تهتم أساسا كما يظهر من دراسة استمارات التقويم بالسمات الشخصية والأخلاقية. وهذا التركيز على الشخصية قوى لدرجة ان معرفة العمل وحتى الأداء في العمل قد أعطي وزنا ضئيلاً في التقدير العام)).

ومن مزايا هذه الطريقة سهولتها وبساطتها وقابليتها على تقبل التغيير من حين لاخر أي أنها منة قابلة للتحوير إذا ما اقتضت الحاجة لذلك.

عيوب الطريقة :

أ - من عيوب هذه الطريقة هو احتمال ان يكون المقوم متحيزاً في تقديره فمن خلال التطبيقات العملية اتضح بأن بعض المقومين يعتقدون بأن الفرد الممتاز في عمل معين يكون ممتازاً وجيداً في كل الأعمال الأخرى. وبالتالي يحصل على تقدير عالٍ ، مثال ذلك ان يعتقد المقوم ان فرداً معيناً تميز بعلاقته الجيدة مع المرؤوسين يكون جيداً في الصفات أو السمات الأخرى وبالتالي يميل إلى اعطائه تقديراً مرتفعاً أو العكس قد يكون الفرد ضعيفاً في ناحية من النواحي مما يؤدي ذلك إلى ان يعطيه المقوم تقديراً منخفضاً من جميع الصفات. وهذا يعني ان تقويم أداء الفرد في هذه الحالة قد استند إلى انطباع شخصي أو حكم عشوائي.

ب- قد يستند التقويم على عوامل مثل المحاباة والانفعال أو العاطفة أو على آراء شخصية وقد يتأثر التقويم بعوامل أخرى مثل القرابة أو الصداقة أو الزمالة أو الخصومة أو الجنس .... الخ مما يؤدي ذلك إلى ان يكون التقويم غير عادل وغير موضوعي وذلك لتأثره بعوامل اجتماعية أو نفسية أو شخصية بعيدة الصلة عن الأداء الفعلي للفرد.

جـ - تساهل أو تشدد المقوم مما يترتب على ذلك إعطاء تقديرات اعلى من الواقع إذا كان متساهلاً أو ان يعطي تقديرات أقل من الواقع لكل من يقوم بتقويمه إذا كان متشدداً في تقديره.

د - المؤثرات الأخرى التي قد يتأثر بها المقوم مثلاً مركز الفرد موضوع التقويم إذ يلاحظ ان هناك اتجاها لتقويم الأفراد شاغلي الوظائف العليا بأكثر من الواقع وبالعكس إعطاء شاغلي الوظائف الدنيا أو البسيطة تقديرات منخفضة كذلك نوع العمل الذي يقوم به الفرد وعلاقته بالرؤوساء المنفذين في المنظمة والإدارة التي يعمل فيها.

2- طريقة الترتيب :

بموجب هذه الطريقة يقوم المدير بترتيب المرؤوسين العاملين لديه بصورة ترتيبية تدرجية تصاعدية أو تنازلية بحسب مستويات أدائهم التي قدموها (حسب وجهة نظره) خلال الفترة الماضية.

وتمتاز هذه الطريقة بسهولتها، إلاّ إن من عيوبها أنها لا تعطي أكثر من قائمة بترتيب الأفراد في جماعة معينة ولا توضح طبيعة ومقدار الفروق بين أفراد الجماعة كما أنها لا تحدد نقاط الضعف لدى الأفراد إذ لا توجد للنتائج أية فائدة تشخيصية ولا تقدم أي مقترحات لتطوير الأداء حتى يركز عليها الأفراد ويحصل كل منهم على ترتيب أعلى فأنها لا تحقق الفوائد المرجوة من عملية التقويم كذلك فأنها تكاد تعاني من نفس نقاط الضعف التي تعاني منها الطريقة الأولى.

بالإضافة إلى ما تقدم فأن عملية الترتيب تزداد في صعوبتها بزيادة عدد أفراد المجموعة موضوع التقويم كما أنه لا يمكن مقارنة الترتيبات في المجموعات فهناك احتمال من ان يكون فرد ما ترتيبه الرابع في مجموعة معينة احسن من الأول في مجموعة أخرى.

3- طريقة المقارنة الزوجية بين العاملين :

يمكن اعتبار هذه الطريقة عملية تحسين لطريقة الترتيب وتتمثل في قيام المقوم بمقارنة كل فرد بغيره من الأفراد العاملين معه لتحديد الاكفأ في كل مقارنة ، وتحديد الاكفأ في كل مرة يجب ان يرتكز على أسس ومعايير موضوعية قد تكون على أساس الأداء الكلي للعمل أو على مستوى الأداء في نوعية أو نوعيات ممتازة منه.

وتتم هذه الطريقة عن طريق تقسيم جميع الأفراد العاملين في قسم واحد أو إدارة إلى أزواج بحيث يتم وضع كل فرد في مجموعة مع فرد أخر طبقاً لقواعد التوافق وتستخدم بطاقات معدة لهذا الغرض على الذين يقومون

بعملية التقويم ويدون في البطاقة أسماء اثنين من الأفراد في القسم أو الإدارة وبعد إتمام هذه العملية يقوم المقوم بأجراء المقارنة بين اثنين من الأفراد المذكورين في كل بطاقة لتحديد الأفضل.

وتستخدم المعادلة الآتية في تحديد عدد مرات المقارنة الثنائية :

$$\frac{\text{ن (ن-1)}}{2} \quad \text{(ن تشير إلى عدد الأفراد المطلوب تقويمهم)}$$

وبموجب ما تقدم فإذا كان لدينا على سبيل المثال ستة أفراد في احد الاقسام والمطلوب تقويمهم وهم : سامي ويونس ويوسف وإبراهيم وخليل وعزيز فأنه يترتب على ذلك تكوين (15) مقارنة ثنائية على الشكل الأتي :

سامي يونس ، سامي إبراهيم ، سامي خليل ، سامي عزيز ، يونس يوسف ، يونس إبراهيم ، يوسف خليل ، يوسف عزيز ، إبراهيم خليل ، إبراهيم عزيز ، خليل عزيز.

وبعد تدوين الثنائيات على الكارتات يقوم المقوم بمقارنة كل ثنائية مثلاً (سامي ويوسف) وتقرير من الأفضل في هذه المجموعة وهكذا يتكرر هذا بالنسبة لكل الثنائيات وتكون النتائج لتقويم كل فرد كما في الجدول التالي :

جدول (2) يوضح تقويم أداء العاملين بأسلوب المقارنة الزوجية بين العاملين

ترتيبه	عدد المرات التي ذكر فيها على انه الاحسن في مجموعته	الفرد
2	3	سامي
4	1	يونس
1	5	يوسف
3	2	إبراهيم
2	3	خليل
4	1	عزيز

ومن الجدول أعلاه يتضح انه بمقارنة كل فرد مع آخر فأن الفرد يوسف ذكر على انه الأفضل خمس مرات وبالتالي فهو يعتبر الأفضل بالنسبة لباقي الأفراد وهكذا .

ومن عيوب هذه الطريقة صعوبة استخدامها في حالة تقويم مجموعة كبيرة من الأفراد فإذا كان عدد الأفراد المطلوب تقويمهم خمسين فان عدد مرات المقارنة يكون كالأتي : -

$$\frac{(1-50)50}{2} = 1220$$ مرة

وعندما يكون عدد الأفراد المطلوب تقويمهم مائتين فأن عدد مرات المقارنة يصبح 19900 مرة يضاف إلى ذلك ان هذه الطريقة تعاني من نفس عيوب الطريقة السابقة.

4- طريقة التوزيع الاجباري :

وتتمثل هذه الطريقة بتوزيع ترتيب العاملين المطلوب تقويمهم بالشكل الذي يستند على فكرة التوزيع الطبيعي (normal Distribution) وحيث تتركز تقديرات الأداء حول الوسط وتتدرج ارتفاعاً وانخفاضاً في الاتجاهين طبقاً لتوزيع المساحات تحت منحني التوزيع الطبيعي كما في الشكل الأتي.

وتتم هذه الطريقة على النحو الاتي:

1. يقوم المقوم بكتابة أسماء الأفراد المطلوب تقويم أدائهم على كارتات اسم كل فرد على كارت.
2. يتم توزيع الكارتات على خمس مجموعات كالأتي:

المجموعة الأولى / ممتاز

المجموعة الثانية / جيد

المجموعة الثالثة / متوسط

المجموعة الرابعة / مقبول

المجموعة الخامس / رديء

وبعد ذلك يقوم المقوم بتقسيم تلك المجموعات الخمـس بحيـث يـتم توزيع الأفراد عليهم بالشكل الأتي:

- المجموعة الأولى / 10% من الأفراد

- المجموعة الثانية / 20 % من الأفراد

- المجموعة الثالثة / 40 % من الأفراد

- المجموعة الرابعة / 20 % من الأفراد

- المجموعة الخامسة / 10 % من الأفراد

وكما يوضحه لنا أيضاً الشكل رقم (6).

فإذا كان عدد الأفراد المطلوب تقويم أدائهم مائة فرد فيكون التوزيع كالأتي:-

عشرة أفراد – ممتاز   عشرة أفراد – رديء

عشرون فرداً – جيد

اربعون فرداً – متوسط

عشرون فرداً – مقبول

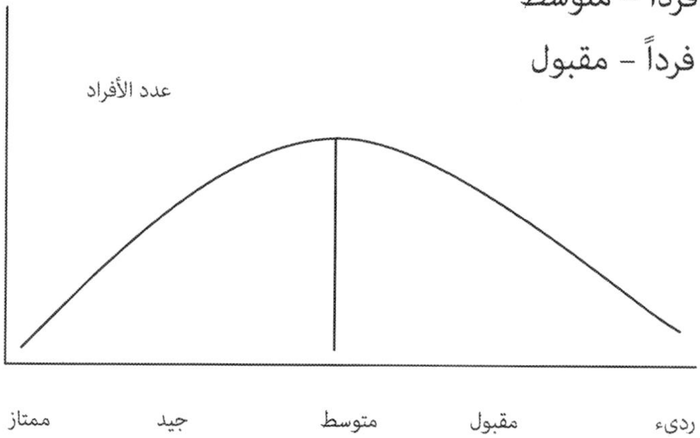

شكل (6) يوضح تقويم أداء العاملين بأسلوب التوزيع الاجباري

ومن مزايا هذه الطريقة أنها تمنع المقوم من التساهل والتشديد والتعميم في تقدير أداء العاملين وتتميز بالبساطة أيضاً.

الا انها تفترض ان كل مجموعات الأفراد العاملين تنقسم إلى ممتاز ومتوسط ورديء (بموجب ما تقدم) وهذا افتراض مشكوك فيه حيث نجد مجموعة من الفنيين العاملين في قسم الإنتاج مثلاً يتصف موظفوهم بحسن الأداء في العمل وسلوكهم جيد فليس من العدل اذن ان نجبر المقوم على تصنيفهم إلى مستويات تتراوح ما بين الممتاز والرديء الأمر الذي يؤدي إلى قتل روح المنافسة بين الأفراد العاملين.

5- طريقة القوائم:

تتولى إدارة الأفراد في المنظمة اعداد قائمة تحتوي على جمل متنوعة تصف مستويات مختلفة لأداء الفرد المطلوب تقويمه ويستحسن أن يستعان بخبرة المقومين في وضع هذه الجمل وبخبرة الذين يلمون بالعمل إلماماً شاملاً ويقوم المقوم في هذه الطريقة باختيار الجمل أو الموصفات المدرجة في القائمة حسب قناعته الشخصية وطبقاً لمشاهداته في موقع العمل من حيث أداء الفرد وسلوكه.

وتمثل أبسط الأنواع المستخدمة في طريقة القوائم لتقويم أداء الأفراد استخدام قائمة يكتب على جانب منها عبارات وصفية وأمام كل عبارة مربعان كتب على كل منها لفظتا (نعم) و (لا) وعند استخدام هذه القائمة من قبل المقوم يقوم بالتأثير على أي من هذين المربعين بما يتفق ووجهة نظره وقناعته بأداء الفرد المطلوب تقويم سلوكه وتصرفاته أثناء العمل. وبعد الانتهاء من هذه العملية تتولى إدارة الأفراد تحديد وزن الاجابات بموجب دليل خاص لاستخراج تقويم أداء الفرد. **ويوضح الجدول الأتي بعض الأمثلة للعبارات المستخدمة.**

مجموعة من العبارات المستخدمة لتقويم أداء العاملين في المجالات الإدارية

1. ملتزم ببرنامج محدد للإنتاج   نعم   لا

2. تقدمه ممتاز

3. انه كفؤ وجدي

4. قابليته ضعيفة في التخطيط

5. كثير الكلام وسريع الحركة

6. يفسر لمرؤوسيه اسباب قراراته

7. يقدم تقريرا عن أعماله بأنتظام

8. إنتاجه يتميز بالجودة

9. نادرا ما يهمل قرارات الادارة

10. علاقته طيبة بمرؤوسيه

11. يتخذ قرارات سريعة وناجحة

12. يشجع مرؤوسيه على العمل والمبادرة

13. يولي إهتماما بالمستهلكين

14. يقدم مقترحات ناجحة

15. يتبع التعليمات بدقة

16. يتهرب من المسؤولية

17. يظهر تحيزا في معاملته لمرؤوسيه

18. ينفعل بسرعة

19. نادرا ما يلجا إلى رئيسة عند اتخاذ القرارات

20. سريع الملاحظة

ويمكن الاستفادة من هذه الطريقة بشكل أفضل وادق إذا توفرت الامكانات لوضع جمل نمطية لكل نوع معين من الوظائف والاعمال وذلك بعد أختيار هذه الجمل والتأكد من صحتها ودقتها وسلامة لغتها ودلالتها على أداء العامل وسلوكه وسهولة فهمها من جانب المقومين .

ب - الطرق الحديثة لتقويم أداء العاملين

نتيجة للقصور الواضح في كل طريقة من الطرق التقليدية لتقويم أداء العاملين فقد بدأ البحث عن طريق أكثر دقة وموضوعية لقياس كفاية أداء العاملين وحسن سلوكهم ومن اهم الطرق الحديثة هي ما يأتي:-

1-طريقة الاختيار الاجباري

تعتبر هذه الطريقة من احدث طرق التقويم والاكثر فاعلية في تقليل التحيز. تعتمد هذه الطريقة على اختيار المقوم للعبارات أو جمل مدونة على استمارة خاصة ويتم الاختيار طبقا لما يراه المقوم في الفرد . تتكون استمارة التقويم من مجموعات عديدة من العبارات أو الجمل كل مجموعة تحتوي على اربع عبارات عادة وهي مستقاة من الخبرة أو من الاختبارات لتعكس ناحية من خصائص وظيفة أو عمل الفرد المطلوب تقويمه. ومن هذه العبارات الاربع اثنتان تمثلان الصفات المرغوبة واثنتان تمثلان الصفات غير المرغوبة في أداء الفرد موضوع التقويم . وبخصوص الاعداد لهذه الطريقة وتطبيقها فتتولى ادارة الإفراد وضع شفرة سرية خاصة وذلك لتحديد العبارة أو الجملة التي تعتبر أكثر أهمية في كل ثنائية وهذه الشفرة لا يعرفها المقوم .

ويتم اعداد استمارة التقويم (تظم الاستمارة مجموعات عديدة من العبارات) وتقدم إلى المقوم ويطلب منه أن يحدد أي العبارات أو الصفات الاربع في كل مجموعة تعتبر أكثرا دقة من الثلاث الآخرى وايها تعتبر أقل دقة من الثلاث الاخرى من خصائص الفرد موضوع التقويم أي بمعنى أخر أن يضع

اشارة أمام العبارة الاكثر انطباقا على الفرد والعبارة الاقل انطباقا على الفرد في كل مجموعة من مجموعات عبارات التقويم .

ثم تسـلم الاسـتمارة إلى ادارة الإفـراد وتقـوم هـذه بمراجعـة تلك العبارات المختارة على الشفرة السرية ويمكنها ذلك من تحديد التقدير الذي حصل عليه الفرد موضوع التقويم عـن طريق احتسـاب العبارات المختارة والتي تتفق مع العبارات الواردة في الشفرة فقط .

ويمكن توضيح ذلك بالمثال الاتي .

لو افترضنا أن العبارات أو الجمل الاتية هي أحـدى المجموعـات التـي استخدمت لتقويم أداء أحد الإفراد .

1-لا يشك أي شخص أبدا في قدرته

2- متضلع جيد في كل مجالات   / من الصفات المرغوب بها .

3- تعسفي ومتكبر فيما يختص بالسلطات

4- مهمل وغير دقيق في التفاته لواجباته / من الصفات غير المرغوب بها .

وكانت العبـارة رقـم (2) هـي التـي اختارهـا المقـوم علـى أنها اكـثر أنطباقا على الفرد موضوع التقويم من بين العبارات الاربع المذكورة ولم تكن تلك العبارة هي التي اختارها واضعو الشـفرة فأنها لا تحتسـب في صالح الفرد وعلى العكس إذا كانت تلك العبارة هي المذكورة في الشـفرة تحتسب في صالح الفرد .

2- طريقة الاحداث الجوهرية أو المهمة

تعتمد الطريقة على تدوين الاحداث الجوهرية أو المهمة التي يقوم بها الإفراد العاملون في المنظمة على أختلاف انواعهم ويعتبر الفرد منجزا لحدث مهم إذا قام بعمل ذو أهمية بالغة كنجاحه في عمله نجاحا باهرا أو فشله فشلا ذريعا وهكذا وكل هذه المعلومات تدون من قبل المقوم وتجدر الإشارة بأن الاحداث الجوهرية أو المهمة هي عبارة عن حقائق ثابتة وليس مجرد اراء غير مستندة على حقيقة صلبة ولكن ليس كل الحقائق احداث جوهرية أو مهمة.

وتعتبر الاحداث الجوهرية أو المهمة اعمالا فعلية يقوم بها الفرد العامل سواء كانت ذات مردود سلبي أو أيجابي .

وتتطلب هذه الطريقة من المقوم أن يكون سريع الملاحظة لكل ما حدث في موقع العمل وعليه أن يدون الاحداث عند حدوثها وأن يقوم بتصنيفها وتوصيفها وترميزها أن امكن ذلك .

ونبين فيما يلي بعض الامثلة لهذه الاحداث المهمة أو الوقائع الجوهرية:

الاحداث المهمة الايجابية :

- في 2001/1/10 كان الاول في الدورة التدريبية التي اقامتها المنظمة .

- في 2001/2/5 قدم اقتراحا لتحسين اجراءات العمل بالقسم وهو اقتراح موضوعي وعلمي .

- في 2001/4/20 أنهى الاعمال المتعلقة بالميزانيات التخطيطية للقسم قبل الموعد المحدد لتسليمها .

الاحداث المهمة السلبية

- في 2001/2/1 رفض قرارا صدر اليه بحضوره بعد الظهر لانجاز اعمال حيوية خاصة بالمنظمة .

- في 2001/3/15 تطول على أحد زملائه في القسم مما اثر ذلك بشكل سلبي على علاقات العمل وتعاون العاملين في القسم .

- في 2001/4/20 ترك العمل دون أذن وكان مطلوبا منه الانتهاء من تقرير لعرضه على الادارة العليا مما ادى إلى توجيه اللوم إلى القسم المعني.

يستنتج مما تقدم أن تنفيذ طريقة الاحداث الجوهرية أو المهمة يتطلب أن يقوم الرئيس (المقوم) بتدوين الاحداث المهمة حال حدوثها وإلا ترتب على

ذلك نسيان الحدث مما يؤثر ذلك سلبيا على عملية التقويم وقد يبدوا أن العملية صعبه في بادئ الامر أو أنها تستغرق وقتا طويلا لا أن الرئيس المباشر يعتاد عليها ويصبح من واجباته الاشرافية أن يقوم بتدوين المعلومات التي تظهر كفاءة المرؤوسين الذين يقوم بتقويمهم فقد تبين من خلال استخدام هذه الطريقة في أحدى المنظمات بأن الوقت اللازم لاداء هذه الطريقة أداء جيدا استغرق (6) دقائق يوميا وهذا يوضح أن هذه الطريقة لا تتطلب وقتا طويلا لاتقانها ومتابعة الاجراءات الخاصة بها .

ومن الامور التي يجب التأكيد عليها في هذه الطريقة هو :

1- ضرورة أن يكون الرئيس موضوعيا في تدوين الاحداث الجوهرية بعيدا عن المؤثرات الشخصية وغيرها من المؤثرات لان موضوعية تدوين الاحداث تعتبر ركيزة لحقائق مدونة تتخذ اساسا لتقويم أداء العاملين .

2- أن الاحداث أو الوقائع التي يقوم الرئيس بتدوينها هي تلك التي تكون جوهرية أو مهمة أو ممتازة أو رائعة أو تلك التي تمثل اساءة واضحة أو متعمدة أو رداءة في التنفيذ أو سلوكا غير مقبول ومن ثم فأن الاحداث أو الوقائع الاعتيادية والاعمال الطبيعة والتصرفات الروتينية لا تدخل ضمن نطاق التقويم ولا يقوم الرئيس بتدوينها أي بمعنى اخر أن الرئيس المباشر يقوم بتدوين الاحداث والوقائع التي ينتج عنها نجاح أو فشل الفرد موضوع التقويم .

ومن المزايا الرئيسة لهذه الطريقة هي أنها تعطي الرئيس حقائق موضوعية لاداء الفرد فهو يقوم بالتركيز على حقائق ثابتة ولا يعمد إلى التعميم ولا يعتمد على الذاكرة في الحكم على الفرد وتساعد الطريقة ايضا على ابراز نواحي القصور في اداء الموظف مما يسهل للرئيس المباشر مناقشة ذلك مع الموظف لتلافي هذا القصور وتحسين الأداء في المستقبل .

3- طريقة الأدارة بالاهداف

تعتبر طريقة الأدارة بالاهداف من الطرق الحديثة في مجال تقويم اداء العاملين وتعتمد الطريقة على مناقشة أمور التقويم بين الفرد والمشرف والوصول إلى نتائج متفق عليها وهي بذلك تكون اكثر ديمقراطية من غيرها من الطرق واكثرها مرونة وتجدر الإشارة إلى أن هذه الطريقة تستخدم للتقويم الذاتي على مستوى اداري عال في حين أن ما يحدث مثلا هو عند الاقدام على تطبيقها على المستويات الدنيا نجد أنها تواجه الطريقة نوعا من التردد من قبل الإفراد الذين لايرغبون بتجديد الأهداف بانفسهم بل يرتؤون أن تقوم الادارة بهذه المسؤولية .

ومنهج الادارة بالاهداف يركز على الأداء المستقبلي إلى الأداء الماضي ويشترك الرئيس والمرؤوس في تحديد الأهداف التي يجب أن يبلغها الاخير في عمله

ويمكن تلخيص طريقة التقويم هذه بما يلي :

ا- يقوم المرؤوس بأعداد ملخص بالاعمال التي يجب أن يقوم بها في واقع العمل ويناقش الرئيس والمرؤوس هذا الملخص ويعدلان فيه أن كانت هناك حاجة للتعديل على ضوء توجيهات الرئيس حتى يتفقا على الصياغة النهائية للواجبات والمسؤوليات الرئيسة لعمل أو وظيفة المرؤوس .

ب- يحدد المرؤوس في ضوء الواجبات والمسؤوليات التي تم تحديدها اهدافاً معينة قابلة للتحقيق لفترة زمنية محددة كستة اشهر أو سنة مثلا ويفضل أن تكون الأهداف كمية حتى يكون لها معنى وتكون مقاييس أو معايير دقيقة لتقويم أداء العاملين فبدلا من القول بأن الهدف هو تحقيق الفائض أو الربح يجب أن نقول أن الهدف هو تحقيق فائض (أو ربح) مقداره (10%) من رأس المال المستثمر .

وفي حالات كثيرة لا يمكن صياغة كثير من الأهداف في صورة كمية الا أنه يمكن أن نجعل الأهداف الكيفية قابلة للتحقيق في كثير من الاحيان بالرغم من أنها لن تكون بنفس الدرجة الكاملة من الدقة الممكنة في حالة الأهداف

المحددة في صورة كمية فمثلا يمكن أن يكون من اهداف رئيس وحدة التدريب تصميم وتنفيذ برنامج جديد للتدريب بمواصفات محددة قبل تاريخ معين. كما أن مدير الإنتاج قد يتبنى (كواحد من اهدافه) اعداد وتنفيذ برنامج معين لا عادة تنظيم المعدات في تاريخ معين وكذلك قد يكون هدف مدير البحوث والتطوير في منظمة ما أتمام تصميم منتج جديد بمواصفات معينة قبل تاريخ محدد .

ج - وبعد أن يحدد المرؤوس الأهداف يقوم بمناقشتها مع رئيسه ويحددان معا سبل الوصول اليها ويتفقان على الواجبات والطرق والاساليب المختلفة لبلوغ هذه الأهداف .وللرئيس الحق في أن يعترض على الأهداف التي يحددها مرؤوسه أو طرق واساليب تحقيق هذه الأهداف أو يعدل فيها عندما يجد بأنه هناك مبررا لانه هو الذي يتحمل في النهاية مسؤولية الموافقة على اهداف المرؤوس .

د - يتم مراجعة التقدم نحو الأهداف بأنتظام فقد بينت الخبرة أن المراجعة ضرورية كل ثلاثة اشهر بالتفصيل في حالة رجال الادارة العليا إذ أن مجرد تحديد الأهداف ومراجعتها سنويا ليس كافيا فالمدراء لا ينتظرون في معظم الحالات مدة عام كامل حتى يعرفوا ما إذا كان مرؤوسوهم قد حققوا اهدافهم ام لا .فالمراجعة السنوية ليست كافية للادارة الكفؤة والفعالة أما بالنسبة للإفراد في المستويات الاقل فالعامل المحدد لعدد مرات المراجعة خلال مدة التقويم هو الفترة الزمنية اللازمة لتحديد صلاحية الهدف ومدى التقدم الحادث تجاهه وقد يتطلب الامر مراجعة شهرية بالنسبة لبعض الاعمال أو الوظائف كما في المستوى الاشرافي الاول .

هـ- بعد أن تنتهي المدة المحددة لتحقيق الأهداف يقوم المرؤوس بتقويم نفسه موضحا في هذا التقويم ما أنجزه من اعمال للوصول إلى الأهداف التي سبق تحديدها معززا ذلك بحقائق رقمية توضح تقويمه وتثبت صحته ثم يقوم بتقديم هذا التقويم إلى رئيسه ليناقشاه معا ويحددان سبل تحسين الأداء ويستعرضا ما قد يكون هناك من مشاكل أو اخطاء أو معوقات اثناء التنفيذ وكيف علاجها أو تفاديها ثم يتفقان على اهداف اخرى وواجبات

ومسؤوليات محددة لمدة اخرى مقبلة ويجب أن يكون الرئيس في هذا الجانب مرشدا وصبورا يساعد مرؤوسيه على وضع الأهداف المناسبة ويراقبهم ويوجههم حتى لا يضع اهدافا مستحيلة أو لا تتوفر لها فرصة كبيرة للتحقيق .

و- حتى يمكن السيطرة على برنامج التقويم فمن الضروري أن يكون لدى كل رئيس ملخص بالاهداف في استمارة خاصة تبين بسهولة وبوضوح اهداف مرؤوسيه ويمكنه أن يتابع عن طريقها التقدم نحو تحقيق الأهداف .

ز- من الضروري أن يراجع رئيس الرئيس اداء الفرد وتقويم الرئيس المباشر له ولهذا فوائد عديدة من بينها زيادة درجة الموضوعية واعطاء الفرصة لاعادة النظر في التقويم وكذلك الصورة التي تكون لدى الرئيس الاعلى عن قدرات مرؤوسيه المباشرين وغير المباشرين ومن المفيد في عملية المراجعة أن تشارك نفس الجماعة التي شاركت في وذلك حتى تكتسب الخلفية والخبرة عند المشاركة وفي وضع الأهداف للفترة القادمة .

ولهذه الطريقة مزايا عديدة منها أنها تولى اهمية كبيرة للاداء المستقبلي للإفراد وتهدف إلى تنمية قابليتهم على تحديد اهدافهم وتحديد سبل تحقيقها وتحليل قدراتهم والحكم على ادائهم بانفسهم وبالاضافة إلى هذا فأن عملية التقويم حسب هذه الطريقة تركز على انجازات أو جوانب سلوك محددة في اداء الفرد ولا تعتمد بشكل كلى على قياس سمات أو صفات الفرد أو تعميم الحكم على ادائه هذا بخصوص المرؤوسين.

أما بخصوص الرؤوساء فأن هذه الطريقة تقوم الرئيس في نفس الوقت الذي تقوم فيه المرؤوسين كما انها تعتبر تدريبا للرئيس وتنمية لمهاراته. وبالاضافة إلى ما تقدم فأنها تحسن الاتصال بين الرئيس والمرؤوس وتقوى علاقتهما عن طريق اللقاءات والمناقشات المستمرة وتبادل وجهات النظر والافكار والمقترحات .

الفصل الثامن

تدريب العاملين

أولاً :- التدريب ... المفهوم ، والأهمية

ثانياً :- تدريب العاملين ... الفوائد

ثالثاً :- تصميم العملية التدريبية

رابعاً :- معايير تقويم مدى فعالية البرنامج التدريبي للعاملين.

خامساً :- طرق تدريب العاملين.

تدريب العاملين

أولاً: التدريب ... المفهوم والأهمية:

يمكن إيراد التعاريف الآتية للتدريب وهي : -

1- التدريب هـو العمليـة المنظمـة التـي يـتم مـن خلالهـا تغيـير سـلوكيات ومشاعر العاملين من أجل زيادة وتحسين فعاليتهم وأدائهم .

2- التدريب هو الاجراء المنظم الذي يستطيع الأفراد مـن خلالـه اكتسـاب مهارة أو معرفة جديدة تساعدهم على تحقيق أهداف محددة .

3- الجهد المخطط والمنظم مـن قبـل المنظمـة لتزويـد العاملـين بمعـارف معينـة وتحسين وتطوير مهارتهم وقدراتهم وتغيير سلوكهم واتجاهاتهم بشكل بناء.

وتتضح أهمية التدريب في المنظمات من عدة زوايا أهمها :

1-ان التدريب هو صفة المنظمـات الحديثـة التـي تحـرص عـلى مواكبـة كـل تغيير في المجـالات التكنولوجيـة والإداريـة . فبـدون قـوة بشريـة مطورة وقادرة على استيعاب التغيير لن تستطيع المنظمة تحقيق أهدافها.

2- وحيث ان التدريب يحسن من قدرات الفرد وينمي مهاراتـه فأنـه ومـن هذا المنطلق يساهم مباشرة في تحسـين المسـتوى الاقتصـادي والاجتماعـي للفرد ويزيد من درجة أمانه الوظيفي .

3- ان كل العاملين تقريباً في المنظمة يحتاجون للتدريب . فهو لا يقتصر على موظف دون آخر أو وظيفة دون أخرى فالموظف الجديد يحتاج إليه لضمان اتقانه للوظيفة الجديدة المكلف بها ، ويحتاجـه الموظـف القـديم لزيادة مهاراته وإدارة عمله أفضل .

ثانياً: تدري العاملين ... الفوائد:

سواء كان التدريب على استخدام مكائن جديدة ، أو على الأساليب القيادية والاشراف ، أو من أجل زيادة قدرات رجال التسويق على مهارات التفاوض وعقد صفقات الشراء والبيع وسواء كان التدريب للمدير أو الموظف ، للمحاسب أو للمهندس ، داخل المنظمة أو خارجها ، فلابد ان يقترن بفوائد واضحة ومحددة بالنسبة لجميع العاملين في المنظمة . وسنحاول هنا حصر نوعين من الفوائد على مستوى الفرد والمنظمة :

1- فوائد التدريب للمنظمة :

- تحسين ربحية المنظمة .

- تحسين المعارف والمهارات الخاصة بالعمل في كل مستويات المنظمة .

- تحسين معنوية العاملين .

- يساعد العاملين في التعرف على الأهداف التنظيمية .

- تحسين نوعية الإنتاج وزيادة كميته .

- تقليل التكاليف في المجالات الفنية والإدارية .

- تنمية مناخ مناسب والاتصالات بين العاملين في المنظمة .

- تخفيض الحوادث واصابات العمل .

2- فوائد التدريب للأفراد :

- يساعد الأفراد على اتخاذ القرارات الاحسن ، كما يزيد من قابلياتهم ومهاراتهم في حل المشاكل التي تواجههم في بيئة العمل.

- يساعد الأفراد على الإنجاز والثقة بالنفس .

- يساعد العاملين على التغلب على حالات القلق والتوتر والاغتراب والصراع داخل المنظمة .

- يقدم للأفراد معلومات جيدة عن كيفية تحسين مهاراتهم القيادية والاتصالات والاتجاهات .

- يفتح المجال للفرد نحو الترقية والتقدم الوظيفي .
- يقلل التدريب من أخطاء العاملين ومن حوادث العمل .
- يتيح للفرد تكوين مهارات جيدة في مجالات العمل والحديث والاستماع .
- يعمق الاحساس بالرضا الوظيفي والإنجاز .
- يقلل من دوران العمل نتيجة لازدياد الاستمرار والثبات في حياة العاملين وزيادة رغبتهم في خدمة المنظمة والاخلاص لها .

ثالثاً: تصميم العملية التدريبية:

يصور لنا الشكل التالي ان عملية التدريب تتكون من أربعة مراحل هي : تحديد الاحتياجات التدريبية ، ووضع خطة التدريب ، ثم مرحلة تنفيذ التدريب ، وتقويم فعالية البرنامج التدريبي . وفيما يلي شرح لهذه المراحل .

شكل (7)

مراحل العملية التدريبية

تحديد الاحتياجات التدريبية	تحديد الأهداف من برنامج التدريب	تنفيذ التدريب	تقويم ومتابعة فعالية التدريب
- مستوى المنظمة	- الوضوح	تصميم البرنامج	- معايير قياس الفاعلية
- مستوى الوظيفة	- قابلية القياس	- ادارة البرنامج	- المتابعة
- مستوى الفرد		- تحديد طرق التدريب	

1- مرحلة تحديد الاحتياجات التدريبية :

في اطار تخطيط الاحتياجات التدريبية للمنظمة بإمكاننا الإشارة إلى ان الاحتياجات التدريبية لا تخرج عن ثلاث مستويات :

- مستوى المنظمة .

- مستوى الوظيفة .
- مستوى الفرد .

وفيما يلي مناقشة لهذه المستويات الثلاثة :

أولاً: تحليل الاحتياجات على مستوى المنظمة:

لما كان التدريب مرتبط بالسياسات الأخرى في المنظمة ويساهم في تحقيق أهدافها بكفاءة عالية ، لذلك لابد من قيام إدارة الموارد البشرية باجراء تحليل لأهداف المنظمة ومواردها وخططها والمراحل الزمنية لبلوغ تلك الأهداف ومدى فعالية الموارد المتاحة (البشرية والمادية) في بلوغ تلك الأهداف .

وبإمكان الإدارة وهي بصدد تحليل المتغيرات السابقة الاستعانة بعدة مؤشرات كمعدلات الإنتاجية ، وتكلفة العمل ، والغياب والتأخير ، ودوران العمل، والحوادث ، المناخ التنظيمي ومعنوية العاملين ... وهكذا ، حيث تلقي هذه المؤشرات ضوءاً على احتياجات التدريب كما ان هذا النوع من التحليل يساعد في تحديد الاطار العام لمحتوى واتجاهات واسبقيات ومواقع التدريب .

ثانياً: تحليل العمليات والوظائف:

ان تحليل العمل أو الوظيفة كما رأينا سابقاً يساعد على تحديد معايير العمل في وظيفة معينة وكذلك تحديد الأدنى للصفات والمهارات والقدرات والمؤهلات المطلوبة في شاغل الوظيفة لكي يتمكن من تحقيق الأداء الجيد. وعلى ذلك يتم في هذه الخطوة مقارنة الطريقة التي يتبعها الفرد في أداء عمله (أي تقويم أدائه) مع وصف الوظيفة ومواصفاتها. وكذلك الوقوف على رأي المشرف المباشر في الطريقة التي يؤدي بها الموظف عمله وما إذا كانت تحتاج إلى تحسين وما هي تفاصيل ذلك التحسن. ومن المستحسن أيضاً أخذ رأي الموظف نفسه في الطريقة التي يجب ان يؤدي بها العمل ، وتقوم الإدارة بمقارنة هذه المعلومات جميعاً للتوصيل إلى الطريقة المناسبة وتحديد التدريب المطلوب للالمام بها .

ثالثاً: تحليل الفرد:

تنصب عملية التحليل هنا على الموظف نفسه وليس على العمل ، حيث تقوم الإدارة بتحليل الفرد ، فتدرس قدراته الحالية والقدرات والمهارات الجديدة التي يمكنه تعلمها واستيعابها وتطبيقها في عمله الحالي والمستقبلي .

ولتقدير الاحتياجات التدريبية في أي من المستويات الثلاثة سواء كانت آنية أم مستقبلية ، يمكن استخدام عدة أساليب لجمع المعلومات والتي من بينها المقابلة ، والاستبيان ، والملاحظة ، وتقارير العمل ، وتقارير تقويم الأداء والاختبارات المختلفة .

2. مرحلة تحديد الأهداف من البرنامج التدريبية للعاملين :

عندما تتحدد الحاجة الفعلية للتدريب ويتضح للإدارة أنه هناك عدم قدرة على الأداء (وليس عدم رغبة) – تبدأ المرحلة الثانية من مراحل تصميم عملية التدريب ، وهي مرحلة تحديد الأهداف الموجودة من البرامج التدريبية المزمع تنفيذها . ولابد ان تحدد هذه الأهداف بشكل واضح وصحيح وقابل للقياس من أجل تنفيذ المراحل اللاحقة من عملية التدريب بالشكل السليم .

ومن ناحية أخرى لابد ان تحدد أهداف التدريب وفق المعايير الآتية:
- لابد ان تساهم في تصحيح القرارات المستقبلية .
- لابد وان تكون في حد ذاتها معياراً يقاس عليه الأداء المطلوب بعد التدريب .
- لابد ان تكون قابلة للقياس كما ونوعا ، سواء من حيث الوقت ، أو التكلفة أو جودة الأداء .

3. مرحلة تنفيذ التدريب :

تتضمن هذه المرحلة ثلاثة جوانب مترابطة متكاملة هي :
أ - تصميم البرنامج التدريبي .
ب- إدارة البرنامج التدريبي .

جـ- تحديد الطرق المستخدمة في التدريب .

وفيما يلي مناقشة لهذه الجوانب :

أ - تصميم البرنامج التدريبي للعاملين :

تصـميم البرنـامج التـدريبي عمليـة تعنـي بتحديـد الأهـداف التدريبيـة والتعليمية وانتقاء مفردات البرامج وتتابعها وتوقيتاتها والأساليب التدريبية التي ستعتمد وشروط المشـاركة بالبرنـامج ومعـايير تقـويم وقيـاس فاعليـة البرنامج .

ب - إدارة البرنامج التدريبي للعاملين :

المقصود بإدارة البرنامج التدريبي مجموعـة التحضـيرات والاجـراءات والأعمال التي تتطلبها طبيعة إقامة البرنامج التـدريبي . وعـلى الـرغم مـن اختلاف هذه الفعاليات باختلاف الجهة التي تقيم البرنامج ، فان على إدارة البرنامج التدريبي مراعاة القيام بأمور عديدة من أجل ضمان حسن تنفيـذ البرنامج ، هذه أهمهما :

- **بالنسبة للمتدربين** : التأكد من والعمل على وصول دعوات الاشتراك الـيهم والموافقة من الجهات ذات العلاقة على اشتراكهم ، وجود قوائم بأسـمائهم ومؤهلاتهم ووظائفهم وعناوينهم ، استقبالهم وتهيئة أمـاكن الإقامـة لهـم ان تطلـب الأمـر ذلـك. تـامين وصـولهم إلى مكـان التـدريب وعـودتهم في أوقات محددة .
- **بالنسبة للمدربين** : التأكيد من والعمل على سلامة الاتصالات بـين المـدرب والجهـة المنظمـة للبرنـامج ، تهيئـة وصـول المـدرب إلى المكـان الـذي فيـه البرنامج في الوقـت المحـدد ، تـوفير المسـتلزمات التـي يحتاجهـا المـدرب ، الحرص على تقديمه للمشاركين بكلمات مناسـبة ، دفـع المخصصـات التـي يستحقها في الوقت المناسب.
- **بالنسبة للتسـهيلات التدريبيـة** : التأكـد مـن والعمـل عـلى وجـود أمـاكن مناسبة للتدريب ، وجود بطاقات بأسماء المشاركين ، وجود أجهزة صـالحة للعرض ، وجود المواد التدريبية المطبوعة .

- **بالنسبة لانعقاد البرنامج** : التأكد من العمل على افتتاح البرنامج في الوقت المناسب ، شرح أهداف البرنامج ومتطلباته للمشاركين ، تسجيل الحضور اليومي ، توزيع استمارات التقويم ، توزيع شهادات التخرج ، تهيئة كتب الالتحاق والانفكاك للمشاركين .

- **بالنسبة لما بعد انتهاء البرنامج** : التأكد من والعمل على كتابة التقرير النهائي للبرنامج ، توجيه مذكرة إلى إدارة الحسابات تتضمن المدربين وعناوينهم لصرف أجورهم ، تسليم إضبارة البرنامج إلى سكرتارية التدريب لحفظها بأسلوب يمكن الرجوع إليها بسهولة عند الحاجة .

جـ - تحديد الطرق المستخدمة في تدريب العاملين :

بعد ان عرفنا من سيلتحق بالبرنامج التدريبي ، وهيأنا الاحتياجات التدريبية يبقى بعد ذلك ان نحدد طرق التدريب التي ستستخدم ، بالنظر للتعدد الكبير في هذه الطرق ، ولما تتميز به كل طريقة من إيجابيات وسلبيات ، وسوف نتناول هذه الفقرة في فقرة مستقلة لاحقاً .

4- مرحلة تقويم ومتابعة فعالية التدريب :

التدريب كأي من وظائف الأخرى لإدارة الموارد البشرية ، لابد من تقويمه ومتابعته لغرض تحديد مدى فعاليته . وذلك لان وجود الكادر التدريبي ، أو مجموعة من المحاضرات أو المواضيع لا يضمن حدوث التعلم لدى المتدرب . وعليه فان مسؤولية إدارة الموارد البشرية لا تنحصر في تحديد الحاجة إلى التدريب ومن يحتاج إليه ونوعية ذلك التدريب ، بل تمتد بأساليب علمية ان هذه الاحتياجات قد تمت تلبيتها بواسطة البرنامج التدريبي . ومن المؤسف له حقاً ان نجد ان غلب المعلومات التي نحصل عليها بشأن تحقيق الأهداف واكثر الأساليب التدريبية فعالية في بلوغها ، هي معلومات مبتسرة وغير دقيقة .

ويمكن تعريف تقويم التدريب بأنه :

(الاجراءات التي تستخدمها الإدارة من أجل قياس كفاءة البرنامج

التدريبي ومـدى نجاحـه في تحقيـق الأهـداف المحددة ، وقياس كفـاءة المتدربين ومـدى التغييـر الـذي احدثه التـدريب فيهم ، وكذلك لقياس كفاءة المدربين الذين قاموا بتنفيذ العمل التدريبي).

ويفهم من ذلك إننا بحاجة ماسة إلى القيام بعملية التقويم لعـدة أسباب لعل أبرزها ما يلي

- التأكد من أن البرنامج يعمل وفقاً للأهداف التي وضعت له.
- لمعرفة مدى تلبية البرنامج للأحتياجات السلوكية للمشاركين.
- لمعرفة مدى تلبية البرنامج للاحتياجات والتسهيلات المادية لبيئة العمل.
- لتحديد مدى فعالية وملائمة أساليب التدريب المعتمدة.
- مدى ملائمة المواد التدريبية المستخدمة (كالمحاضرات، المناقشة، تمثيل الدور، حالات دراسية....).

رابعاً: معايير تقوم مدى فاعلية البرنامج التدريبي للعاملين:

هناك أربعة معايير يمكن لـلإدارة أستخدامها في تقويم مـدى فاعليـة البرنامج التدريب هي:-

- ردود أفعال المتدربين.
- التعلم الذي اكتسبه المتدرب.
- سلوك المتدرب في العمل.
- النتائج على مستوى المنظمة.

وفيما يلي شرح لهذه المعايير:-

1- ردود أفعال المتدربين:

ويقصد بها مدى رضا المشاركين ويمكن قياس ذلك من خلال استمارة استقصاء تحتوي على أسئلة عديدة مثل : شعور المتدرب بالإستفادة مـن الدورة، وأي الجوانب يعتبرها أكثر فائدة مـن غيرهـا، وأيهـا أكـثر صعوبة أو سهولة ... وهكذا وميزة هذا المعيار سهولة قياسه إلاّ إن صـدق البيانـات في التعبير عن

مدى تعلم الفرد أو مدى ما أكتسبه فعلاً من معلومات أو مهارات يبقى موضع تساؤل ذلك لان تصور وادراك الفرد للآثار التي يتركها البرنامج على معلوماته ومهاراته شيء أخر.

2- التعلم الذي أكتسبه المتدرب

أي المبادئ والحقائق والطرق والأساليب التي تعلمها أو أدركها الموظف نتيجة لاشتراكه في لبرنامج التدريبي. ورغم أن هذا المعيار يقيس التغير المباشر الذي أحدثه التدريب لدى الموظف، ورغم أن هذا المعيار أكثر موضوعية ودقة من المعيار السابق، ولكنه يقيس ما في ذاكرة الفرد وليس سلوكه الفعلي في العمل.

3- سلوك المتدرب في العمل

أي قياس مدى التغير الحاصل في سلوك الموظف في العمل نتيجة لأشتراكه في البرنامج التدريبي ومقارنته مع سلوكه السابق قبل المشاركة بالدورة التدريبية كأن تلاحظ الإدارة أو المشرف المباشر عدد الأخطاء التي يرتكبها في العمل أو تلاحظ غياباته، أو علاقاته مع زملائه في العمل أو شكاوى المراجعين .... وهكذا.

4- النتائج على مستوى المنظمة:

وهنا نقيس آثار التدريب على المنظمة ككل وليس الفرد المتدرب. كأن نلاحظ التكاليف، أو كمية الإنتاج ومستوى جودته، المبيعات، الربحية، معدل دوران العمل، شكاوى الزبائن... وواضح إن هذا المعيار يقيس عائد التدريب بالنسبة لأهداف المنظمة مباشرة وهو يمثل الاختبار النهائي لفاعلية التدريب لكن هذا المعيار يضع أعباء غير واقعية على ما يمكن أن يحققه أي برنامج تدريبي نظراً لتدخل العديد من العوامل الخارجية التي قد يفشل كل من المتدرب وإدارة التدريب في التحكم فيها.

خامساً: طرق تدريب العاملين:

يمكن تصنيف طرق التدريب إلى مجموعتين أساسيتين هما :

- التدريب في موقع العمل .

- التدريب خارج العمل .

والآتي شرح لمكونات هاتين المجموعتين :

1- التدريب في موقع العمل On – The – Job Training

يعتبر التدريب في موقع العمـل أو اثنـاء العمـل مـن اقدم أسـاليب التدريب وأكثرها انتشاراً حتى يومنا هذا ، ولا سـيما في المجـال الصنـاعي . ويعود سبب انتشاره في الصناعة الحديثـة إلى ان هـذه الصنـاعة تتصـف بسهولة تعلمها في فترة قصيرة . ومن مميزات هـذا الأسـلوب ان مسـؤولية التدريب تتركز في شخص واحد بدلاً من توزيعها بين إدارة المـوارد البشـرية والمشرف على العامل ، الأمر الذي يزيد من فاعلية التدريب . كمـا ان هـذا التركيـز يـؤدي إلى الاقتصاد في النفقـات والأفراد اللازمـين لإدارة برنامج التدريب . أضف إلى ذلك ان مكان التدريب هو ذاته مكان ممارسة العمل الحقيقي الأمر الذي يربط الفرد مادياً ونفسياً بجو العمل وبعكس الحـال عندما يتم التدريب خارج موقع العمل . ومـن بـين اكـثر الطرق تجسـيداً لهذا الأسلوب ، التلمذة الصناعية، التدوير الـوظيفي ، والتدريب المـبرمج ، والتوسع الوظيفي.

أ - التلمذة الصناعية : Apprenticeship :

تهدف هـذه الطريقـة إلى تحسـين مهارة الفـرد واعداده للعمـل في مهنة معينة. ويتضمن برنامج التلمذة الصناعية تعليماً نظرياً وعملياً لفترة معينة يعقبه تدريب على العمل ذاته بأحد المصانع. ويعرف هـذا النـوع مـن التدريب بالتدريب المهنـي أيضاً. وقـد أصبح خاضعـاً للتنظيـم والتشريعات الحكومية في الكثير من الدول وذلك لمنع الاستغلال الـذي قـد يمارسـه صاحب العمل للأطفـال. فنظمت الأجـور وسـاعات العمـل كمـا حددت الأعمال التي يشملها التدريب.

ب - التدوير الوظيفي Job Rotation :

وبموجب هذا الأسلوب ينتقل الموظف من عمل إلى آخر داخل القسـم الواحد أو بـين الأقسـام والغـرض مـن هـذا التنقـل " الجغرافي " هـو ان يتقن

الموظف عدداً من العلميات المتشابهة أو التي يكمل بعضها بعضاً. من أجل تكوين صورة شاملة عن طبيعة عمله. وقد يكون الانتقال بين هذه الوظائف خلال يوم واحد أو خلال أسابيع أو اكثر. وقد يطلب من الموظف التدريب على كيفية تشغيل آلة معينة ، أو أعداد تقرير ، أو إدخال برنامج في الحاسوب ، ويحدد بعد ذلك موقع العمل الدائم على ضوء اجادة الموظف لأي عمل من الأعمال التي تدرب عليها.

جـ - التدريب الوظيفي المبرمج Job Instruction Training :

هناك بعض الوظائف التي تحتاج إلى اتباع خطوات متلاحقة وبترتيب منطقي للعمليات. ويقوم المشرف على الموظف بممارسة هذه الخطوات أمام المتدرب الذي يقوم بعد ذلك بأدائها. ويتم التصحيح فورياً حتى يتأكد المدرب من ان المتدرب يستطيع القيام بالمهمة بشكل الصحيح ودون مساعدة.

د - التوسع الوظيفي : Job Enlargement:

ومن أجل اكساب الموظف خبرة أوسع في مجال عمله فقد تسند إليه واجبات اضافية ، وحرية أكبر في اتخاذ القرارات. وغالباً ما يتم استخدام هذه الطريقة مع المديرين ، أو ذوي المهن الرفيعة أو الموظفين المهرة في مجال معين.

2 - التدريب خارج العمل : Off - The - Job Training

تلجأ المنظمة إلى اتباع هذه الطريقة - أي ارسال موظفيها للتدريب في أماكن بعيدة عن عملهم الحالي - عندما تقتضي بعض الأعمال مستويات عالية من المهارة لا يمكن توفيرها عـن طريـق كادرها المتقدم أما لضيق الوقت أو لعدم توفر الجهاز التدريبي الكفوء داخل المنظمة. ومن مزايا هذا الأسلوب ان التدريب لا يترتب عليه أي تعطيل لعملية الإنتاج في المنظمة ، ولكن يعاب عليه انه باهض التكاليف ويحتاج إلى درجة عالية من المهارة والكفاءة كما يحتاج إلى تجهيزات خاصة في بعض الاحيان.

ومن اشكال التدريب خارج موقع العمل ما يتبع في تـدريب وتنميـة المديرين وتهيأتهم لأعمال ومواقف مستقبلية . وبالإمكان تحقيـق هذا النوع من التدريب

عن طريق المحاضرات ، والندوات والمؤتمرات ، ودراسة الحالة ، وتمثيل الدور، والمباريات الإدارية ، والوسائل السمعية والبصرية.

أ - المحاضرات Lectures :

اكثر أنواع التدريب الخارجي شيوعاً ومن أقدم الطرق. وبالإمكان ان تكون هذه الطريقة مفيدة وناجحة عندما يتطلب الموضوع ضرورة دراسة وتحليـل بعـض النـواحي الفلسـفية أو الأفكار والمفـاهيم المسـتخدمة أو الاتجاهات في الإدارة والنظريات المعمول بها أو تنمية القـدرات العلميـة على مواجهة المشاكل وحلها. فالمحـاضرات أسـلوب فعـال في العديـد مـن الحقول الإدارية والفنية.

إلا ان اهم نقد يوجه إليها انها لا تمنح الدارس فرصـة التعبير عـن رأيـه أو اجراء المناقشة وتقديم المقترحات في بعض جوانب المحاضرة ، وبالإمكان تجاوز ذلك عن طريق افساح المجال للمناقشة المقترحة.

ويمكن ان تزداد فعالية المحاضرات كأسلوب تدريبي إذا كانـت تمثـل جزءا من طريقة تدريبية أخرى.

ب - الندوات والمؤتمرات وحلقات العمل :

هذه الطريقة التدريبية تسمح بالحركة والتفاعل داخل قاعة النـدوة أو المؤتمر بين المدرب والمتدربين ، وبين المتـدربين أو المشـاركين أنفسـهم. (فهي إذن وسيلة متعددة الاتصالات). وغالبـاً ما تطرح في هـذه اللقـاءات موضوعات في المشاكل التنظيمية ، والسياسات الإدارية ، والعلاقات العامـة ، أو أي موضوعات أخرى لها علاقـة بطبيعـة عمـل المنظمـة واهتماماتهـا المستقبلية. ويتوجب على قائد الندوة أو المؤتمر أو الحلقـة ان يكون عـلى درجة عالية من المهارة في المواضيع المطروحة لضمان النجاح الجيد للمؤتمر أو الندوة أو الحلقة.

جـ - دراسة الحالة Case Study:

وتسـتخدم هـذه الطريقـة التدريبيـة للقيـادات الإداريـة العليـا والوسطى. وتنمي هذه الطريقة في المتدرب القدرة على التحليل والاستنتاج المنطقي ،

والقدرة على حل المشكلات. وتبدأ هذه الطريقة أما بعرض الحالة بدون مقدمة ، أو البدء بمقدمة نظرية عن الموضوع ثم طرح الحالة بعد ذلك. وغالباً ما ترتبط الحالة بطبيعة عمل المتدرب.

ومثل ذلك ما يقوم به الأستاذ في الجامعة أو المدرسة. إذ يشرح بعض المبادئ أو القوانين أو النظريات الرياضية والمحاسبية ثم يعطي الطالب تمارين تطبيقية للوقوف على مدى فهمه لتلك المواضيع وقدرته على استخدام مهارته لحل تلك التمارين. ومن مزايا هذه الطريقة أنها تنمي عند المتدرب القدرة على والبحث والتقصي ، والقدرة على التفكير المنطقي في الأمور ، كما انها توضح له تعدد الاتجاهات والآراء حول حل المشكلة من بقية المتدربين.

د - تمثيل الدور Role Playing :

تمثيل هذه الطريقة في استحداث موقف معين أو حالة أو مشكلة من المشاكل الشائعة الحدوث في المنظمات نتيجة للعلاقات التنظيمية أو الإدارية أو الإنسانية ، ثم يقوم المدرب باعطاء المتدرب دوراً معيناً في المشكلة المطروحة ويطلب منه القيام بتمثيله واتخاذ كل القرارات الخاصة به. وفي الوقت نفسه يعطي لمتدرب آخر دوراً آخرا تتطلب المشكلة وجوده. كأن يمثل الأول دور المشرف الذي يضبط موظفاً لا يطبق تعليمات الإدارة في عمله اليومي ، فيما يقوم المتدرب الثاني بدور الموظف ومن خلال النقاش بينهما تبرز سلوكيات واتجاهات متعددة يعلق عليها المدرب والمتدربون.

هـ - المباريات الإدارية Management Games :

تشير طريقة المباريات الإدارية إلى استخدام أو استحداث موقف تدريجي يشابه إلى حد بعيد مواقف العمل الطبيعية التي يعمل فيها المتدربون. ويقوم كل عضو من اعضاء الدورة التدريبية بدور معين في ذلك الموقف. ويمكن تصوير هذه الطريقة في احد صورها كما يلي :

أ. تقسم المجموعة المشتركة في الدورة إلى مجموعتين متنافستين يمثل كل منهما منظمة أو قسم معين .

ب. تقوم المجموعتان بتحديد المشكلة المراد مناقشتها أو تحليلها في الاجتماع.

ت. تختار كل مجموعة مديراً لها يكون بمثابة مدير للمنظمة المقترحـة أو القسم المعني ، كما تحدد مراكز بقية الأعضاء.

ث. تقوم المجموعتان بدراسـة وتحليـل الموضـوعات المطروحـة في صـورة مناقشة مفتوحة ، وحوار وجدل ونقد بالشكل الذي يؤدي إلى قرارات معينة.

ج. بعد الانتهاء من المشكلة يقوم المتدرب بنقد وتحليل كل مـا جـرى في الاجتماع بما في ذلك القرارات التي اصدرتها كل مجموعة.

و - الوسائل السمعية والبصرية Audio – Visual :

تستخدم هذه الطريقة الوسائل السـمعية والبصرـية الحديثـة مثل الفيديو، والدوائر التلفزيونية المغلقة ، والوسائل التقليديـة مثل السـبورة، والافلام ، آلات عـرض الشرـائح ويتأكـد نجـاح هـذا الأسـلوب التـدريبي باسـتخدامه جنبـا إلى جنـب مـع طـرق التـدريب الأخـرى كالمحـاضرات والندوات.

الفصل التاسع

ترقية ونقل وانضباط العاملين ... والتقاعد

أولا: ترقية وترفيع العاملين

ثانياً: نقل العاملين ... والتقاعد

ثالثاً: انضباط العاملين

ترقية ونقل وانضباط العاملين ... والتقاعد

أولاً: ترقية وترفيع العاملين:

أ - مفهوم الترقية و الترفيع:

تعني الترقية ، (نقل الشخص من عمل أو وظيفة ذات مسؤولية محـددة إلى عمل أو وظيفة أخـرى ذات مسـؤولية اكبر وموقع أعـلى في السـلم الإداري الوظيفي) ، ويصاحب الترقية عادة زيادة في الامتيازات الوظيفية التي يتمتع بها الشخص المرقى وحرية اكبر في التصرف كما أنه يترتب عليها في الاغلب وليس دائما زيادة في الراتب أو الاجر .

وقد يطلق اكثر من مصطلح للإشارة إلى عملية التقـدم الوظيفي التي ينالهـا العاملون في المـنظمات الاداريـة فقـد يطلـق مصطلـح (الترقيـة) أو مصطلح (الترفيع) كمترادفين لمفهوم واحد . في حين قد يفرق البعض بـين (الترقية) التي تعني إسناد عمل أو وظيفـة جديـدة إلى الشخص تختلـف في طبيعة ونطاق مسؤولياتها عن العمل الحالي ، وبـين (الترفيع) الـذي قـد لا تترتب عليه تغيير في طبيعة ونطاق المسؤوليـات الوظيفيـة للشخص ولكن يترتب عليه زيادة في راتبه فقط .

وأياً كان المصطلح الذي يطلق على عملية التقـدم الوظيفي للعـاملين فأن أهمية الترقية أو الترفيع تنبع من مجموعتين أساسيتين مـن الحاجات، هما حاجات المنظمة وحاجات الفرد .

فبالنسبة لحاجات المنظمة ، يعتبر وجود سلم وظيفي متـدرج للمهـام والواجبات ونطاق الاشراف والمسؤولية عنصرا اساسيا في بناء أي منظمة ، هذا السلم لابد له من توفير افراد قادرين ومؤهلين عـلى اشغالـه للنهـوض بمحتوى

اعباء كل وظيفة فيه اضافة إلى ضرورة اختيار العناصر التي تسد الشواغر الوظيفية التي تحدث نتيجة خروج بعض العاملين وخاصة من الادارات العليا والوسطى والتخصصية .كذلك فأن المنظمة كائن ينمو ويتوسع ومن البديهي أن تكون هناك اهداف أو مشاريع جديدة اضافة إلى متطلبات التطور التكنولوجي التي تستدعي ايجاد تخصصات أو وظائف أو اعمال جديدة ، لذلك فأن وجود نظام للترقية اصبح الان جزء اساسيا من تنظيم الوظيفة العامة في مختلف الدول خاصة في الدول التي تعتبر الوظيفة العامة فيها مهنة ينقطع الإفراد لها فهي وسيلة الادارة لاجتذاب أفضل العناصر البشرية والاحتفاظ بها وحافزا اساسا للعاملين لتطوير وتحسين الاداء كما أنها تشكل وسيلة طبيعية ومستمرة لاعداد المشرفين والمدراء والقادة الاداريين والواقع أن وجود نظام واضح وموضوعي للترقية في المنظمة يوفر مناخا صحيا وايجابيا للعمل ، وبعكسه فأن سلوكيات التحلل والاحباط ستجد طريقها إلى العاملين .

أما بالنسبة لاهمية الترقية في اشباعها لحاجات الفرد فلا شك أنها تعتبر وسيلة فعالة في هذا الصدد ، إذ أن حاجات الإفراد العاملين تنمو وتتطور بمرور الزمن مما يستدعي اشباعها وتلبية الحاجات المشروعة منها . فالترقية يمكن أن تكون وسيلة فعالة لاشباع حاجات الإفراد المعنوية كالتقدير والتمييز والاعتراف وحرية التصرف والمسؤولية عن توجيه وادارة الاخرين وتحقيق الذات من ناحية ، اضافة إلى اشباعها للحاجات المادية للإفراد بحكم ما قد يصاحب الترقية من امتيازات وظيفية أو زيادة في الرواتب والاجور من ناحية ثانية .

على أنه يلاحظ أن الترقية لكي تلعب هذا الدور المحفز فلا بد لها أن تحمل معنى التقدير للفرد وأن تعمل المنظمة على الموازنة ما بين حاجاتها وحاجات الإفراد . فقد لا توازي مسؤوليات واعباء الوظيفة الجديدة الامتيازات التي سيحصل عليها الشخص المرقى ، كذلك فقد يترتب على الترقية نقل الشخص إلى وظيفة في مكان آخر خارج منطقة أو مكان سكناه أو مكان عمل

زوجته أو مدارس اولاده مما يخلق له مشاكل جديدة لا توازي ما سيحصل عليه من فوائد ورغم أن موضوع الوظيفة العامة قد يحمل معنى التكليف لاداء خدمة عامة ، بل والتشريف احيانا ، خاصة بالنسبة للمناصب القيادية ، فأن من سلامة تقدير الموقف وحسن اتخاذ القرار بالنسبة للادارة أن تراعي ما قد يترتب على ترقية بعض العاملين من مشاكل عائلية أو شخصية ومحاولة حلها أو التخفيف من اضرارها .

ويرتبط باهمية موازنة الادارة ما بين حاجات المنظمة وحاجات العاملين فيها ، أن بعض الإفراد قد لا يحبذون الترقية او لا يسعون اليها وذلك لاسباب عديدة ، كما لو كان الفرق في الآجر أو الراتب لا يقدم حافزا لقبول مسؤوليات أخرى ، أو لعدم رغبة البعض يترك زملاء العمل الذين تعود على العمل معهم، أو للرغبة في الاطمئنان وعدم قبول تحدى العمل الجديد ، كذلك فأن بعض المتخصصين والفنيين قد يحب عمله ومهنته ولا يرغب بتسلم مركز وظيفي اعلى قد يبعده عن ممارسة تخصصه على حساب ادارة الاخرين والاشراف عليهم . كذلك يرتبط باهمية الموازنة ما بين حاجات المنظمة وحاجات العاملين فيها فيما يتعلق بالترقية أن الفرص المتاحة امام الإفراد للترقية تتضاءل كلما ارتفع السلم الوظيفي أو الاداري لهم ، ذلك لان المنظمة تشكل في اطارها العام هرماً تتسع الوظائف في قاعدته ثم تأخذ بالتقلص كلما اتجهنا نحو قمته لذلك ينبغي أن تضع المنظمة معيارا أو اساسا واضحا بصدد مفهوم الترقية وتقرير هل أن الترقية ينبغي أن تقتصر ضمن اطار هذا الهرم – أى المنظمة – ام يمكن أن تتعدى ذلك إلى خارجة مع موازنة ما قد يترتب على أي من الخيارين من فوائد أو محاذير .

ب- أسس الترقية

أن اختيار الاساس أو المعيار الذي تعتمده المنظمة لسياستها بصدد الترقية فيها ليس بالامر الهين ، وذلك لارتباط الموضوع بعدة عوامل يعود بعضها إلى الموروث الحضاري وقيم البيئة الاجتماعية من جهة وكذلك المرحلة

التنموية التي يمر بها المجتمع الذي تتواجد فيه المنظمة من جهة ثانية ، ويعود من جهة ثالثة إلى طبيعة محتوى الوظيفة المطلوب الترقية اليها ومستواها في السلم الوظيفي . أن التطبيقات الحالية في مختلف دول العالم تشير إلى أن هناك ثلاثة اسس تقوم عليها نظم الترقية فيها هي : نظام الترقية بالاقدمية ، نظام الترقية على اساس الكفاءة ونظام الترقية الذي يمزج ما بين عنصري الاقدمية والكفاءة

1- نظام الترقية بالاقدمية

تعرف الاقدمية بشكل عام بأنها مدة الخدمة التي قضاها الشخص ويتركز اساس نظام الاقدمية على اقدم الممارسات الانسانية إذ يعتبر التمييز بين الإفراد على اساس الاقدمية قديما قدم الحضارة الانسانية ذاتها وكذلك فأنها تجد اسسها في التنظيم القبلي أو العائلي حتى الوقت الحاضر واساسها في العمل الاداري أنه من قضى ـ مدة اطول في العمل أو الخدمة فأنه يمتلك خبرة ومقدرة اكثر من الاخرين الذين قضوا مدة اقل .

وبمقتضى هذه الطريقة فأنه يكون للموظف الذي امضى ـ في الوظيفة أو الدرجة الادنى فترة زمنية اطول من تلك التي قضاها اقرانه من الموظفين الذين أتموا المدة المشروطة للترقية قانونا ، اولوية في الترقية إلى الوظيفة أو الدرجة الاعلى الشاغرة بمعنى أنه تتم ترقية العاملين للوظائف أو الدرجات الاعلى وفقا لترتيبهم من حيث الاقدمية في الوظيفة أو الدرجة الادنى .

أن الحجج التي في التطبيق بالنسبة للعاملين وكذلك بالنسبة للادارة فطول مدة الخدمة قرينة واضحة على خبرة الشخص المكتسبة وكفاءته .

د- أنها تشجع العاملين على البقاء في المنظمة وعدم تركها لاحتمال فقدهم لأقدميتهم عند ترك العمل وبالتالي فأنها تقلل من دوران العمل ، كما أنها من ناحية ثانية ستكون بمثابة مكافأة للعاملين على ولائهم للمنظمة.

خ- أن اعتماد الترقية كاساس للترقية سيدفع الادارة للاهتمام باجراءات واساليب اختيار العاملين لديها ابتداءا وكذلك تطوير قدراتهم باستمرار

لغرض تولى مراكز وظيفية اعلى .

أما الانتقادات التي ترد على معيار الاقدمية فيمكن اجمالها بما يلي:

أ- أن الاساس الذي تقوم عليه فكرة الاقدمية مشكوك في صحته فلا يمكن اثبات أن هناك علاقة طردية دائما بين طول الخدمة ومستوى الكفاءة والقدرة التي يمتلكها الإفراد فهناك فرق بين طول الممارسة وبين الكفاءة والقدرة .

ب- أن الخبرات المكتسبة من العمل تبدأ بالتناقص بعد مرور فترة معينة من ممارسته قد تكون بضعة اشهر أو سنة أو بضع سنين وفقا لطبيعة العمل الذي يمارسه الشخص وبالتالي فأن دور المدة في ممارسة عمل معين لا يضيف خبرات حقيقية وجديدة للعاملين .

ج- أن قدرات الإفراد واستعداداتهم للتعلم والاكتساب تختلف من شخص لآخر وعليه فقد يستطيع أحد الاشخاص استيعاب متطلبات العمل في فترة اقصر مما قد يستطيع ذلك شخص أخر أمضى مدة أطول فيه .

د- طول مدة الخدمة في العمل الحالي قد لا تكون قرينة على النجاح في العمل المستقبلي بحكم اختلاف متطلبات كل منهما وخاصة بالنسبة للترقية من وظائف لا تتضمن الاشراف أو توجيه الاخرين وظائف تتضمن ذلك كالوظائف الاشرافية ووظائف الادارة الوسطى والعليا . وينطبق نفس الامر بالنسبة للعناية والتدقيق في قواعد اختيار العامليم ابتداءا لانه مهما بذلت العناية في انتقاء العاملين ابتداءا فأنه يصعب التنبؤ بما ستكون عليه الحال في حياتهم الوظيفية فيما بعد .

و- أن اعتماد هذا المعيار سيؤدي بالنتيجة إلى دفع اشخاص غير اكفاء لتسلم مناصب مهمة في المنظمة مما يؤدي إلى جمودها اضافة إلى اضعافه لدور الادارة في تقرير سياسات الترقية فيها لانه سيشيع قيم عمل تركز على تفادى الاخطاء واتباع الروتين في الاداء وتهمل التركيز على المبادرة والابتكار

ز- أن اعتماد معيار الاقدمية لوحده سيؤدي إلى احباط Frustration طموح العاملين المجدين لاتهم سيعلمون أن مدة الخدمة وليس الكفاءة والتطور هي مقياس الترقية مما يترتب عليه احتمال ترك مثل هؤلاء للعمل من ناحية، اضافة إلى عدم امكانية جذب عناصر كفوؤة للمنظمة من خارجها.

ي- أن قاعدة الاقدمية لا تمتاز بالبساطة دائما فهي تثير اشكالات عديدة خاصة ما يتعلق منها بطريقة وتاريخ احتساب الاقدمية : فهل تحتسب على اساس مدة الخدمة ككل .

أم على اساس مدة الخدمة في العمل الحالي ؟ أم على اساس مجموعة مدة الخدمة اعمال مماثلة ومشابهة ... الخ ؟ وكذلك كيف يتم حسم الامر عند تساوى مدة خدمة اكثر من مرشح للترقية ؟ فهل يتم الرجوع إلى معيار آخر كالمؤهل العلمي أو السن ... الخ ؟ كذلك فانها تستلزم تحديد الافعال أو الموانع التي تؤثر في احتساب الاقدمية أو توقف تأثيرها في المفاصلة بين الإفراد المرشحين للترقية .

2- نظام الترقية على أساس الكفاءة أو الجدارة:

في ضوء هذه الانتقادات التي وجهت إلى اعتماد معيار الاقدمية في ترشيح واختيار العاملين للترقية فقد قيل أن أفضل معيار لاختيار الإفراد وترشيحهم للترقية هو معيار الكفاءة والجدارة ويقصد به أن ترشيح الإفراد للترقية ينبغي أن يتم في ضوء مواصفات الوظيفة ومتطلباتها واعبائها مقارنة بالمؤهلات والقدرات التي يمتلكها الاشخاص المرشحون ، والرشح الذي يتقدم الاخرين في مدى توفر المؤهلات والقدرات المطلوبة هو الذي ينال الترقية .

أن انصار هذا الاتجاه يرون أن هذا النظام يقوم على اساس موضوعي لانه ينطلق من متطلبات العمل أو الوظيفة واعتباره الاساس في اختيار الإفراد للترقية والمفاصلة بينهم . كما يرون أن اعتماد هذا المعيار سيوفر للمنظمة أفضل الاشخاص لشغال الاعمال والمراكز الوظيفية المطلوبة باعتباره في الواقع

تطبيقا لقاعدة الرجل المناسب في المكان المناسب وبالتالي فأنه يعتبر افضل استثمار للقوى العاملة في المنظمة ، كما أنه سيؤدي إلى تحفيز العاملين لتطوير قدراتهم ومستويات ادائهم . وهو إذا كان لا يحقق مبدأ المساواة في منح فرص الترقية لكافة العاملين فأنه يوفر مبدأ أهم هو مبدأ العدالة ، إذ ليس من العدالة أن يتساوى الكفؤ مع الخامل أو الكسول في فرص الترقي والتقدم لمجرد مضي مدة معينة في الخدمة .

وإذا كان معيار الجدارة أو الكفاءة يقوم على اساس نظري سليم وهو البحث عن الافضل من بين المرشحين ، فأن وضع هذا النظام موضع التطبيق يستلزم وضع الاساليب التي يمكن بواسطتها الكشف عن قدرات وجدارة الإفراد . ومن الاساليب المعروفة والمستخدمة في التطبيقات المختلفة في نظم الخدمة ما يلي .

الانتقادات الموجهة لنظام الجدارة أو الكفاءة :

تنصب معظم الانتقادات التي توجه لهذا النظام على الاسلوب أو الاساليب التي يمكن بها قياس كفاءة أو صلاحية الاشخاص العاملين أهمهما:

أ - انه يصعب قياس الأداء الحالية للشخص لارتباط حجم الأداء احيانا بعوامل أخرى خارجة عن إرادة الشخص كذلك فانه من الصعب قياس أو معرفة قدرة الشخص لاشتغال الوظيفة الجديدة بدقة كما لا يمكن التنبؤ بذلك في ضوء أدائه الحالي ، لاختلاف محتوى كل من الوظيفتين.

ب- كما وجهت انتقادات عديدة إلى امتحانات الترقية بمختلف صيغها ، وترتبط هذه الانتقادات بطبيعة الامتحان نفسه باعتباره أداء قاصرة وغير ملائمة للكشف عن قدرات وإمكانات الشخص .

جـ- اما بالنسبة إلى تقارير تقويم الأداء بمختلف أنواعها ،فان احتمال المحاباة وتحيز الرؤوساء يكون قائماً بشكل واسع ، اضافة إلى ما تستلزمه هذه التقارير من وقت وجهد كبيرين لاعدادها وادامتها وفقاً للتطورات التي تطرأ على العمل .

د- اما بصدد فترة التجربة فانها لا تصلح للكشف عن القدرات الحقيقية للموظف المرقى وذلك من ناحيتين ، أولهما ، ان الموظف يعلم أنه تحت فترة اختيار لذلك فأنه يبذل جهدا غير اعتيادي قد لا يبذله بعد انتهاء فترة التجربة وتثبيته في وظيفته الجديدة .وثانيهما أن فترة التجربة قد تمر من دون أن يتعرض فيها الشخص لكل أو بعض المواقف العملية التي تكشف فعلا عن قدراته .

و- أن النظام لا يوفر العدالة بين العاملين لعدم تساوي الفرص بالنسبة لشاغلي الوظائف التخصصية والفنية عموما مقارنة بشاغلي الوظائف ذات الطبيعة الادارية العامة ، حيث أن احتمالات الترقية بالنسبة للفئة الاخيرة هي اكبر منها بالنسبة للفئة الاولى بحكم طبيعة الخبرة المكتسبة يضاف إلى ذلك أن بعض العاملين قد تتاح لهم فرصة تنمية قدراتهم عن طريق الممارسة والعمل لأنواع مختلفة من المسؤوليات لم تتح لغيرهم ، كذلك فأن بعضهم قد تكون الظروف قد اتاحت لهم فرص المشاركة برامج تطويرية داخل أو خارج المنظمة اوسع من غيرهم .

ي- أن تطبيق هذا النظام يستدعي وجود نظام لوصف الوظائف والاعمال في المنظمة مع ضرورة تحديث هذا النظام بشكل مستمر كما يستدعي وضع ميكانيكية واضحة لتقارير تقويم الاداء ومعاييرها والجهة أو الجهات المسؤولة عن اعدادها ولمن يجري تقديمها بما لا يتوافر عمليا لدى معظم المنظمات الادارية حاليا . وفي حالة توافرها فأنه قد لا يستخدم أو يهمل جزئيا لان متطلبات العمل قد لا تتيح الوقت الكافي له .

3- الدمج ما بين الاقدمية والجدارة:

لقد رأينا أن لكل من نظام الاقدمية ونظام الجدارة مزاياه وعيوبه في التطبيق العملي ، لذلك فأنه يصعب الأخذ عمليا بأي من هذين النظامين لوحده . وربما كان الدمج ما بين النظامين يقلل من العناصر السلبية في كل

كنهما . كذلك فأنه اكثر ملاءمة لطبيعة البناء التنظيمي لأية منظمة ، فمن المعلوم أن حجم الوظائف التنفيذية والمساعدة هو عادة اكبر بكثير من حجم الوظائف الاشرافية والقيادية ، من ناحية كذلك فأن محتوى وطبيعة الوظائف الاولى يتسم بالنمطية والتكرار أو البساطة أو عدم المسؤولية عن اعمال الاخرين ويختلف عن محتوى وطبيعة الوظائف الثانية التي تستدعي الاشراف على اعمال الاخرين أو مراجعتها أو توجيهها وبالتالي ما تستلزمه كل منها من قدرات واستعدادات مختلفة لدى الإفراد لاشغالها ولذلك فأن نظام الاقدمية قد يكون اكثر ملاءمة للترقية في الوظائف الاولى ، في حين أن نظام الترقية على اساس الجدارة أو الكفاءة يكون اكثر ملاءمة للنوع الثاني . أو أن يجرى تصنيف الوظائف في المنظمة إلى فئات متعددة تتم الترقية في الفئات العليا منها على اساس الكفاءة وفي الفئات التي تليها على اساس الكفاءة أوالأقدمية ويمكن أن تعطي نسبة مئوية محددة لكل منهما أما في الفئات التي في القاعدة فيمكن اعتماد نظام الترقية بالأقدمية.

ثانياً: نقل العاملين ... والتقاعد :

أ- مفهوم نقل العاملين:

يعني النقل، (تغيير الوظيفة أو العمل الحالي للشخص إلى وظيفة أو عمل آخر مساو لها في المركز الوظيفي والمسؤولية والاجر من حيث الاساس) . وبذلك فأن النقل يعتبر بمثابة حركة افقية للشخص في المنظمة ، في حين أن الترقية تعتبر حركة عمودية للشخص نحو مواقع وظيفية أو مسؤوليات اكبر كما يختلف عن بعض العقوبات الأنضباطية أو التأديبية التي قد تعني تغييرا لوظيفة أو عمل الشخص نحو مواقع وظيفية ادني كما هو الحال في تنزيل الدرجة مثلا . على أنه ينبغي الاشارة إلى أن النقل قد يتضمن تغييرا طفيفا في مستوى المسؤولية والمركز الوظيفي ذلك لان مستويات المراتب أو الدرجات الوظيفية قد تحدد في العديد من المنظمات بشكل أو باطار واسع .

ويمكن اعتبار النقل بمثابة وسيلة علاجية بيد الادارة لملافاة أو مواجهة الحالات التي تقتضي تغييرا أو حركة في مواقع العاملين ، سواء أكان مثل هذا التغيير استجابة لمتطلبات العمل أو استجابة لظروف العاملين وبذلك فأن النقل من وجهة نظر الإفراد يمكن أن يمثل حافزا إيجابيا لهم كلما انسجم مع ظروفهم العائلية والشخصية أو توقعاتهم ورغباتهم المشروعة ، كما يمكن أن يمثل حافزا سلبيا بالنسبة لهم كلما ترتبت عليه آثار سلبية لاستقرارهم العائلي أو الشخصي أو الوظيفي من حيث مكان أداء العمل والإفراد الذين يعمل معهم . كما لو نقل الشخص إلى نفس الوظيفة أو العمل ولكن في مكان بعيد أو خارج منطقة سكناه أو كما لو نقل إلى موقع آخر ولكن لا تتوفر فيه اعمال اضافية أو مخصصات معينة ...الخ .

ب- انواع نقل العاملين :

يمكن تقسيم النقل من حيث طبيعة ودوافعه إلى الانواع الاتية :

1- من حيث النطاق ، فقد يكون النقل داخليا حين يتم من عمل إلى عمل آخر أو من مناوبة عمل إلى مناوبة عمل آخرى ضمن نفس الشعبة أو ما بين شعبة واخرى ضمن نفس القسم أو ما بين قسم واخر ضمن نفس الدائرة أو الوزارة مثلا . وقد يكون النقل خارجيا حين يتم اطار المنظمة كما لو تم نقل شخص من جامعة إلى جامعة اخرى أو من وزارة إلى وزارة اخرى .

2- من حيث المدة ، فقد يكون النقل مؤقتا لبضعة ايام أو اسابيع أو اشهر لملافاة نقص في العاملين في مكان آخر أو بسبب بعض متطلبات العمل الانية أو الموسمية كما لو تم نقل بعض العاملين من دوائر وزارة الداخلية للعمل في دائرة الجوازات والسفر خلال موسم الحج مثلا . أو نقل بعض العاملين للعمل في دوائر التسجيل بالجماعات عند بدء الفصل الدراسي أو لاغراض حصاد المزروعات ...الخ .ويعاد العاملون المنقولون إلى اعمالهم بعد انقضاء الحاجة اليهم .

3- من حيث الغرض ، اما كان النقل وسيلة علاجية بيد الادارة فأن الحالات أو الــدوافــع التــي تــدعوها لاجرائــه ستــكون كثــيرة ومتعــددة يمكن اجمال اهمها بما يلي.

أ- النقل استجابة لمتطلبات العمل ، كزيادة حجــم العمل أو توسيعه في مواقع معينة ، فتح اقســام أو مشـروعات جديـدة ، تقليل بعض الاعمال أو ربما الغائها والحاجة إلى توزيع العاملين الفائضين نتيجة لذلك . ويمكن القول بشكل عــام أن عمليـات اعـادة التنظيم التي تجرى في المنظمة يترتب عليها عادة اعادة توزيع العاملين فيها مما يعني نقل بعضهم إلى مواقع عمل أو مسؤوليات اخرى .

ب- النقــل استجابة لمتطلبــات استخدام وتطوير القــوى العاملـة فقـد يستخدم النقل لغرض اتخاذ إجراءات تصحيحية في ضوء نتائج تقارير تقويم الأداء ، كذلك فان تقـارير الأداء قد تشـير إلى تـوافر قـدرات معينة حالية أو محتملة لدى بعض العاملين وبالتـالي يتم في ضوئها نقل الافراد إلى اعمال تتلاءم وهذه القدرات أو الاستعدادات لغـرض استثمارها لصالح العمل والمنظمة .

كذلك فان نقل العاملين ما بين مختلف الاعمال والوظائف والمسؤوليات يعتبر وسيلة لاعداد الافراد لتولي مهـام وظيفـة اعلى وزيـادة خبراتهم ويعتبر اسلوب تدوير العمل (Job Rotation) الذي يتم بموجبه تغيير اعمال الافراد بطريقة مبرمجة ومخططة اسلوباً تدريبيا تلجأ إلية الكثير من المنظمات لاكتشاف قدرات العاملين أولاً ، ولاعدادهم لتولي مهام وظيفية أرفع في المنظمـة ثانياً، ويستخدم هذا الاسلوب بشكل واسع من قبل الإدارات اليابانية .

جـ – النقل استجابة لظروف الافراد ، فقد ينقل بعض العامـلين مـن كبـار السن إلى اعمال اخرى تتطلب حركة أقل مثلاً أو لا تستدعي التنقـل أو السفر أو التعامل مع أفراد أو جمهور كبير .... الخ . كذلك فقد يتم نقل الزوجـة لغرض الالتحـاق بزوجها وقد يتم النقل لـتلافي مشكلة عـدم

انسجام الشخص مع زملائه في العمل أو مع رئيسه أو لرغبة الرئيس بالتخلص من شخص معين ... الخ .

4- من حيث الجهة التي تبادر بالنقل ، يتم النقل اما بطلب من الشخص المعني ويكون ذلك في اغلب عندما يتعلق الأمر بسبب شخصي- أو يتم النقل بناء على تقدير الإدارة ويقع تحت النوع الاخير معظم أنواع النقل التي مر ذكرها .

جـ- أسس وسياسات نقل العاملين :

1- الحاجة إلى وضع أسس للنقل:

تكمن الحاجة إلى وضع أسس ثابتة للنقل في عدة عوامل تعود من ناحية إلى تخوف العاملين من النقل إذ يحمل النقل بحد ذاته الخوف من المجهول حين يتعرض الفرد المنقول إلى بيئة عمل جديدة وزملاء عمل جدد . يضاف إلى ذلك فان النقل قد يترتب عليه الحاجة إلى بذل جهود اضافية لتعلم مهارات أو أساليب أداء جديدة ، كذلك قد يترتب فقدان بعض فرص العمل الاضافي أو بعض أنواع المخصصات ، أو الحاجة إلى العمل بالمناوبة أو العمل في الليل ، كذلك فان النقل قد يثير اشكالات للزوجة من حيث عملها أو للاولاد من حيث مدارسهم .

كما تبرز الحاجة لوضع أسس واضحة للنقل من ناحية ثانية بالنظر إلى حاجة المنظمة ذاتها لغرض السيطرة على طلبات الأفراد للنقل التي قد لا تكون مبررة وكذلك لمعالجة المشاكل التي يمكن أن تنشأ عن عدم انسجام بعض العاملين فيما بينهم أو مع رؤوسائهم أو عدم رغبة الآخرين بنقل بعض العاملين الكفوئين لديهم إلى اقسام اخرى كما توفر هذه السياسات وسيلة لفحص اجراءات التعيين والاختبار وكذلك مدى حاجة المشرفين والمدراء إلى تطوير مهاراتهم في العلاقات الإنسانية أو أساليب معالجة مشاكل العاملين أو أجراء المقابلات ..الخ.

ولا شك ان وجود سياسة واضحة ومعلنة للنقل توازن ما بين متطلبات المنظمة والعمل من ناحية وما بين المتطلبات الإنسانية للعاملين من ناحية أخرى سيؤدي إلى اشاعة روح الاطمئنان بين العاملين لشعورهم بان قضايا النقل تعالج وفقاً لاجراءات محددة وليس بشكل حالات منفردة قد تخضع لأمزجة شخصية أو اعتبارات غير واضحة .

2 – مضامين سياسات نقل العاملين :

تتضمن أية سياسة للنقل جملة من النقاط والاعتبارات الاساسية من أهمها .

أ- تحديد الظروف والاحوال التي يجرى فيها النقل لاعتبارات تنظيمية .

ب- تحديد أو بيان الأسباب المقبولة التي يمكن ان يتقدم بها العاملون لطلب نقلهم كالأسباب الصحية أو العائلية مثلاً .

جـ- اسلوب معالجة حالات وطلبات النقل وأثر الاقدمية في ذلك . والقاعدة ان تعامل طلبات العاملين الذين لديهم خدمة اطول بتعاطف اكثر .

د- تحديد الآثار المترتبة على النقل الموسمي أو الاني فيما يتعلق بحقوق وامتيازات الاشخاص المنقولين .

هـ- تحديد الآثار المترتبة على النقل فيما يخص الفروق المحتملة في رواتب واجور المنقولين . ومن السياسات المعتمدة في هذا الصدد ان النقل إذا كان بناء على تقدير الإدارة فان الشخص يتقاضى راتبه أو اجره الحالي أو راتب الوظيفة الجديدة أيهما اعلى ويعتبر تطبيق هذا المبدأ اسهل نوعاً ما في النقل الوقتي لأنه لا يثير حفيظة العاملين الآخرين . اما إذا كان النقل بناء على طلب الشخص نفسه فان الإدارة غير ملزمة بما قد يترتب على النقل من انخفاض في الراتب أو الاجر .

و- مسؤولية النقل وصلاحية كل مستوى تنظمي في اجراء التنقلات التي تستدعيها متطلبات العمل أو البت بطلبات النقل التي يتقدم بها العاملين .

ز- حالات الاعلان عن الوظائف الشاغرة التي يمكن تقديم طلبات النقل إليها.

حـ- توضيح واعلان اجراءات النقل للعاملين واسلوب تقديم الطلبات وبيان الاسباب والمدد الزمنية التي ينبغي ان يتم فيها النظر والبحث بالطلبات حتى لا يبقى العاملون في انتظار قرار الإدارة مع ابلاغهم أسباب الرفض .

التقاعد Retirement

بعد مشوار طويل من الخدمة الوظيفية التي قدّم فيها الموظف أحلى سنوات عمره وأفضل أبداعاته يكون الموظف قد وصل إلى سن يحتاج فيه إلى الراحة والاستمتاع بثمرة جهوده الوظيفية، هنا يصبح من حق الموظف على المنظمة التي عمل فيها أن يكافأ ليستريح من عناء الدرب الطويل.

إذن منح التقاعد ليس منّة من المنظمة بل هو أعتراف بالجميل وصيانة لكرامة الموظف والتقاعد هو توقف الموظف عن الخدمة بعد وصوله السن القانوني للتقاعد. والسن القانوني للتقاعد في أغلب الدول تتراوح بين سن (60 – 65) سنة مع وجود بعض الاستثناءات.

ويترتب على التقاعد استحقاق الموظف لبعض الحقوق المالية كمكافأة نهاية الخدمة، والراتب التقاعدي، إلى جانب تمتع المتقاعد بعضوية النوادي الاجتماعية والجمعيات التعاونية...

ثالثاً: انضباط العاملين:

يقصد بانضباط العاملين Employees Discipline (الالتزام بقواعد السلوك والعمل ، أو ضبط النفس عن أي عمل يخالف القواعد المرعية والمرسومة سواء داخل البيئة العمل أو خارجها). ويعني الانضباط أيضاً "الالتزام بالنظام ".

انه مجموعة القواعد التي تصنعها الإدارة بهدف توضيح الاطار العام للسلوك الذي يجب الالتزام به من قبل العاملين في المنظمة وما يترتب على

الخروج عن هذه القواعد والاجراءات من عقوبات قانونية. وتتضمن هذه القواعد تحديداً صريحاً للتصرفات التي تعتبر من وجهة نظر الإدارة ضارة بالمنظمة ، كذلك العقوبات التي يمكن توجيهها لاي المخالفين لهذه القواعد.

وانضباط العاملين هو في حقيقته حوافز سلبية تلجأ إليها الإدارة لغرض تنبيه الموظف إلى اخطائه ورده عنها ، ومحاسبته عليها طمعا في تقوية دوافعه نحو العمل.

ويرتبط انضباط العاملين والسياسات الخاصة به بكل من مفهوم الترقية والنقل وسياساتهما في نقاط عديدة في مقدمتها ان هذه السياسات الثلاث تشكل جزاءا مهما ومتكاملاً من سياسات إدارة الموارد البشرية في المنظمة. فالخروج مثلاً عن قواعد انضباط العمل من قبل بعض الموظفين قد يكون سبباً مانعاً لترقيتهم أو سبباً موجباً لنقلهم.

1- مدخل انضباط العاملين :

القواعد الانضباطية أو التأديبية هي جزء من بيئة المنظمة ومناخها . وعليه فليس من قبيل الصدفة ان يخضع موضوع انضباط العاملين إلى التغير والاختلاف بين وقت واخر . ومن منظمة إلى أخرى. شأنه في ذلك شأن أي من مكونات المواضيع الأخرى المرتبطة بحقل إدارة الموارد البشرية. وفي هذا الصدد يمكن الإشارة إلى ثلاثة مداخل اساسية لنظم انضباط العاملين تجسد في ثناياها جوهر الفلسفة الإدارية السائدة في المنظمة وهي تتعامل مع السلوك السلبي للعاملين:-

أ - المدخل التصحيحي:

المدخل التصحيحي Corrective هو مدخل تأديبي أو عقابي. يجسد المدرسة التقليدية في الإدارة من حيث ان الفرد كسول لا يعمل بجد واخلاص إلا تحت الضغط والتلويح بالعقاب. وعليه فان هذا المدخل يرى في القواعد الانضباطية أداة بيد " الإدارة الرشيدة " تستخدمها لتحسين سلوك

العاملين المخالفين للمعايير التنظيمية ولثني الآخرين عن الإتيان بسلوك مماثل عن طريق بث الخوف بينهم. فالعقوبة وآثاره الخوف والتهديد بالعقاب هي وسائل أساسية تستخدمها الإدارة للحصول على قبول وامتثال العاملين لما هو المطلوب منهم من جهة ، وللحفاظ على فاعلية المعايير التنظيمية من جهة أخرى.

ولعل من أبرز العقوبات المعتادة التي يتبناها هذا المدخل ولاسيما مع المخالفات المتكررة فهي الانذار ، الخصم المؤقت من الراتب إذا تكرر الخطأ عن قصد وعمد ، ايقاف العلاوة السنوية ، تنزيل الراتب الدرجة ، أما إذا كانت المخالفات خطيرة كتدمير جزء من ممتلكات المنظمة بصورة متعمدة ، التصرفات غير الاخلاقية ، السرقة ، التزوير ، افشاء الاسرار ، فهناك الفصل وهناك المحاكم القضائية أيضاً.

ب- المدخل الوقائي :

يستند المدخل الوقائي Preventive Dicipline إلى فكرة أساسية خلاصتها ان اسلم الطرق في إدارة شؤون العاملين وتقليص مشكلاتهم هو بناء مناخ وقائي يقيهم من ايقاع الجزاءات عليهم . ومن الممارسات الإدارية التي تساعد على أيجاد وتنمية هذا المناخ ما يلي.

- ايجاد نوع من التلاؤم بين الموظف والوظيفة من خلال نظام فعال من الاستقطاب والاختيار والتعين.

- الاهتمام بتوجيه العاملين وتدريبهم.

- التحديد الواضح للسلوك الوظيفي السليم ووضع القواعد الخاصة به ونشرها بين العاملين.

- بناء نظم اتصالات متبادلة تتيح للعاملين نقل ادائه للرؤساء وطرح مشكلاتهم.

ج- المدخل الايجابي :

في المدخل الايجابي Prograssive Discipline يتم تصحيح السلوك غير السليم للموظف عن طريق قيام الادارة بمساعدته ومنحه الفرصة لتصليح سلوكه قبل قيامها باتخاذ عقوبات صارمة بحقه. وكما هو واضح فان هذا المدخل في الوقت الذي يثق بالفرد وبقدراته الذاتية على تصحيح سلوكه الوظيفي بما يتلائم والقواعد التنظيمية ، يبتعد عن ممارسة الاساليب الانتقامية ضد الموظفين ويعمل ايضا على اشاعة روح التفاهم والاصلاح والتعاون بينهم .

ونحن مع ضرورة الاتجاه الادارة الى الاخذ بالمدخل الايجابي لانه يساهم بشكل فاعل في خلق الولاء التنظيمي المتين فيما بين العاملين نحو المنظمة، كما يساهم بصيانة الموارد البشرية وتطويرها بشكل كبير في الأمد الطويل.

ولتبني هذا المدخل ننصح بضرورة اتباع الخطوات التالية:

1- وضع القواعد التي يحدد معايير الأداء أو السلوك المطلوبة من الأفراد والتي يعتبر تجاوزها مخالفة تستحق توقيع الجزاء.

2- تحديد الجهة أو الاطراف المسؤولة عن انضباط العاملين في المنظمة.

3- توعية العاملين بهذه القواعد واجراءاتها الرئيسية. ويمكن ان نطبع دليل بهذا الخصوص يوزع على كل موظفي المنظمة عند التعيين أو عند احداث أي تعديل في الأنظمة الخاصة بالجزاءات.

4- التأكيد من الحصول على معلومات دقيقة عن الأداء العاملين ويتطلب ذلك وجود نظام دقيق لتقويم أداء العاملين.

5- أتباع الثبات والاتساق Consistency في تطبيق النظام على الجميع وبنفس المكاييل والمعايير.

6- تطبيق المقربات بشكل تدريجي تبدأ من التنبيه ، فالإنذار الشفهي erprimand ثم المكتوب ، ثم الحرمان من العمل لمدة معينة . وهكذا إلى ان تنتهي بعقوبة الفصل ان لزم الأمر .

على ان ما سبق لا يعني ان هذه هـي كـل العقوبـات المحتملـة. فقـد تكون هناك عقوبات اخرى تختلف من منظمة إلى أخرى. ومن أمثلـة هـذه العقوبات:

- الحرمان من الترقية.

- التنزيل الوظيفي .

- النقل إلى موقع أخر.

- الحرمان من العلاوة السنوية .

- سحب بعض الامتيازات المادية أو الاجتماعية مؤقتا .

7- أخيرا ، يجب ان نكون موضوعيين في اتخاذ قرار العقوبة.بمعنى يجب ان يكـون محـور العقوبـة هـو الفـرد نفسـه. ويجـب الابتعـاد عـن الميـول والاتجاهات الشخصية ازاء الشخص المخالف ضمانا لتوازن العقوبة مـع الجرم ، فالجزاء يجب ان يكون من جنس العمل.

الفصل العاشر

تحفيز العاملين

أولاً :- تمهيد
ثانياً :- الحاجات والدوافع
ثالثاً :- الحوافز ... مفهومها وأهميتها
رابعاً :- العلاقة بين الدوافع والحوافز
خامساً :- أنواع الحوافز
سادساً :- نظريات التحفيز

الفصل العاشر

تحفيز العاملين

أولاً: تمهيد:

لقد أثبتت العديد من الدراسات العلمية ان كفاءة الأفراد في العمل وعوامل تحديد كفاءتهم تتوقف على عنصرين أساسين هما المقدرة على العمل والرغبة في العمل :

وتمثل **الأولى** في ما يتمتع به الفرد من قدرات وقابليات ومهارات وخبرة والتي تكونت لديه من خلال التعليم والتدريب والممارسة العملية إضافة إلى استعداد الذاتي الذي ينميه التعليم والتدريب .

أما **الثانية** أي الرغبة في العمل فتمثلها الحوافز التي تدفع سلوك الأفراد في الاتجاه الذي يحقق أهداف المنظمة .

وبالنظر لأهمية الحوافز في تحقيق حاجات ورغبات وطموحات الأفراد ورفع كفاءة أدائهم وبالتالي رفع الكفاءة الإنتاجية للمنظمة . فقد عمدنا في هذا الفصل إلى بحث موضوع الحوافز من جوانبه المختلفة .

ثانياً: الحاجات والدوافع:

لكي يستطيع المدير تحفيز الآخرين بنجاح وفاعلية فما عليه الا ان يدرك ويفهم ما هي حاجاتهم ودوافعهم ورغباتهم . ومن الأمور الصعبة التي تجابه الإدارة في عصرنا الحديث هو الحصول على تجارب سلوكي من العاملين يناسب طموحات الإدارة . وعلى هذا الأساس فان الحاجات والدوافع تعد اليوم من المشاكل التي تشكل تحدياً للإدارة .

ان فهم الحاجات والادوار التي تلعبها تمثل جانباً مهما في وضع نظام فعال للحوافز باعتبار ان هذه الحاجات تشكل دافعاً قوياً للنشاط الإنساني ، فالحاجات تولد نوعاً من التوتر يدفع الفرد إلى احداث سلوك معين للتخفيف من حدة هذا التوتر وتهدف التصرفات السلوكية إلى اشباع الحاجات الإنسانية .

والحاجات needs بطبيعتها متجددة فبمجرد اشباع حاجة أو حاجتين جزئيا أو كلياً تظهر حاجات ورغبات جديدة لدى الإنسان ويتعين عليه ان يعمل على اشباعهما وهكذا . وتنقضي حياة الفرد كلها في محاولات لاشباع حاجاته المتفاوتة . ومن واجب الإدارة في هذا المجال ان تلم بطبيعة حاجاته ودوافع سلوك الأفراد العاملين ، فالمدير الناجح يلزمه معلومات عن الطبيعة البشرية وعن أسباب تصرفات الأفراد ودوافعهم حتى يتمكن من ان يتخذ القرارات بشأن تحفيز العاملين .

لقد عرفت دوافع سلوك الإنسان ((**بأنها استعداد مظهري جسمي نفسي يدفع صاحبه إلى ادراك شيء أو أشياء من نوع خاص ، وينشأ عن هذا الادراك حالة وجدانية معينة تدفع الفرد إلى القيام بعمل خاص نحو الشيء المدرك أو على الأقل الشعور بدافع نحو هذا العمل**)) .

إن دوافع السلوك تمثل نوعاً من القوى الدافعة التي تؤثر على تفكير الفرد وادراكه للأمور ، كما أنها توجه السلوك الإنساني في اتجاه الهدف الذي يشبع حاجاته ورغباته .

ويعرف (كيث ديفيز) الدوافع في مؤلفه (السلوك الإنساني في العمل) بانها ((**تعبير عن حاجات الفرد ولذا فهي شخصية وداخلية**)) **والحوافز** Incentives (من ناحية أخرى) خارجة عن الفرد ذاته ، فهي عبارة عن شيء يدركه في بيئته كعنصر مساعد لتحقيق أهدافه فنجد مثلاً ان الإدارة تقدم للعاملين مكافآت تشجيعية كحافز يثير دوافعهم بطريقة ايجابية ،

نحو الشعور والتقدير والمكافئة .

وعرفت الدوافع motives كذلك على انها ((**مجموعة من العوامل الداخلية المنشطة والقوى الموجهة لتصرفات الفرد**)) .

يتضح مما تقدم بان الدوافع عبارة عن ((**اشياء كامنة في النفس البشرية أو قوة داخلية محركة تنبع من داخل الفرد وتؤدي إلى تصرف أو سلوك يتجه نحو تحقيق هدف أو أهداف تمثل حاجات يطمح الإنسان إلى اشباعها**)) . وتشكل الحاجات والدوافع الأسباب وراء تصرف أو سلوك الفرد ، ولكل فرد عدد من الحاجات والدوافع وهذه الحاجات ينافس بعضهما البعض ، وبموجب ذلك فان الحاجة الملحة والدافع الاقوى هو الذي سيحدد التصرف أو السلوك , فالحاجة الملحة والضرورية من وجهة نظر الفرد في وقت معين تؤدي إلى سلوك معين والحاجات التي سبق وان تم اشباعها على الاغلب لا تدفع الفرد ليسلك سلوكاً معيناً لتحقيق الأهداف المتوقعة منها ، كما ان الحاجات التي يجد الفرد صعوبة بالغة أو استحالة في تحقيقها تضعف قوتها بمرور الزمن .

ولبيان تأثير الحاجات على سلوك الفرد مثلاً نجد ان الانسان الذي يشعر بالجوع يكون بحاجة ماسة إلى الطعام لغرض سد النقص الحاصل في التغذية وللوصول إلى هذا الهدف وهذه الحاجة تنبع داخله قوة أو دوافع للوصول إلى حالة الاشباع فنجده يبذل جهوداً كبيرة فاما يبحث عن الطعام في البيت أو في السوق أو يعمل لتوفير النقود لشراء الطعام أو يتصرف بشكل أو بأخر للحصول على الطعام ، وعندما تحقق هذه الحاجة نجد ان حاجات جديدة تظهر مثل شعوره بالبرد أو النعاس ، فتبدأ الدورة من جديد فكلما تشبع حاجات معينة تظهر حاجات جديدة وهكذا ويوضح الشكل الأتي العلاقة بين الحاجات والدوافع والهدف والسلوك .

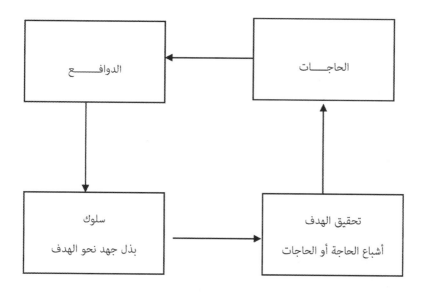

ثالثاً: أنماط الحاجات :

تعتبر الحاجات Needs مصدر القوة الدافعة والمحركة للانسان
وهناك تصانيف عديدة للحاجات فمنهم من يصنف الحاجات على
أساس حاجات إنسانية وحاجات اجتماعية وآخرين يصفونها على أساس
حاجات مادية واجتماعية ومعنوية وهكذا الا اننا نجد أن التصنيف الاتي
يعتبر من ابسط التصانيف وأكثرها دلالة :

1- الحاجات الفسيولوجية أو الأولية :

ويدخل ضمنها الحاجة إلى الطعام والماء والهواء والملابس والدفء
والنوم والسكن وما شابه ذلك هذه الحاجات من خلال الفسيولوجية
الأساسية للحياة وهي ضرورية للبقاء وحفظ النوع كما أنها اكثر ضرورة
وإلحاحاً من الحاجات الأخرى فلها الأولوية من حيث الإشباع ومن اجلها
يبذل الإنسان كل

ما في وسعه لإشباعها .ويعتبر المأكل والسكن من الحاجات الحيوية للإنسان وتوفيرها هو إشباع لأبسط حاجات الإنسان وأهمها .

2-الحاجات الاجتماعية والنفسية أو الثانوية

وهي تمثل حاجات العقل والروح بدلا من الحاجات الوظيفية للجسم وتظهر هذه الحاجات وتنمو وتتطور وفقا للنضوج العقلي للإنسان ومن أمثلة هذه الحاجات الانتماء والتقدير وتحقيق الذات والاعتراف والمنافسة والمشاركة في اتخاذ القرارات وغيرها من الحاجات الاجتماعية أو الذاتية .

وعند دراسة الحاجات الأولية والثانوية نجد عموما أن الحاجات الثانوية اكثر غموضا من الحاجات الأولية وكذلك تختلف وتتنوع من فرد لأخر بشكل يفوق الحاجات الأولية .فقد يشعر الفرد في حب السيطرة على الآخرين وولائهم المطلق له ويبذل جهدا كبيرا من أجل تحقيق ذلك وربما يسلك سلوكا غير أنساني وموضوعي في حين نجد أن فردا أخر على النقيض من ذلك لا يرغب في السيطرة على الآخرين وإنما يكون واحدا منهم يحبهم ويحبونه ويحترمونه ويتصرف معهم بكل لباقة وأدب ويقدم لهم المساعدة في كل الأوقات .

ثالثاً: الحوافز ... مفهومها وأهميتها:

ا- الحوافز ....المفهوم

للحوافز Incentives تعاريف عديدة ونستعرض فيما يلي عددا منها ، إذ يرى عاطف محمد عبيد (بأنها تشمل كل الأساليب المستخدمة لحث العاملين على العمل المثمر) وهي أيضاً (كل الوسائل والعوامل التي يكون من شانها حث الموظفين والعمال على أداء واجباتهم بجد وإخلاص وتشجيعهم على بذل اكبر جهد وعناية في أداء هذه الواجبات ومكافأتهم على ما يبذلونه فعلا من جهد زائد عن المعدل ، في مجال الإنتاج والخدمات) وتعرف أيضاً بأنها (العوامل التي تجعل الإفراد ينهضون بعملهم على نحو أفضل ويبذلون معه

جهد اكبر مما يبذله غيرهم).

ويعرفها ديل بيتش (بأنها الرغبة الإنسانية في الاستجابة إلى متطلبات المنظمة أي تحقيق رسالتها أو أهدافها).

هذا ويمكن لنا أن نعرف الحوافز على أنها (عبارة عن عوامل أو وسائل أو أساليب تختارها الإدارات بعناية فائقة من أجل خلق أو توجيه السلوك الإنساني لكي يساهم مساهمة فعالة في رفع الكفاءة الإنتاجية ويحقق للعاملين حاجاتهم ودوافعهم المختلفة).

ب- الحوافز ... أهميتها

لنظم الحوافز دور فعال وأهمية كبيرة في تحقيق الكثير من الأهداف التي تسعى إلى تحقيقها وذلك عن طريق تحفيز الإفراد بشكل فعال وكفوء . وتتأتى أهمية نظم الحوافز من خلال الكثير من الفوائد **والمزايا التي تحققها وفيما يلي عدد منها :-**

1- تحقق نظم الحوافز زيادة في عوائد (أرباح) المنظمة من خلال رفع الكفاءة لإنتاجية للعاملين ، إذ أن الاختيار السليم للحافز (المادي أو المعنوي) يؤدي إلى دفع العاملين إلى زيادة الإنتاج وتحسين نوعيته .

2- تساهم نظم الحوافز في تفجير قدرات العاملين وطاقاتهم واستخدامها أفضل استخدام ويؤدى هذا إلى اختزال في القوى العاملة المطلوبة وتسخير الفائض منها إلى منظمات أخرى قد تعاني من نقص في القوى العاملة .

3- تحسين الوضع المادي والنفسي والاجتماعي للفرد العامل وربط مصالح الفرد بمصالح المنظمة .

4- تعمل نظم الحوافز على تقليص كلف الإنتاج من خلال ابتكار وتطوير أساليب العمل وأعتماد أساليب ووسائل حديثة من شأنها تقليص الهدر في الوقت والمواد الأولية والمصاريف الأخرى .

5- تسهم نظم الحوافز في خلق الرضا لدى العاملين عن العمل مما يساعد ذلك في حل الكثير من المشاكل التي تعاني الإدارات منها مثل انخفاض قدرات الإنتاج وارتفاع معدلات الكلف والغياب والمنازعات والشكاوى ودوران العمل.

هذا ولكي تحقق نظم الحوافز اهدافها بنجاح يجب توفير شروط محددة في تقرير الحوافز وتنظيم اجراءاتها ، وهي كما يلي :-

1- عدالة الحوافز وكفايته .

2- سهولة فهم السياسة التي تقررها المنظمة في تقريرها للحوافز .

3- ارتباطها ارتباطا وثيقا ومباشرا بالجهود الذهنية أو البدنية التي يبذلها العامل في تحقيق الحد الأمثل للإنتاجية .

4- إقرار صرفها أو أدائها للعاملين في مواعيد محددة ومتقاربة .

5- ارتكاز الحوافز على أسس أو مستويات مقبولة .

6- أن تأخذ شكل الاستمرار أو الانتظام في أدائها .

7- ارتباطها ارتباطا مباشرا ووثيقا برسالة أو أهداف المنظمة .

8- ارتباطها واتصالها اتصالا مباشرا بدوافع العمل . وبواعثه .

وبالاضافة إلى ما تقدم من مستلزمات وشروط يجب أن تواكب الحوافز المتغيرات الاقتصادية والاجتماعية التي يمر بها المجتمع الذي تزاول المنظمة نشاطها فيه والتي قد تؤثر على حاجات العاملين ورغباتهم وتوقعاتهم . وأن لا يتأثر منح الحوافز بالنوازع الشخصية أو العلاقات والمحسوبيات .

رابعاً العلاقة بين الدوافع والحوافز:

هناك فرق واضح بين دوافع وحوافز العمل فدوافع العمل هـي (**عبارة عن قوى محركة في داخل الفرد تثير الرغبة لديه نحو العمل وتعبر عن حاجاته وتظهر على شكل سلوك وتصرف يتجه نحو تحقيق طموحاته**) . أمـا الحوافز

فهي (العوامل أو المؤثرات المحركة الموجودة في البيئة المحيطة بالعمل والتي توفرها الادارات من أجل اثارة القوى المحركة الداخلية للإفراد وتحريك قدراتهم الانسانية لرفع الكفاءة الإنتاجية من جهة ومن جهة أخرى تحقيق حاجات وطموحات الإفراد) .

وبالرغم من وجود الفرق بين دوافع العمل وحوافز العمل المشار اليه أنفا الا أنه يجب أن يكون هناك نوع من الترابط والتوافق بينهما ، فحوافز العمل يجب أن تتوافق مع دوافع العمل بحيث تحقق ما يحتاجه الفرد العامل والا فما فائدة الحوافز التي لا تحقق للفرد ما يصبو اليه من حاجات ورغبات ، أن أنعدام التوافق بينهما يؤدى إلى انعدام فعالية الحوافز وبالتالي من الخطأ أن نطلق عليها تسمية حوافز وهناك امثلة كثيرة على فشل انظمة الحوافز من الناحية العلمية بسبب اهمالها لفهم حاجات الإفراد وتنوعها واختلافها .

فمثلا اعدت أحدى المنشآت نظاما للحوافز من أجل معالجة مشكلة الغيابات وارتفاع معدل دوران العمل وانخفاض الانتاجية وبالرغم من أن النظام المذكور كلف المنشاة الكثير من الاموال والجهود الا أن المشكلة ظلت قائمة وعند تقويم نظام الحوافز اتضح بأن الاتجاه العام له يركز على الحوافز الاجتماعية والانسانية ولم يعط الاهمية المناسبة للحوافز المادية في حين كان من الاسباب الاساسية التي أدت إلى بروز الظواهر السلبية وتفاقمها فقدان الحوافز التشجيعية للعاملين .

خامساً: أنواع الحوافز:

أ - الحوافز الايجابية والحوافز السلبية

يمكن تقسيم الحوافز إلى اكثر من قسم ، فمن ناحية تقسم الحوافز ايجابية وحوافز سلبية وهي كالاتي :-

1- الحوافز الايجابية : وهي الحوافز التي تلبي حاجات ودوافع الإفراد العاملين

ومصالح المنظمة فقيام العاملين بزيادة الإنتاج وتحسين نوعية وتقديم المقترحات والاراء البناءة والابتكارات والمخترعات وتحمل المسؤولية والتفاني والاخلاص في العمل تعتبر نتائج ايجابية لها ما يقابلها من حوافز ايجابية تمنحها المنظمة لهؤلاء العاملين ومن هذه الحوافز ، الحوافز المادية والحوافز الاجتماعية والحوافز الذاتية والمعنوية .

2- الحوافز السلبية : هي الوسائل التي تستخدمها الادارة لغرض منع السلوك السلبي وتقويمه والحد من التصرفات غير الايجابية للإفراد العاملين كالتماهل والتكاسل وعدم الانصياع للتوجيهات والاوامر والتعليمات ، ومن هذه الوسائل حث وتنبيه الفرد العامل إلى ضرورة القيام بواجباته المكلف بها وحجب بعض الامتيازات عن الفرد لفترة محددة من الزمن (**كايقاف العمل بالاجر التشجيعي أو تأجيل منح العلاوة أو الترفيع)** وتوجيه اللوم والانذار ، وأيقاف الترقية ، ونقل الفرد من وظيفة إلى اخرى بذات الدرجة أو الراتب أو مع خفض الدرجة والراتب ، ويتم استخدام هذه الوسائل حسب جسامة المخالفات والتجاوزات والاخطاء من حيث ضالتها أو كونها متوسطة أو شديدة .

ويميل البعض إلى تسمية الحوافز السلبية بالحوافز الرادعة أو بالروادع أو التاديب وتقويم السلوك . وهذا الرأي مبني على اساس أن هذه الحوافز هو العقاب والردع الذي يهدف إلى تنمية السلوك الايجابي والمرغوب فيه عن طريق التهديد بانزال العقوبات المختلفة فالعامل يقوم بالعمل بشكل فعال وكفؤ ليحصل على المكافأة المادية والمعنوية أو يتجنب الاخلال بالقيام به خشية العقاب .

ويعتبر استخدام الحوافز السلبية في العمل من الامور الضرورية لرفع الكفاءة الانتاجية ، فمن الطبيعي أن يتواجد من بين العاملين من يتماهل او يتثاقل في العمل أو يتهرب منه أو يسلك سلوكا غير سوى، عندئذ لا بد من استخدام الوسائل التي تحث وتنبه وتقوم سلوك مثل هؤلاء العاملين وتردعهم

إذا ما تمادوا في سلوكهم غير السوي، **وبالامكان استخدام الحوافز السلبية لاغراض عديدة من بينها :**

1- التنبيه على ضرورة قيام الفرد بالتزاماته المكلف بها .

2- عدم الاستمرار في الخطأ.

3- التحفيز على تحسين الاداء لإزالة آثار العقوبة من جهة والحصول على الحوافز الايجابية من جهة اخرى .

4- حث وتنبيه الاخرين على تجنب الاخطاء حتى لا يتعرضوا للعقاب .

ب- الحوافز المادية والحوافز غير المادية :

هناك تقسيم أخر شائع للحوافز على أساس مادي وغير مادي ، ويقصد بها :

1- الحوافز المادية :

وهي الحوافز التي تشبع حاجات الانسان الاساسية أو الاولية مثل المأكل والملبس والمسكن وما شابه ذلك ، ويعتبر الاجر من الحوافز المادية الاساسية ويمثل ركنا هاما في أي نظام للحوافز المادية، ويدخل ضمن هذه الحوافز اضافة إلى حافز الاجر وملحقاته ،المكافأت والمشاركة في الإنتاج ، وضمان واستقرار العمل والمزايا الاضافية مثل السكن والنقل المجاني والتغذية والضمان الصحي وغيرها .

2- الحوافز غير المادية :

وهي الحوافز التي تشبع حاجات الإنسان الاجتماعية والنفسية أو الذاتية ، ومن ضمن هذه الحوافز : الحوافز الاجتماعية ، وفرض الترقية والاحترام والتقدير أو أشعار الإفراد العاملين بأهميتهم والاعتراف بانجازاتهم سياسة الادارة باتجاه العلاقات الانسانية الايجابية، ويسمى البعض هذا النوع من الحوافز بالحوافز المعنوية وذلك لما لها من تأثير مباشر وغير مباشر على الحالة المعنوية للإفراد العاملين .

وبالإضافة إلى التقسيمات التي ذكرت فبالإمكان تقسيم الحوافز أولية وحوافز اجتماعية ، وحوافز ذاتية ويعتمد هذا التقسيم أساسا على حاجات ودوافع الفرد إلى العمل .

سادساً - نظريات التحفيز Motivational Theories

لقد شغل موضوع تحفيز الأفراد وأثره على اداء العمل بال الباحثين منذ بدء العمل المنظم في الحياة الإقتصادية، وكانت أهم الجهود في هذا المجال خلال العقود الماضية مبنية على نظريات علم النفس في الغرائز والدوافع. وخلال تلك الفترة تطورت مجالات البحث وتعددت النظريات التي تحاول تفسير أسباب تحفيز الأفراد، وأهم هذه النظريات: نظرية الثواب والعقاب، نظرية سلم الحاجات، نظرية المتغيرين، ونظرية التوقعات، ونظرية مكليلاند من الحاجات. وفيما يلي استعراض موجز لهذه النظريات.

1- نظرية الثواب والعقاب Reward & Punishment

يعتبر اسلوب الثواب والعقاب في التحفيز من أقدم الأساليب المعروفة في التحفيز. وهذا الاسلوب التقليدي يقوم على أساس مكافأة الأفراد اما بالترقية أو زيادة الأجور أو المديح أو عقابهم عن طريق التوبيخ أو الطرد ...الخ. وخوف العامل من العقاب ورغبته في الحصول على المكافآت كان الحافز وراء قيام الفرد بسلوك إيجابي لتحسين الأداء. كثير من الكتاب الأوائل ومنهم رواد المدرسة العلمية ركزوا على أهمية الحوافز المادية في تحفيز الأفراد ومن خلال ذلك حاول تايلور وضع نظام أجر فعال يزيد من تحفيز الأفراد، إلا أنه بالرغم من الأساس العقلاني لمبدأ الحوافز المادية إلا أن كثيرا من الكتاب السلوكيين ركزوا على سعي الفرد لإشباع حاجات اخرى غير الحاجات الاقتصادية. ومن أهم المحاولات لتصنيف هذه الحاجات هي ما يسمى بنظرية سلم الحاجات (Katz & Kahn, 1978).

2- نظريات الحاجات Needs Theories

وتتضمن النظريات التالية:

أ - نظرية سلم الحاجات The Hierarchy Of Needs

تعتبر نظرية سلم الحاجات التي وضعت من قبل ابراهام ماسلو (Abraham Maslow) من أكثر نظريات التحفيز شيوعا وقدرة على تفسير السلوك الإنساني في سعيه لإشباع حاجاته المختلفة. وتقوم هذه النظرية على مبدأين أساسيين:

ا - أن حاجات الفرد مرتبة ترتيبا تصاعديا على شكل سلم بحسب أولويتها للفرد كما في الشكل التالي.

ب - ان الحاجات غير المشبعة هي التي تؤثر على سلوك الفرد وحفزه، أما الحاجات المشبعة فلا تؤثر على سلوك الفرد وبالتالي ينتهي دورها في عملية التحفيز.

لقد صنف ماسلو الحاجات الإنسانية في خمس فئات بحسب أولويتها من الأسفل كما يلي (Maslow, 1943):

شكل رقم (8) سـلم الحاجـات عند ماسلو

حاجات تحقيق الذات

حاجات التقدير والاحترام

الحاجات الاجتماعية

حاجات الامن والسلامة

الحاجات الفسيولوجية

1 - الحاجات الجسمية (الفسيولوجية) Physiological Needs

وهذه تمثل الحاجات الأساسية اللازمة لبقاء الإنسان واستمراريته على قيد الحياة كالطعام والماء والجنس والهواء. والحاجات الفسيولوجية تسيطر على بقية الحاجات اذا لم تكن مشبعة.

2 - حاجات الأمن والسلامة Safety & Security Needs

تتضمن هذه حاجات الفرد للحماية من الأخطار الجسمية والصحية والبدنية كذلك الحماية من الأخطار الاقتصادية والمتعلقة بضمان استمرارية العمل للفرد لضمان استمرار الدعم المادي الضروري للفرد للمحافظة على مستوى معين من الحياة المعيشية.

3 - الحاجات الإجتماعية Social Needs

تنبع هذه الحاجات من كون الإنسان اجتماعيا بطبيعته ويعيش ضمن جماعة ويتفاعل معها. وتشمل حاجات تكوين العلاقات والحب والارتباط مع الآخرين وتعتبر الحاجات الاجتماعية نقطة الانطلاق نحو حاجات أعلى وبعيدة عن الحاجات الأولية.

4 - حاجات التقدير واحترام الذات Esteem and Self - respect Needs

هذه الحاجات تتضمن الحاجة الى الشعور بالأهمية من قبل الآخرين واحترام الذات الذي يمكن الحصول عليه من خلال الكفاءة والمنافسة والاستقلالية والمركز واعتراف الآخرين بقيمة الفرد وقدرته على الوصول الى مراكز عليا.

والحرمان من تقدير الذات يخلق نوعا من الشعور بعدم القدرة على عمل أي شئ وهذا يخلق الضجر والكبت والحرمان عند الفرد.

5 - حاجات تحقيق الذات Self - Actualization Needs

يشير ماسلو الى مفهوم هذه الحاجة بأنها حاجة الفرد الى أن يكون ماهر قادر على الوصول اليه بناء على القدرات والكفاءات لديه. فإذا كان الفرد يظن بأنه يستطيع أن يكون مديرا ناجحا فإنه يجب أن يعطي مثل هذه الفرصة، وإشباع هذه الحاجات برأي ماسلو يعتبر أقصى ما يصبو اليه الفرد، ويأتي ذلك بعد إشباع الحاجات السابقة كلها.

أن جوهر نظرية ماسلو لا يعتمد على تصنيفه لأنواع الحاجات عند الفرد وإنما تعتمد على ترتيب هذه الحاجات بحسب أولويتها لذلك الفرد. وبالرغم من أن نظرية ماسلو لا تفسر وبشكل واضح وكلي التحفيز الإنساني إلا أن مساهمتها واضحة وأساسية وتعتبر نقطة البداية في فهم التحفيز عند الأفراد.

ب - نظرية المتغيرين لهرزبرغ Herberg`s Two Factor Theory

لقد طور فريد ريك هيرزبرغ .(Frederick Herzberg) نظرية المتغيرين بناء على الأبحاث التي أجراها على مجموعة من المديرين من المهندسين والمحاسبين وهي مشابهة بشكل كبير لنظرية ماسلو وبنيت عليها الى حد كبير. ولقد بينت هذه النظرية بأن العوامل المؤثرة في بيئة العمل والتي تؤدي الى القناعة والرضى بالعمل هي ليست بالضرورة نفس العوامل التي تؤدي الى عدم الرضى بالعمل (Herzberg, 1959).

لقد قسم هيرز بيرغ العوامل في بيئة العمل الى قسمين:-

ا - عوامل صيانة أو وقاية   Maintenanceorhygiene Factors

ويؤدي عدم وجود أو توافر هذه العوامل الى حالات عدم الرضى بينما وجودها لا يؤدي الى تحفيز الأفراد وإنما يمنع حالات عدم الرضى. وكلمة

Hygiene هي تعبير طبي ويقصد به توفير عوامل صحيحة وقائية مثل مياه نظيفة وهواء نقي ولكن وجود هذه العناصر لا يمنع حدوث المرض ولكن يعتبر وجودها عناصر وقائية لمنع حدوثه ومن هذه العوامل (Trewatha & Neport, 1982, p.361) :-

ا - سياسات الشركة وإدارتها.

ب - الإشراف الفني والشخصي في العمل.

ج - العلاقات الداخلية بين الرؤساء والمرؤسين.

د - نوعية ظروف العمل.

هـ – الأجور والرواتب المدفوعة مقابل إنجاز العمل.

ب - عوامل حافزة Motivational Factors

هناك عوامل وشروط مرتبطة بالعمل اذا وجدت فإنها تعمل على بناء درجة عالية من الرضى والحفز عند الأفراد وعدم توافرها لا يؤدي الى حالة عالية من عدم الرضى وقد أطلق هيرزبرغ على هذه العوامل بالعوامل الحافزة ومنها:-

ا - الإنجاز في العمل.

ب - الاعتراف نتيجة الإنجازات في العمل.

ج - طبيعة العمل ومحتواه.

د - المسؤولية لإنجاز العمل.

هـ – التقدم والترقي في العمل بالاضافة الى تنمية قدرات العمل عند الفرد.

ان عوامل الصيانة أو الوقاية برأي هيرز برغ تسبب درجة عالية من عدم الرضى عندما لا تكون موجودة لكنها لا تؤدي الى التحفيز عند وجودها بينما العوامل الحافزة تؤدي الى تحفيز قوي وضر تام عند توافرها لكنها لا تسبب الكثير من عدم الرضى عند عدم توفرها.

نلاحظ مما سبق ان العوامل الحافزة في نظرية هيرزبرغ مركزة حول العمل بمعنى أنها تتعلق بماهية العمل وإنجاز الفرد لذلك العمل، وتحمل مسؤولياته والاعتراف الذي يحصل عليه الفرد من خلال تأديته لذلك العمل، بينما عوامل الصيانة ليست عائدة الى جوهر العمل وإنما تتعلق بالظروف والعوامل الخارجية للعمل. إذا حاولنا مقارنة نظرية هيرزبرغ بنظرية ماسلو فإنه يمكن تصنيف العوامل التي تؤدي الى إشباع الحاجات الثلاثة الأولى عند ماسلو هي عوامل الصيانة عند هيرزبرغ بينما العوامل التي تؤدي الى الحاجات الرابعة والخامسة عند ماسلو هي نفسها العوامل الحافزة بنظرية هيرزبرغ (Donnelley, et, al., 1990, p.142)

لقد وجهت عدة انتقادات الى نظرية هيرزبرغ وأهمها الانتقاد العائد الى طبيعة العينة التي استخدمها في أبحاثه. بحيث اقتصرت على طبقة المديرين ولم تكن شاملة لكل المستويات الادارية، لأن بعض الدراسات اللاحقة لأبحاث هيرزبرغ وجدت بأن بعض عوامل الصيانة الوقاية عند هيرزبرغ كانت عوامل حافزة لفئات أخرى من الأفراد في المستويات الادارية الدنيا.

وبالرغم من كل الانتقادات التي وجهت اليها إلا أن نظرية هيرزبرغ تمثل نقطة بداية مهمة في دراسة التحفيز الإنساني.

جـ – نظرية الدرفر   Alderffr`s Theoryf

قام الدرفر (Alderffr) بإعادة ترتيب سلم الحاجات عند ماسلو الى ثلاث مجموعات من الحاجات.

1 - حاجات البقاء (Existence) وهذه تتضمن الحاجات العائدة الى ضمان الصحة الجسمية للفرد (Physical Well - being) وتماثل الى حد ما الحاجات الفسيولوجية والأمنية عند ماسلو.

2 - حاجات العلاقات مع الآخرين (Relatedneeds) وهذه تركز على أهمية علاقات الفرد مع الآخرين وهي تشبه الحاجات الاجتماعية عند ماسلو.

3 - حاجات النمو (Growth) وهذه تركز على تطوير القدرات الإنسانية والرغبة في نمو الشخص وتطوير قدراته وإمكانياته وهذه تماثل الحاجات العليا عند ماسلو وهي حاجات التقدير والاحترام وحاجات تحقيق الذات.

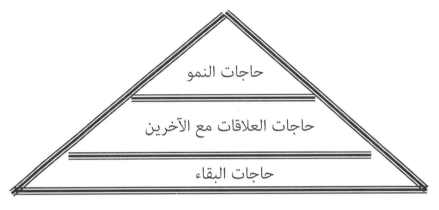

شكل (9) سلم الحاجات عند الدرفر

لقد اتفق الدرفر وماسلو على وجود سلم للحاجات وأن الفرد يتحرك على هذا السلم تدريجيا ومن أسفل الى أعلى، كما اتفقا على أن الحاجات غير المشبعة هي التي تحفز الفرد وأن الحاجات المشبعة تصبح أقل أهمية، لكن الدرفر أضاف بأن كلما تم اشباع الحاجات العليا كلما زادت أهميتها . كما انه حركة الفرد على سلم الحاجات أكثر تعقيدا مما اقترحه ماسلو حيث ركز الدرفر على أن الفرد يتحرك الى أعلى والى أسفل على سلم الحاجات فقد أكد الدرفر في حالات معينة فإن الفرد قد يعود الى الحاجات الدنيا. فمثلا عندما يفشل الفرد، بإشباع حاجات النمو (الحاجات العليا) فإنه يكون متحفزا للعودة الى الحاجات الدنيا وإشباعها بشكل أفضل. فالفرد الذي يفشل في تحقيق مركز وظيفي مرموق قد يلجأ الى جمع الأموال وبناء علاقات اجتماعية أفضل من السابق مع الآخرين.(Berelson & Steiner, 1969, p.379).

د - نظرية مكليلاند في الحاجات Meclelland`s Needs Theory

ان مساهمة مكليلاند في عملية فهم التحفيز الإنساني تتلخص في تحديده لثلاثة انواع من الحاجات الأساسية التي تؤثر على التحفيز وهي: الحاجة الى السلطة، الحاجة للإنتماء والحاجة للإنجاز.

ا - **الحاجة الى السلطة** Need For Power لقد وجد الباحث هنا بأن الأفراد الذين عندهم حاجة قوية للسلطة يميلون دائما لممارسة التأثير والرقابة القوية وعادة يسعى هؤلاء الأشخاص للحصول على مناصب قيادية (McClelland, 1965).

ب - **الحاجة للإنتماء** Need For Affiliation أن الأفراد الذين عندهم حاجة قوية للإنتماء يتولد لديهم شعور بالبهجة والسرور عندما يكونون محبوبين من قبل أشخاص آخرين ويشعرون بالألم اذا تم رفضهم من قبل الجماعة التي ينتمون اليها، ويميل هؤلاء الأشخاص الى بناء علاقات اجتماعية مع الآخرين.

جـ - **الحاجة للإنجاز** Need For Affiliation وهذا يعني ان الأفراد الذين تتوافر لديهم حاجة قوية للإنجاز يكون عندهم رغبة قوية للنجاح وخوف من الفشل، وهم يحبون التحدي ويضعون لأنفسهم أهدافا كبيرة ليس من المستحيل الوصول اليها.

ان فهم هذه الحاجات الثلاث وادراكها مهم للإدارة في المنشآت الاقتصادية حتى تستطيع تنظيم أعمالها لتعمل بطريقة جيدة، لأن أي منشأة أو وحدة ادارية تمثل مجموعات من الأفراد تعمل معا لتحقيق أهداف معينة ولذلك فإن ادراك هذه الحاجات الثلاث عامل هام في المساعدة على تحفيز الأفراد لتحقيق هذه الأهداف.

الى جانب الأساليب التقليدية التي تستعملها المنشأة في التحفيز هناك بعض الأساليب التي تم التركيز عليها حديثا ومنها أساليب التحفيز عن طريق المشاركة.

3 - نظرية التوقعات The Expectancy Theory

طور هـذه النظريـة فيكتـورفروم (Victor Vroom) عـام 1964 وتعتـبر مـن النظريات المهمة في تفسير التحفيز عند الأفراد. وجوهر نظرية التوقع يشـير الى أن الرغبة أو الميل للعمل بطريقة معينة يعتمد على قوة التوقع بأن ذلك العمل أو التصرف سيتبعه نتائج معينة كما يعتمد أيضا على رغبـة الفـرد في تلك النتائج (Robbins, 1978, p.202) .

توقع (2)
توقع (1)

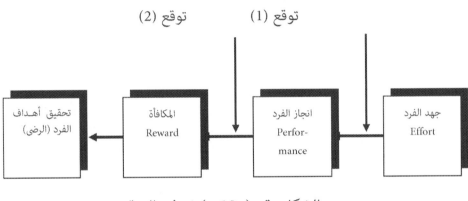

الشكل رقم (10) نموذج التوقع

ويوضح الشكل السابق بشكل مبسط جوهر نظرية التوقع عند فروم. ويشير الى أن قوة التحفيز عند الفرد لبذل الجهد اللازم لإنجاز عمل ما، يعتمد على مدى توقعـه في النجاح بالوصول الى ذلك الإنجاز وهذا التوقع الأول في نظرية فروم. وأضاف فـروم بأنه اذا حقق الفرد انجازه فهل سيكافأ على هذا الإنجاز أم لا؟ وهذا هو التوقع الثاني عند فروم. **فهناك نوعان من التوقع اذن هما:**

أ - التوقع الأول ويرجع الى قناعة الشخص واعتقاده بأن القيام بسلوك معين سيؤدي الى نتيجة معينة، كالموظف الذي يعتقد بأنه عامـل جيـد وقـادر على الإنجاز اذا (حاول) ذلك،والطالب يعتقد بأنه ذكي وسيفهم الموضـوع اذا (درس) وهذا التوقع يوضح العلاقة بين الجهد والإنجاز.

ب - التوقع الثاني وهو حساب النتائج المتوقعـة لـذلك السـلوك وهـي مـاذا

سيحصل بعد إتمام عملية الإنجاز. فالفرد العامل مثلا يتساءل اذا حققت رقم انتاج معين فهل سأعطى مكافأة أم لا؟ أو الطالب الذي فهم الموضوع هل سينجح أم لا ؟ هذا التوقع يوضح العلاقة بين اتمام الإنجاز والمكافأة التي سيحصل عليها الفرد.

ومن وجهة نظر ادارية فإن لنظرية التوقعات في العمل الاداري **أهمية للأسباب التالية:**

1 - معرفة الحاجات التي يرغب الأفراد في إشباعها.

2 - محاولة الإدارة لتسهيل مسار العامل وتوضيح طريقه بين نقطة البداية وهي الجهد وحتى تحقيق أهدافه وإشباع حاجاته.

ولهذا نجد ان تحفيز الفرد يعتمد الى حد كبير على درجة الاحتمالات التي يعطيها العامل للعلاقات التالية:-

آ - احتمال أن جهده سيؤدي الى الإنجاز المطلوب.

ب - احتمال بأن الإنجاز المطلوب سيحقق المكافآت المتوقعة.

.(Robbins, 1978, p.205)

ومن أهم الانتقادات التي وجهت الى هذه النظرية هي انها لا تشير الى ديناميكية عمل التحفيز اذا تغيرت التوقعات بناء على معلومات عن الانتاج أثناء عملية الإنجاز.

4 - نظرية المساواة Equity Theory

تركز هذه النظرية على مدى شعور الفرد بالعدالة والمساواة في معاملة المنظمة له مقارنة مع معاملتها للأفراد الآخرين بها وخاصة في نفس مجموعة العمل.

طورت هذه النظرية من قبل آدمز (J.Stacey Adams) وتشير الى أن الفرد يحفز لتحقيق العدالة الاجتماعية في المكافآت التي يتوقع الحصول عليها مقابل الانجاز الذي يقوم به (Adams1963, p.422).

فالفرد يقارن بين ما يحصل عليه من نتائج (Outcomes) مـن عملـه وبـين ما يقدمه لذلك العمل من مدخلات Inputs مع ما يقدمه الآخـرين ويحصلـون عليه من عملهم كما يلي:

$$\frac{نتائج آ}{مدخلات آ} = \frac{نتائج ب}{مدخلات ب}$$

يشعر الفرد بالمسـاواة اذا مـا أدرك تسـاوي مـا يقدمـه للعمـل مـن مدخلات والنتائج التي يحصل عليها منه مع ما يقدمه الآخرون في مجموعـة للعمـل ويحصلـون عليـه منـه. وبعكـس ذلـك الادراك فإنـه يشعر بعـدم المساواة ومن ثم الإحباط وعدم التحفيز. **وشعوره بعدم المساواة يحفزه الى تحقيق المساواة من خلال ما يلي:**

آ - تغيير المدخلات من خلال تغيير من يقدمه للعمل من جهد وانتاج ومعرفة.

ب - تغيير المخرجات من خلال تغيير ما يحصل عليه من أجور ومنافع وخدمات.

ج - إعطاء قيمة معنوية لعمله في حالة فشله في تغيير المدخلات والمخرجات.

د - وأخيرا ترك العمل للسعي الى تحقيق المساواة في مكان آخر.

لـذلك فالمـدير النـاجح يحـاول دائمـا أن يجعـل الفـرد يشـعر بتحقيـق المساواة لضمان حفزه واستمراره بالعمل من خلال القرارات التي يتخذها لتحقيق ذلك.

5 - نظرية التعزيز Reinforcement Theory

طورت هذه النظرية على أساس الأبحاث والدراسات التي قام بهـا ب. سكنر (B.F.Skinner) وتركز هذه النظرية على العلاقة مـا بـين السـلوك الإنسـاني ونتائجه من منطلق أن السلوك الإنساني يمكن تفسـيره مـن خلال النتائـج الإيجابية أو السلبية لذلك السلوك (Skinner, 1976).

فالأفراد يميلون الى تكرار الذين يتأتى عنه نتائج سارة وإيجابية وهذا يعني أن السلوك الذي يتم تعزيزه سيتكرر في حين ان السلوك الذي لا يتكرر. لذلك فأنه يمكن تعديل سلوك الأفراد أثناء العمل من خلال الاستخدام المناسب والمباشر لأساليب الثواب والعقاب.

اعتمد سكنر على اسلوب تعديل السلوك التنظيمي Modification Organizational Banavior في نظرية التعزيز والذي يرتكز على مبدأين أساسيين هما (Gordon, 1983, p.106) :

1- ان الأفراد يسلكون الطرق الذين يرون أنها تؤدي بهم الى تحقيق مكاسب شخصية.

2 - ان السلوك الإنساني يمكن تشكيله وتحديده من خلال التحكم بالمكاسب والمكافآت.

من وجهة نظر سكنر فأن المكافآت Revards هي المعززات Reinfocers التي تهدف الى استمرار إثارة السلوك الإيجابي عند الأفراد، لكن ما يعتبر معززا عند فرد ما، ربما لا يكون معززا عند فرد آخر.

فالثناء والتقدير من أكثر المعززات استخداما لسهولة توافرها واستخدامها، لكنها تصبح عديمة الجدوى عند استخدامهما بكثرة لأنه يصبح من السهل التنبؤ بحدوثها. وذلك لأن المدراء لا يعرفون مدى أهمية الثناء والتقدير كمعززات وحوافز.

أما العقاب فإنه مرفوض كمعزز لأنه بالرغم من انه يمنع حدوث سلوك سلبي إلا أنه يكون سببا لإثارة الغضب والعدوانية وبالنهاية التمرد والعصيان. لكن عندما لا يكافأ السلوك سلبي فإنه يميل الى التلاشي مع مرور الزمن.

كما تؤكد النظرية بأنه لتعزيز سلوك إيجابي فأنه من الضروري أن يحدث التعزيز مباشرة بعد حصول ذلك السلوك حتى يلاحظ الفرد عملية الارتباط المباشر بين ذلك السلوك والقيمة الإيجابية.

لقد استخدم اسلوب (تعديل السلوك التنظيمي) من قبل الشركات في تحسين الأداء، ولكي يستطيع المدير استخدام هذا الأسلوب بنجاح فأن عليه اتباع الخطوات التالية:

1 - تحديد الإنجاز المطلوب الوصول اليه بدقة.

2 - تحديد المكافآت التي تعزز الوصول الى ذلك الإنجاز.

3 - ربط المكافأة مباشرة بنتائج السلوك المطلوب.

4 - اختيار جدول التعزيز المناسب.

وبالرغم من نجاح هذا الأسلوب إلا انه انتقد على أنه اسلوب استغلالي Monipulaive وأوتوقراطي في ادارة الأفراد. كما أن هذه النظرية تشير الى أن محددات السلوك الإنساني موجودة في البنية الخارجية للفرد وهي في ذلك غير متناسقة مع نظريات الحاجات المختلفة والمثبتة على أساس ان الحاجات الداخلية للأفراد هي التي تحفزهم.

ثالثاً: الإتجاهات الحديثة في التحفيز Recent Trends in Motivation

أن الاهتمام بزيادة الانتاج الكلي وزيادة مساهمة العاملين في ذلك الانتاج دفع كثيرا من الباحثين الى تبني بعض الأساليب الجديدة والتي تقوم على زيادة مشاركة المرؤوس في اتخاذ القرارات التي يقوم بتنفيذها وفكرة الادارة بالمشاركة مبنية على الفكرة القائلة بأن الأفراد يميلون عادة على دعم القرارات التي يشاركون بوضعها وسيتم هنا شرح أهم هذه الأساليب.

.(Daft, 1991, p.402)

1 - أسلوب توسيع العمل Job Enlargement

يتضمن هذا الاسلوب اضافة واجبات ومهام اخرى للعمل الذي يقوم به الفرد على نفس مستواه الإداري بدلا من أن يقتصر عمله على القيام بعمل محدد متخصص، فمثلا موظف قسم الودائع بدلا من أن يقتصر عمله على

استلام ودائع حسابات التوفير يمكن أن توسع عمله باستلام ودائع الحسابات الجارية أو الودائع لأجل والمراقبة على صرفها للزبائن. وكأن هذا الأسلوب هو رجوع عن مبدأ التخصص في العمل الإداري.

ان اضافة الواجبات والمسؤوليات الى العمل الأساسي يزيد من الرغبة في العمل ويقضي على الملل والروتين فيه وبالتالي يزيد من تحفيز الأفراد على أداء الأعمال.

2 - اسلوب اثراء العمل   Job Enrichment

يقصد بمبدأ اثراء العمل اعطاء العاملين فرصا أكثر وحرية أوسع في تخطيط وتنظيم ومراقبة أعمالهم وهذا يعني زيادة التوسع العمودي في الأعمال بينما أسلوب العمل يعني زيادة التوسع الأفقي في الأعمال.

ويعني اسلوب اغناء العمل اعطاء المرؤوس بعض المهام والواجبات التي يقوم بها رئيسه وبالتالي زيادة مشاركة في اتخاذ القرارات التي تتعلق بعمله بشكل يؤدي الى تغير في محتوى العمل Job Content مثلا بدلا من يقتصر ـ دور المحاسب على استلام الأموال للصندوق يعطي مسؤولية صرف الأموال والرقابة عليها واتخاذ القرارات المتعلقة بإدارة الأموال بما يتفق ومصلحة المؤسسة.

وهذا الأسلوب يؤدي الى زيادة ارتباط المرؤوس وولائه للعمل كما يزيد من احساسه بالمشاركة والإنجاز بشكل يؤدي الى دفع درجة روحه المعنوية وبالتالي زيادة انتاجه (Pringle, et.al., 1988, p.173).

3- اسلوب العمل المرن   Flextime

يسمح هذا الأسلوب للعاملين باختيار ساعات العمل التي يريدونها ضمن حدود معينة، فيستطيع الفرد الحضور الى العمل خلال ساعات معينة وترك العمل خلال ساعات معينة لكن عليه التواجد في ساعات محددة يسمى الوقت الأساسي (Core Time) خلال ساعات العمل اليومية والتي هي مثلا ثمانية ساعات يوميا.

فمثلا يستطيع الفرد الحضور الى العمل ما بين الساعة السادسة الى الساعة التاسعة صباحا وترك العمل ما بين الساعة الثالثة والسادسة بعد الظهر شريطة أن يتواجد جميع العاملين خلال الفترة الأساسية مثلا ما بين الساعة العاشرة صباحا الى الواحدة بعد الظهر. من فوائد اسلوب العمل المرن انه يسمح للفرد بجدولة أوقات دوامه بحيث لا تتضارب مصالحه الشخصية ومتطلبات العمل كما أنه يسمح للفرد باختيار الوقت الذي يعتقد بأن انتاجيته فيه أفضل ما يمكن.

4 - أسلوب العمل الأسبوعي المكثف Compressed Workweek

يتضمن هذا الأسلوب السماح للعامل بقضاء ساعات العمل الأسبوعية (40 ساعة مثلا) خلال عدد أيام أقل مثلا اربعة أيام بدلا من خمسة أيام. وهذا يسمح للعامل بقضاء وقت أطول للراحة والتسلية والأعمال الشخصية.

أشارت نتائج استخدام هذا الأسلوب الى زيادة في الرضا الوظيفي للعاملين وانتاجيتهم وتقليل معدلات دورات العمل والغياب.

وبالمقابل أدى هذا الأسلوب في بعض الحالات الى تعب العامل وارهاقه مما أدى الى جودة أقل في المنتجات وفي خدمة الزبائن.

5 - اسلوب مجموعات الجودة Quality Circles

وهي عبارة عن مجموعات صغيرة من العاملين تجتمع معا وبإستمرار خلال وقت العمل في الشركة لمناقشة وتطوير أفضل الطرق والوسائل التي تستطيع تحسين نوعية وكمية الإنتاج . وقد بينت الدراسات ان هذا الأسلوب كان فاعلا في تحفيز العاملين وتحسين مستوى انتاجية الفرد كما ونوعا.

6 - اسلوب الادارة بالأهداف Management By Objectives

يعتبر اسلوب الادارة بالأهداف من أكثر أساليب الادارة بالمشاركة شيوعا واستعمالا في السنوات الأخيرة. فبالإضافة الى أهميته كأسلوب من أساليب

التحفيـز إلا أنـه يسـتعمل باسـتمرار كأسـلوب مـن أسـاليب تقيـيم الأداء Performance Evaluation. واسـلوب الادارة بالأهداف يمكـن وصفه بأنه فلسـفة ادارية ترمي الى زيادة التحفيز الداخلي للأفراد من خلال اشتراك المرؤوسين مع الرؤساء في تحديد الأهداف وزيادة رقابـة المرؤوس علـى عملـه. وهـذا يعني زيادة مشاركة المرؤوس في اتخـاذ القرارات التـي تـؤثر عليـه بشكل مباشر. لقد وضع بيتر دركر Peter Drucker فكـرة الادارة بالأهداف في أوائـل الخمسينات ونالت الكثير من التأيـيد والاهـتمام ووضعت موضع الاختبـار والتمحيص من قبـل كثيـر مـن الباحثين وتتلخص العناصـر الأساسية لهـذه الفلسفة الادارية بما يلي (Mondy.et.al., 1991, p.291) :-

1- يجتمـع الرؤسـاء والمرؤوسـون في كـل وحـدة ادارية لمناقشـة الأهداف والنتائج المراد تحقيقها في المنشأة، والتي تكون عادة ضمن الاطار العام لأهداف المنشأة.

2- يشـترك الرؤسـاء والمرؤوسـون في وضـع وتحديـد الأهـداف التـي يمكن للمرؤوسين تحقيقها خلال فترة زمنية معينة. وهذه الأهـداف يجب أن تكون واقعية ويسهل قياسها.

3- يجتمع الرؤساء والمرؤوسون مرة اخرى لدراسـة انجاز المرؤوسـين لتلك الأهداف الموضوعة وتقييمهم لها والنقطة الأساسية في هذه المرحلة هي تزويد المرؤوسين بمعلومات عن عملية التقييم حتى يعرف المرؤوس أين يقف بالنسبة لمساهمته في هذه المرحلة لتحقيق هدف وحدته الإدارية وهدف المنشأة العام.

4- اذا تبين من خلال عملية التقييم بأن هناك نواحي ضعيفة تتطلب التعديل فيجب العمل على وضع الحلول لها، كوضع برامج تدريبية للأفراد.

ان وضع الأهداف وطرق تقييمها تختلف بين منشأة واخرى أو حتى بين الوحدات الإدارية في المنشأة نفسها لكن النتائج المترتبة على ذلك يمكن تلخيصها بما يلي:-

آ - تحسين مشاركة المرؤوس في المنشأة.

ب - تحسين موقف الأفراد ورفع روحهم المعنوية تجاه المنشأة.

ج - تخفيض القلق وعدم الراحة بالنسبة للمرؤوس نتيجة عـدم معرفتـه بموقف رئيسه تجاهه.

لقد أظهرت الدراسات والأبحاث التي أجريت على هذا الأسـلوب نتائج إيجابية في تحسين طرق الاتصال والفهم بين الرؤساء والمرؤوسين وخاصة عند ما يطبق بشكل جيد، بينما اعتبره البعض الآخر اسلوبا ضعيفا في التحفيز.

بالرغم من الفوائد التي يحققها اسلوب الادارة بالأهداف إلا أنه يجب الأخذ بالإعتبار نواحي أساسية عند تبني هـذا الأسـلوب وخاصة في مرحلة التطبيق. ولقد أشـارت نتائج الدراسـات التي أجريت بأنه يجب تهيئة المديرين نفسيا وعمليا قبل الشروع بتنفيذ هـذا الأسـلوب. كذلك هنـاك عوامـل تنظيميـة يجـب إدخالهـا مثـل تحسـين نظام الاتصـالات وتـدفق المعلومات في المؤسسة وكذلك تحسين العلاقات الشخصية ضمن الجماعـات في المؤسسة وبشكل رئيسي ومهم يجب أن يكون دور الادارة العليـا في دعـم هذا الأسلوب إيجابيا وبناء.

وقد ظهرت في الفترة الأخيرة شركات استشارية تطبق هذا الأسلوب نظرا لما يحتاجه من مهارات فنية وإدارية (الصباغ،1981،ص 11).

7 - أساليب أخرى في التحفيز:

اضافة الى النظريـات والأسـاليب السـابقة في التحفيـز فـإن هنـاك أساليب أخرى يمكن تطبيقها لزيادة فهم الإدارة للعاملين فيهـا، ومـن ثـم التصـرف بشـكل يضـمن تحفيـز هـؤلاء العـاملين. ومـن هـذه الأسـاليب الأهتمام بالروح المعنوية للعاملين عن طريق قيامها:

آ - بمسح إحصائي لمعرفة آراء وإتجاهات Attitudes العاملين تجاه المنشأة.

ب - وضع نظام صندوق الاقتراحات لكي يستطيع الفرد التعبير عـن مشاكله وآرائه وأفكاره.

ج - وضع نظام فعال لحل الشكاوي والنزاعات Grievance Procedures التي تنشأ داخل المنشأة بين العاملين فيها.

د - سياسة الباب المفتوح من قبل المدير مع مرؤوسيه (Trewatha & New Port, 1982, p.371)

8- تأهيل العاملين:

ان تأهيل العاملين في المنشأة هو من مهام وظيفة التدريب فيها. ويتضمن التدريب أساليب منظمة تعمل على إحداث تغيير في سلوك الأفراد لتمكنهم من الحصول على المهارات المهنية والسلوكية القادرة على مساعدتهم في تحقيق أهدافهم وأهداف المنشأة معا.

وتأهيل العاملين في المنشأة يتضمن توجيه وتكييف العاملين الجدد في بداية عملهم لبيئة العمل في المنشأة من حيث أهدافها،سياستها، طبيعة العمل بها، التعرف على الزملاء.....الخ. وهذه المرحلة تتضمن جولات لمختلف أقسام المنشأة للتعرف عليها لخلق جو عمل طبيعي للأفراد الجدد بشكل تشعرهم بأنهم جزء من المنشأة وليسوا غريبين عنها مما يؤدي الى خلق شعور بالرضا والطمأنينة.

كما تتضمن عملية تأهيل العاملين الجدد، التدريب لاكتساب مهارات العمل عن طريق وضع برامج تدريبية ملائمة أثناء العمل أو خارجه، تساعدهم في تعلم أصول العمل وإتقانه.

بالاضافة الى ذلك نجد أن برامج تأهيل العاملين لا تقتصر على العاملين الجدد وإنما أيضا تتضمن برامج تدريبية لتحديث أو إكساب مهارات جديدة للعاملين القدامى وخاصة اذا كانت المنشأة تسعى لتطوير مستوى العمل لديها لتتلائم مع التطورات العلمية والفنية والاقتصادية في البيئة التي تعمل بها.

لهذا نجد ان برامج تأهيل العاملين عملية مستمرة في المنشآت وخاصة الكبيرة منها، وعادة توكل مهمة تنفيذها الى وحدة متخصصة في التنظيم

الإداري لهذه المنشآت للعمل على تنظيمها وتنفيذها بشكل فعال يكفل تحقيق الغرض منها مما يؤدي بالنهاية الى إكساب العاملين مهارات فنية وسلوكية تؤدي الى زيادة إتقانهم لعملهم ورضاهم عنه بشكل يؤدي الى تحقيق أهداف المنشأة بكفاءة عالية ويساعد العاملين على التكيف مع متطلبات عملهم.

الفصل الحادي عشر

السلامة المهنية

أولاً :- السلامة المهنية ... مفهومها، أهدافها

ثانياً :- إدارة الموارد البشرية .... السلامة المهنية، طبيعة العلاقة

ثالثاً :- المخاطر المهنية وحوادث العمل

رابعاً :- الأمراض المهنية

الفصل الحادي عشر

السلامة المهنية

أولاً: السلامة المهنية .. مفهومها ، أهدافها:

أ) السلامة المهنية .. المفهوم:

تعني إدارة الموارد البشرية في المنظمة بتوفير ظروف عمل مناسبة تمنع من وقوع أخطار تهدد صحة العاملين وسلامتهم، وتستمد هذه العناية قوامها من عامل أخلاقي Moral Factor غاية المحافظة على العنصر ـ البشري وتجنيبه الحوادث والإصابات التي تعرض حياته للخطر، وتوفير شروط عمل صحية تضمن استمرار نشاط المنظمة، وتستمد قوامها كذلك من عامل التكلفة Cost Factor، فالحوادث الصناعية وإصابات العمل تحمل المنظمة نفقات كبيرة تتمثل في تكلفة الإنتاج الضائع بسبب تعطل الأفراد والآلات، بالإضافة إلى تعويض العامل المصاب وتحمل نفقات علاجه وأجوره.

وليس المصنع بمنأى عن الحوادث ، ففي كل يوم تقع في المصنع حوادث وإصابات عمل لها أسباب متباينة، قد يؤدي بعضها إلى عجز أو عاهة أو وفاة، كما قد يؤدي بعضها الآخر إلى تلف آلة أو توقفها عن العمل أو تلف المواد الأولية أو نصف المصنعة أو المصنعة.

ويقدر الخبراء أن شخصاً واحداً في العالم يموت كل ثلاث دقائق على أثر إصابة عمل أو مرض بسبب المهنة، وإن أربعة أشخاص يقعون في إصابة عمل كل ثانية واحدة، ولعل ذلك يفوق كثيراً ما تكبدته البشرية من خسائر في الأرواح من الحروب العالمية جميعها، كما أن تكاليفها تقدر ببلايين الدولارات الأمريكية.

جدير بالذكر ان الاهتمام بالإصابات والحوادث والأمراض المهنية في

المنظمات جاء بداية استجابة لوازع ديني وإنساني غاية العطف على المصابين والإسهام في تخفيف الأضرار عن المنكوبين، ثم ما لبث إن أصبح الاهتمام بهذا الموضوع استجابة لضرورات الإنتاج وتحسين الإنتاجية، فنادى السلوكيون بضرورة الاهتمام بالإنسان وضرورة توفير الأجواء المناسبة له للعمل بعد أن ألقت الثورة الصناعية أوزارها، وفرضت على الإنسان أن يعمل بين الآلات والأجهزة والمعدات، وطالبت النقابات بضرورة الاهتمام بسلامة العمال، بحسبانها الجهة المسؤولة عن العاملين ومصالحهم، وقد مهد هذا السبيل إلى أن غدت السلامة المهنية هاجساً من هواجس إدارة الموارد البشرية في المنظمات.

يقصد بـ"السلامة المهنية" (ممارسة عدد من الأنشطة بهدف حماية عناصر الإنتاج وفي مقدمتها العنصر البشري في المنظمة من التعرض للحوادث والإصابات خلال العمل، وذلك بإيجاد الظروف المادية والنفسية المناسبة للعاملين لأداء أعمالهم بإنتاجية عالية).

وقد يستخدم مصطلح "السلامة الصناعية" أو مصطلح "الأمن الصناعي" ليعني كل منهما "السلامة المهنية" في حين أن هذين المصطلحين يوحيان بأن المخاطر تقتصر على الصناعة وحسب في الوقت الذي ليس هناك عمل في ظل التطور التكنولوجي يخلو من مخاطر خاصة به، سواء كان عملاً زراعياً أو تجارياً أو خدمياً، وربما ترجع جذور استخدام هذين المصطلحين إلى سببين: **الأول**، ما رافق الصناعة من ظروف قاسية انعكست على مجمل الأوضاع الصحية والاجتماعية والأمنية الخاصة بالعاملين، **والآخر**، يتمثل في أن متطلبات السلامة والأمن أكثر وضوحاً وبروزاً في الصناعة منها في باقي القطاعات.

ب) السلامة المهنية .. الأهداف

إذا كان مدى السلامة المهنية ونطاقها يختلف من منظمة إلى أخرى وفقاً لعوامل تتعلق بالبناء التنظيمي، وحجم المنظمة، وطبيعة الإنتاج، والتكنولوجيا المستخدمة فإن السلامة المهنية في إطارها العام تستهدف أولاً،

المحافظة على صحة العاملين وسلامتهم وتقليل معدلات الحوادث والأمراض والوفيات وتحسين صحتهم، وتستهدف **ثانياً** وأخيراً، الوصول إلى أفضل مستويات الإنتاج والإنتاجية للعاملين من خلال توفير نظم السلامة التي تتيح بيئة عمل أمنية ومريحة، إذ أن من أسباب ضعف إنتاجية العامل تعرضه للتعب بمختلف أشكاله كالتعب الفيزيائي العام والتعب البصري والتعب النفسي والتعب العصبي وغيرها، وإن أهم أسباب التعب تكليف العامل بعمل فوق طاقته أو تشغيله في ظروف عمل مادية سيئة.

ثانياً: إدارة الموارد البشرية ... السلامة المهنية .. طبيعة العلاقة:

إن ما تقدم بيانه من أهداف يفرض على إدارة الموارد البشرية في المنظمة:

1- تحليل أساليب الأداء والمعدات المستخدمة لغرض التنبؤ بالمخاطر والمشكلات المحتملة، وبالظروف التي يمكن أن تنشأ عنها إصابات خطيرة، لغرض السيطرة عليها.

2- تحديد إجراءات السلامة والصحة المهنية العامة لجميع العاملين، كذلك الإجراءات الخاصة بكل وظيفة أو مهنة وتوفير معدات ومستلزمات الوقاية الشخصية الخاصة بكل وظيفة أو مهنة وإلزام العاملين بها.

3- وضع نظام تقارير للتبليغ عن الحوادث وتحديد مواقعها وتحليل أسبابها.

4- وضع إجراءات وتعليمات خاصة بحالات الطوارئ التي يمكن ان تقع، كحالات الحريق مثلاً.

5- نشر الوعي الوقائي بين العاملين من خلال إعداد برامج تثقيف وتوعية.

6- تدريب جميع العاملين على إجراءات السلامة المهنية واستخدام معداتها.

7- توفير الخدمات الطبية اللازمة لضمان الصحة الجسمية والنفسية للعاملين.

8- توفير بيئة عمل إيجابية ومحفـزة للعـاملين مـن خـلال إشـاعة العلاقات الإنسانية في العمل.

9- وضع نظام للتفتيش والرقابة، بهدف التأكد من تطبيق إجراءات السلامة المهنية والصحية.

10- النظر إلى وظيفة السلامة المهنية بأنها من الوظائف الأساسية للمنظمة، وبالتـالي قـد يكـون مـن الضـروري إيجـاد وحـدة تنظيميـة متخصصـة للسلامة والصحة المهنيـة تشرف علـى تطبيق بـرامج السلامة ونظمهـا وإجراءاتها، وتقديم المساعدة للرؤساء والمشرفين والعاملين الآخـرين في كل ما يتعلق بالسلامة في العمل.

ثالثاً: المخاطر المهنية وحوادث العمل :

أ) المخاطر المهنية

يرتبط أداء أية وظيفة أو مهنة بمجموعة من المخاطر ذات العلاقات بطبيعة واجباتها ومسؤولياتها، ويمكن تصنيف هـذه المخاطر إلى صناعية تسببها مكونات المنظمة، وأخرى طبيعية تسببها البراكين والزلازل والحـروب، كـما يمكن تصنيفها وفقاً للعوامل المسببة لها إلى ما يلي:

1- **مخاطر فيزيائية:** كالتعرض للضوضاء أو الاختناق أو الحروق أو الصدمات الكهربائية أو الإشعاعات أو الاهتزازات أو العمـل في أجـواء ذات درجـة حرارة عالية أو في أجواء باردة أو رطبة أو قليلة التهوية.

2- **مخاطر كيمياوية:** وتنتج هذه المخاطر عن استعمال المـواد الكيمياويـة التي تدخل في الإنتاج بحد ذاتها أو عـن تفاعلات هـذه المـواد الناتجـة بشكل أبخرة أو أتربة أو نفايات.

3- **مخاطر بيولوجية (حياتية):** وتنتج هـذه المخاطر عـن انتقال جـراثيم أو ميكروبات مختلفة بشكل فيروس أو بكتريا، أو فطريات من الإنسان أو

الحيوان أو المواد الأولية التي يستخدمها في العمل.

4- **مخاطر ميكانيكية:** وتنتج عن استخدام آلات ومعدات عمل سليمة بصورة غير صحيحة أو استخدام آلات أو معدات عمل غير سليمة أو غير ملائمة، أو بسبب عدم اتخاذ إجراءات السلامة والوقاية لبعض الآلات.

5- **مخاطر نفسية:** وتنتج عن عدم تهيئة العامل نفسياً أو ذهنياً لبيئة العمل وظروفه وعدم توافقه معها، مما ينعكس سلبياً على صحته.

ب) حوادث العمل   Work Accidents:

قد تتخذ المخاطر المهنية شكل حوادث عمل يتعرض لها العاملون أو عناصر الإنتاج الأخرى كالأبنية والآلات والمعدات، وقد تتخذ شكل أمراض جسدية أو نفسية تصيب العامل لأدائه واجباته ومسؤوليات وظيفته.

ويعرف **الحادث** Accident بمعناه الواسع بأنه (كل ما يحدث دون أن يكون متوقع الحدوث، مما ينجم عنه في العادة ضرر للناس أو للأشياء)، وبالتالي فإن الحوادث هي أفعال غير مقصودة وغير مرغوب بها، **أما حوادث العمل** فتنصرف إلى ما يقع في أثناء العمل وبسببه مباشرة، سواء تعلقت تلك الأسباب بالعامل نفسه أو بأجهزة ومعدات العمل أو بظروف أدائه.

وينطبق على حوادث العمل ما ينطبق على الحوادث بشكل عام من عدم توافر القصد أو النية في وقوع الحادث، ووقوعه خارج إرادة الشخص العامل، وترتيبه أضراراً مادية أو بشرية تؤدي إلى إعاقة العمل أو الإنتاج أو توقفه.

أنواع حوادث العمل:

تصنف حوادث العمل وفقاً لعدد من المعايير، أهمها:

1- **النتائج:** إذ يطلق على الحوادث التي تصيب العاملين "إصابات" Work Injuries " وتكون نتائجها عادة على شكل جروح أو إعاقات أو عاهات أو غيرها، ويطلق على المخاطر المهنية التي تصيب موجودات المنظمة "حوادث "

" Accidents "، فالحريق الذي يحدث للمصنع يعتبر حادث عمل، وثمة رأي آخر، فإصابة العامل هي كل ما ينشأ عن حوادث واقعة غير مخططة يترتب على وقوعها ضرر جسمي، وبالتالي فإن الحادث أكثر شمولاً من الإصابة، إذ يقع الحادث وقد ترافقه إصابة مباشرة أو لا ترافقه، ومع ذلك فإنه يترك آثاراً وأضراراً تلحق بالمنظمة.

2- **درجة الخطورة:** وفق هذا المعيار تقسم الحوادث إلى بسيطة وأخرى خطرة، واستناداً إلى درجة التلف وحجمه والضرر اللاحق بالموجودات المختلفة أو بالعامل، فالإصابة البسيطة يمكن أن يشفى منها العامل بعد المعالجة الأولية، في حين ينشأ عن الإصابة الخطرة عجز مؤقت أو دائم، وقد تؤدي إلى وفاة العامل.

3- **سبب الوقوع:** فقد يكون سبب وقوع الحادث هو الفرد نفسه لإهماله أو لنقص خبرته أو لحالته الصحية، وقد يكمن السبب في الآلة ذاتها لضعف صلاحيتها للعمل، وقد يكون السبب سوء تنظيم مواقع الآلات، وقد يرجع السبب إلى عدم ملاءمة ظروف العمل، وبالرغم من تعدد أسباب وقوع الحوادث فإن العامل يبقى العنصر الحاسم.

4- **إمكانية التجنب:** بموجب هذا المعيار تصنف الحوادث إلى حوادث يمكن تجنبها، وأخرى لا يمكن تجنبها، وبالتالي فإن التخطيط ووضع البرامج الخاصة يساعد على تجنب بعض الحوادث، أما تلك التي لا يمكن تجنبها فإنها تفرض وجود سياسات سلامة مهنية تركز على محاولة تقليل الخطر الناشئ عن الآلات أو المعدات أو طرق العمل أو المواد المستخدمة.

أسباب حوادث وإصابات العمل:

تأتي حوادث وإصابات العمل نتيجة لمجموعتين من الأسباب، تضم **المجموعة الأولى** الأسباب غير الشخصية المتمثلة في الأسباب البيئية والفنية والتنظيمية التي لا علاقة لها بالعامل.

وتضم **المجموعة الأخرى** الأسباب الشخصية Personal التي تنشأ عـن نقص في قدرة العامل أو عدم ملاءمته للعمل أو عدم توافر الدوافع النفسية التي تمكنه من أداء العمل من غير وقوع حوادث.

1- الأسباب البيئية والفنية والتنظيمية: لا تـرتبط هـذه الأسباب - كما سبق إن ذكرنا- بالفرد المصاب بالحادث، بـل تـرتبط بالظروف البيئية المحيطة بالعمل وبجوانب تنظيمية وفنية تتعلق بالآلات، وتتمثل في الآتي:

أ) الأسباب البيئية:

تـؤثر الظـروف المحيطـة بالعمـل في معـدل تكـرار حـدوث الإصابات والحوادث؛ فعدم توافر ظروف عمل مناسبة للعاملين، سواء مـا تعلـق منهـا بالإضاءة أو درجـة الحرارة أو الضوضاء، أو تعلـق بـالأبخرة والأتربة والـروائح الكيمياوية والتهوية، يؤثر في درجة احتمال تكرار الحوادث، والعكس صحيح.

ب) الأسباب الفنية:

تتـأثر كفاءة العامـل في أداء واجبـات ومسؤوليات وظيفتـه بدرجـة صلاحية الآلة التي يسـتخدمها في أدائه لتلك الواجبـات، ففي حالـة عـدم ملائمة الآلة، سواء لوجود خطأ في تصميمها أو لوجود خلل في طريقة عملها، فإن احتمال تكرار الحوادث سيرتفع، وهذا يؤدي إلى ارتفاع درجة المخاطرة التي يتعرض لها العامل الذي يستخدم هذه الآلة.

ج) الأسباب التنظيمية:

إن عدم كفاءة التنظيم الداخلي للمصنع يؤثر في زيادة عـدد حـوادث العمل فيه، فسوء ترتيب الآلة قد يكون سبباً إضافياً لزيادة احتمال حصول الحوادث، كما ان عدم الدقة في صياغة خطط الإنتاج تـؤثر في معـدل تكـرار الحوادث، كذلك تداخل العمليات الإنتاجية.

2- الأسباب أو العوامل الإنسانية: تـرتبط هـذه الأسباب أو العوامـل الإنسانية بالسمات والخصائص المتصلة بالعامل، وما يترتب على ذلك مـن حـدوث

سلوك أو تصرف يؤدي إلى حادث، ولذا من المفيد التعرف على الـدوافع الخفية التي أدت إلى وقوع الحادث.

ومن العوامل الإنسانية المسببة للحوادث:

أ) تشغيل العامل من غير إذن أو تصريح.

ب) العمل بمعدل سرعة غير مأمون أو تجاوز هذا العمل.

ج) إساءة استعمال أدوات الوقاية الشخصية.

د) عدم مراعاة الاحتياطات الخاصة باستخدام أو استعمال بعـض العناصر، كالمواد الكيمياوية.

هـ) إساءة استعمال الآلات وأجهزة المناولة.

و) اتخاذ موقف غير آمن في العمل، كالوقوف تحت أحمال معلقة.

ز) العمل على أجهزة متحركة وخطرة من غير مراعاة الاحتياطات الضرورية لتشغيلها.

ح) شرود الذهن، وعدم تركيز الانتباه في أثناء العمل.

ط) عدم التبليغ عن ظروف غير مأمونة يتم اكتشافها.

ثمة عدد من العوامل تتصل بسمات الفرد الذهنيـة والبدنيـة تـؤدي إلى سلوك غير مأمون، وتعمل بالتالي على إيجـاد ظـروف مواتيـة للحوادث، أهمها:

أ) المواقف والاتجاهات وتتمثل في:

- الإهمال المتعمد وعدم الاكتراث.

- عدم التروي.

- الخمول والكسل.

- الأنانية والخوف وسرعة الانفعال.

- الافراط في الحماسة، وعدم الصبر، وشرود الذهن.

ب) نقص معرفة العامل وضعف مهارته.

ج) عدم اللياقة الجسمانية للعاملين:

ويشير هذا العامل إلى ضعف حاستي السمع والبصر، بالإضافة إلى حساسية الجسم لبعض المواد، والبطء في الإدراك، وارتفاع نسبة السكر في الدم، وارتفاع ضغط الدم أو هبوطه، وأية أمراض عضوية أخرى.

ولدى مقارنة آثار العوامل الإنسانية بالعوامل البيئية في الحوادث يمكن القول أن الظروف البيئية غير مأمونة أقل أهمية من العوامل الإنسانية كمسبب للحوادث.

الاستهداف للحوادث:

يعني الاستهداف للحوادث تعرض بعض الأفراد إلى الحوادث بمعدلات أكبر من غيرهم من العاملين في بيئة العمل نفسها، ويطلق على هذه الفئة من العاملين "المستهدفون"، وتستند عملية الاستهداف إلى مجموعة من الصفات والمميزات التي تجعل من بعض العاملين أكثر تعرضاً للحوادث من غيرهم من العاملين ضمن الوحدة الصناعية الواحدة.

خصائص المستهدفين للحوادث:

من المفيد معرفة خصائص المستهدفين للحوادث أو الميالين للحوادث بهدف استبعادهم في أثناء عملية الاختيار التي تجري في المنظمة، ومن أهم خصائصهم:

1- عدم الانتباه: فالمستهدفون ضعيفو الانتباه للعمل وشاردو الذهن.

2- ضعف الإدراك للخطر الذي ينطوي عليه التصرف: فالمستهدفون يتميزون بضعف إدراكهم للخطر الذي ينطوي عليه التصرف.

3- الانفرادية ومخالفة الجماعة: فالفرد المستهدف للحوادث لا يمتثل لرأي

الجماعة، ويميل إلى تكوين رأي مستقل عن رأي الجماعة.

4- مخالفة التقاليد الاجتماعية: فالفرد المستهدف لا يحترم التقاليد السائدة، كما أنه لا يقيم وزناً للشعور والإحساس الجماعي.
5- الميل إلى إيذاء وعقاب النفس: فالفرد المستهدف لا يكترث بالحوادث وما يترتب عليها من نتائج، وينسى ما وقع له في الماضي من حوادث.
6- الغطرسة والاعتداد بالنفس: فالفرد المستهدف للحوادث، يعتز بنفسه كثيراً، ولا يكترث بالإجراءات الوقائية، ويعتقد أن هذه الإجراءات تؤدي إلى إرباك وتعطيل العمل ولا منفعة منها.
7- ضعف دافع الانتماء للجماعة: فهو يميل إلى معاداة الآخرين ودافعيته ضعيفة إلى الانتماء إلى جماعة معينة أو نظام معين، ولا يتعاون مع الآخرين.

الوقاية من الحوادث .. المفهوم والأهداف

تعني الوقاية من الحوادث توفير ما يلزم من الشروط والمواصفات الفنية والإجراءات التنظيمية في بيئة العمل لجعلها مأمونة وصحية، بمعنى أن لا تقع فيها حوادث ولا تنشأ عنها إصابات مهنية.

وتستهدف الوقاية من الحوادث ما يلي:

1- حماية العنصر البشري من التعرض للحوادث والإصابات، وبالتالي منع أو تقليل ما يقاسيه البشر من آلام بسبب الحوادث وإصابات العمل، وحماية أسرة العامل المصاب من التشرد والضياع بسبب فقدان عائلها أو انقطاع مورد رزقها.
2- تخفيض الخسائر: تتمثل الخسائر التي تلحق بالمنظمة في تكلفة الوقت الضائع للعامل الموجودين في مكان الحادث، وتكاليف إصلاح أو استبدال الأجهزة والمعدات والمواد، كما تتمثل في الأجور المدفوعة للعاملين المصابين رغم تعطيلهم عن العمل، والأجور الإضافية نتيجة العمل لوقت إضافي

لتعويض العجز في الإنتاج الناشئ عن الحوادث، كذلك تكلفة الوقت الضائع للمشرفين على التحقيق في الحادث، وتكلفة الوقت المنقضي- في تدريب عامل جديد، والمصاريف الطبية غير المؤمن عليها التي تتحملها المنظمة.

3- رفع معنويات العاملين وتحسين المناخ التنظيمي، فتكرار الحادث لأسباب بيئية غير مأمونة قد يصاحبه تنامي شعور لدى العاملين بالاستياء من الإدارة بسبب عدم اهتمامهم بهم، والعكس صحيح.

إبعاد الوقاية من حوادث العمل:

ثمة علاقة مباشرة بين جهود المنظمة في مجال السلامة المهنية وبين فعاليتها في تحقيق أهدافها، مما يوجب عليها وضع سياسة إدارية بحيث تصبح مسألة حماية العاملين من الإصابات والأمراض المهنية من أهم مسؤوليات المنظمة، وإن هذه المسؤولية ليست أدبية وحسب، بل أنها مسؤولية إدارية أساسية وضرورة اقتصادية واجتماعية.

إنه يمكن تلافي إصابات العمل وحوادثه أو الحد منها على الأقل من خلال اعتماد الوحدة التنظيمية المعنية بإدارة الموارد البشرية سياسة إدارية ذات أبعاد هندسية، وصحية، وأمنية، وخدمية، وتنظيمية، وبيئية.

فأما البعد **الهندسي** للسياسة فيطال ضرورة إيجاد التصميم الملائم للمباني، وتوفير الظروف الفيزيائية المناسبة من إضاءة وتهوية وحرارة و ... الخ، وتخصيص المساحات اللازمة التي تفي بأغراض التوسعات المستقبلية، كذلك توفير الآلات بالواصفات المناسبة وتزويدها بالحواجز الواقية وتأريضها، والتأكد من أن التمديدات الكهربائية منفذة وفق المواصفات العلمية القياسية.

وأما البعد **الصحي** فيفرض ضرورة إجراء الفحوصات الطبية الشاملة للمرشحين للتعيين، للتأكد من سلامتهم الجسدية والنفسية قبل تعيينهم، كذلك إجراء الفحوصات الدورية للعامل، بخاصة عندما تكون لطبيعة الوظيفة آثار سلبية على صحته، واستعمال أدوات الوقاية الشخصية المناسبة للحد من

تعرض العامل لأي خطر، كذلك العمل على إجراء عمليات التطعيم الدوري ضد الأمراض المعدية للعاملين ولأسرهم، ووضع سياسة واضحة للتأمين الصحي.

ويقع في هذا الإطار، ضرورة تحديد مسؤولية الجهة التي تتولى الرعاية الصحية للعاملين، وإيجاد وحدات للإسعاف قريبة من أماكن عملهم وسكناهم، وعيادات صحية في مواقع العمل لمعالجة الأحداث الطارئة التي يتعرض لها العاملون كالجروح والحروق ونحوها.

وأما البعد **الأمني** فيوجب توعية العاملين بأهمية السلامة المهنية، وتعليمهم أصول السلامة وقواعدها، ووضع إشارات وتعليمات على الأماكن الخطرة، والتأكد من التقيد بها، كإشارات "ممنوع التدخين"، أو "ممنوع الدخول لمن ليس له عمل"، والتفتيش المستمر على ظروف العمل لاكتشاف أية أخطاء تؤثر في السلامة، والعمل على تلافيها، وتوفير الملابس الواقية للعاملين والمعدات الحامية من الإصابات، والتأكد من وجود أجهزة الإنذار المبكر للحرائق، وإصدار نشرة إعلامية وإحصائية عن الحوادث التي وقعت في المنظمة، وزيادة المصابين نتيجة الحوادث، وتقديم العون الممكن لهم ولأسرهم.

أما البعد **التنظيمي** فيهدف إلى إيجاد وحدة تنظيمية متخصصة تقع تحت مظلة وحدة إدارة الموارد البشرية لتقديم البرامج للازمة للأمن الصناعي والسلامة المهنية، بحيث تتولى توعية القيادات الادارية بأهمية العلاقات الإنسانية وبأهمية إيجاد ظروف عمل مشجعة للعاملين.

ويستهدف البعد **الخدمي** توفير الخدمات الأساسية التي تخفف من معاناة العاملين، كخدمات النقل المجاني المريح والسريع من أماكن سكناهم إلى أماكن عملهم، وتوفير المساكن الصحية، بالإضافة إلى توفير السلع والمواد الغذائية الأساسية للعاملين من خلال الجمعيات التعاونية الاستهلاكية.

ويأتي البعد **البيئي** ليركز على أهمية حماية البيئة الداخلية للمنظمة من مخاطر الإصابات والأمراض التي تسببها العوامل الطبيعية والمناخية المحيطة بالمنظمة، وتقليل الآثار والأضرار التي تحدثها هذه المنظمة في البيئة الخارجية.

أساليب الوقاية من الحوادث:

- استخدام معدات ووسائل الوقاية الشخصية:

إن الوحدة التنظيمية المسؤولة عن إدارة الموارد البشرية في المنظمة معنية بتوفير المعدات والوسائل الخاصة بالسلامة المهنية لوقاية العاملين من الإصابات، كذلك توفير مستلزمات إطفاء الحرائق وصيانة المعدات، وعلى هذه الوحدة التنظيمية أن تعقد برامج تعليم وتدريب متخصصة لهذا الغرض، وتتمثل معدات ووسائل الوقاية الشخصية في الآتي:

أ) النظارات الواقية (لوقاية العيون من الشرر والشظايا والحرارة والأشعة والصدمات).

ب) أغطية الرأس (لحماية الرأس من الأشياء الساقطة، والصدمات، وضربات الشمس، والأمطار، والأتربة، والسوائل).

جـ) سدادات الأذنين (للوقاية من الضوضاء والأصوات الشديدة).

د) أقنعة الوجه (لحماية الوجه من تطاير الشظايا، والحرارة، والوهج، والأشعة، والمواد الكيمياوية، والشرر).

هـ) الكمامات (للوقاية من الغازات، والأبخرة، والروائح، والأتربة، والإشعاعات).

و) الكفوف البلاستيكية والجلدية والمقوية.

ز) أحذية السلامة والأحذية العازلة.

ح) أحزمة الأمان.

ط) المرايل والصداري (للعاملين في الصناعات الكيمياوية وأفران المعادن والإشعاعات).

رابعاً: الأمراض المهنية Occupational Diseases

أ) الأمراض المهنية .. المفهوم

تمثل الأمراض المهنية المجال الرئيس الآخر من المخاطر التي يتعرض لها العامل في مهنة ما إضافة إلى المجال الأول وهو حوادث العمل، وإذا كانت الأخيرة تسبب أضراراً مادية تصيب العامل وتتعرض لها وسائل الإنتاج الأخرى خلال العمل وتكون ماثلة للعيان ويمكن حصرها وتقصي- أسبابها وتحديد المسؤول عنها، فإن الأمر بالنسبة للأمراض المهنية ليس على هذا النحو للأسباب التالية:

أ) تشابه أو تداخل بعض الأمراض.

ب) أثر استعدادات الفرد وظروف نشأته الأولى على الإصابة بالمرض المهني، وصعوبة عزل هذا الأثر عن الأسباب المؤدية للمرض المهني.

جـ) طول الوقت الواقع بين بداية الإصابة بالمرض وظهور أعراضه، مما يجعل التمييز بين المرض الذي نشأ بسبب الوظيفة أو المهنة وغيره من الأمراض أمراً صعباً.

يحدث المرض المهني عندما تتعرض أجهزة الجسم لتأثير المواد المستخدمة في العمل التي قد تدخل إلى الجسم عن طريق التنفس أو عن طريق الفم أو الجلد، أو التي تحدث بسبب تعرض الجسم لظروف بيئة العمل مثل الحرارة والبرودة والإشعاعات والإضاءة والضوضاء.

إن المرض المهني لا يحدث فجأة كما هو الحال في إصابة العمل، فقد يلزم أن يتعرض العامل في عمله للمواد والظروف المؤثرة عدة سنوات قبل أن تظهر عليه أعراض المرض المهني، وهو لا يصيب عاملاً واحداً بعينه بل يصيب أي عامل ما دام أنه يتعرض للمواد وظروف العمل نفسها.

إنه من الممكن منع حدوث الأمراض المهنية إذا طبق العمال الطرق السليمة في العمل واستعملوا معدات الوقاية استعمالاً صحيحاً، ولكن في حالة

إصابة العمل فإن هذه الإجراءات قد لا تمنع وقوع حادث، ويجب التمييز بين المرض المهني والمرض العادي، فالأول يكون بسبب العمل وأثنائه في حين قد يحدث الآخر في أثناء العمل ولكنه لا يكون بسببه.

ب) الأمراض المهنية .. الأنواع

1- أمراض الجهاز التنفسي- وتتمثل أسبابها في: الغبار الصناعي والغبار العضوي والغازات والأبخرة الكيماوية.

2- أمراض الجلد: وهي أكثر الأمراض المهنية انتشاراً، ومثالها الأكزيما، والحساسية، والسرطان الجلدي.

3- أمراض العيون: وهي أخطر الأمراض المهنية، وإن كانت لا تؤلف إلا نسبة ضئيلة منها، وقد تكون أسبابها طبيعية أو حيوية أو كيماوية أو ميكانيكية.

4- أمراض العضلات والمفاصل والظهر: وأكثر هذه الأمراض انتشاراً مرض روماتزم المفاصل، ويصيب العاملين الذين يجلسون مدة طويلة في أثناء عملهم مثل السائقين وشاغلي الوظائف الكتابية، كما أنه يصيب الأفراد الذي يعملون في المناطق الباردة والرطبة، والذين يعملون على آلات تسبب اهتزازات مستمرة، ومنها أيضاً أمراض الظهر التي تنتج عن الوقوف أو الجلوس لساعات طويلة في العمل، وأمراض العضلات التي تنتج عن استخدام عضلات معينة دون تحريك باقي الجسم، وقد يؤدي ذلك أحياناً إلى الشلل المهني.

5- أمراض حيوية: وأهمها مرض الجمرة الخبيثة، تصيب العاملين في صناعات البطانيات والسجاد، والفرو، والأسمدة العضوية، ودباغة الجلود.

6- أمراض السمع: وتحدث هذه الأمراض بسبب تعرض الأذن إلى ضوضاء شديدة لعدة سنوات، وتبدأ بضعف السمع تدريجياً إلى أن ينتهي الأمر إلى الصمم، وتصيب هذه الأمراض السمعية العاملين على آلات الحفر الهوائية، أو العاملين في المصانع ذات الآلات الضخمة أو العاملين في التفجيرات.

وتتمثل سبل الوقاية من هذه الأمراض في الآتي:

أ) توفير ظروف بيئة عمل مناسبة (تهوية، إضاءة، ...).

ب) استخدام معدات الوقاية الشخصية.

جـ) الفحص الطبي الدوري.

د) الإشراف والرقابة الفنية.

هـ) التوعية والتدريب.

الباب الثاني

العولمة وإدارة الموارد البشرية

الفصل الأول: العولمة وتأثيراتها على الموارد البشرية

الفصل الثاني: عولمة الموارد البشرية ... الفرص والتحديات

الفصل الأول

العولمة وتأثيراتها على الموارد البشرية

رابعاً: العولمة وتأثيراتها على الموارد البشرية في الدول المتقدمة

خامساً: العولمة وتأثيراتها على الموارد البشرية وعلاقات العمل في الدول العربية

الفصل الأول

العولمة وتاثيراتها على الموارد البشرية

أولاً: تمهيد:

فرضت ظاهرة العولمة نفسها على جميع دول العالم كواقع لا بد من التعامل معه بكل ما تنطوي عليه من مميزات وسلبيات، ومما يؤكد انتشار هذه الظاهرة تزايد عدد الشركات الدولية أو متعددة الجنسيات حيث بلغ عددها عام 1990 (37500) شركة تتحكم في (207000) شركة فرعية كما بلغت قيمة مبيعات الفروع الأجنبية لهذه الشركات وحدها ما يساوي حجم التجارة العالمية عام 1999، كما بلغ حجم التداول في البورصات العالمية 12000 مليار دولار عام 1995 بزيادة قدرها 900 مليار دولار عن عام 1990 (عبد السلام أبو قحف، 1997) كما أن هناك تزايداً في عدد البلدان النامية ومن بينها بعض الدول العربية الساعية إلى الانضمام إلى منظمة التجارة العالمية، بالإضافة إلى وجود مجموعة من المؤشرات التي تدل على انتشار ظاهرة العولمة يوضحها الشكل التالي:

شكل (11) مؤشرات انتشار ظاهرة العولمة

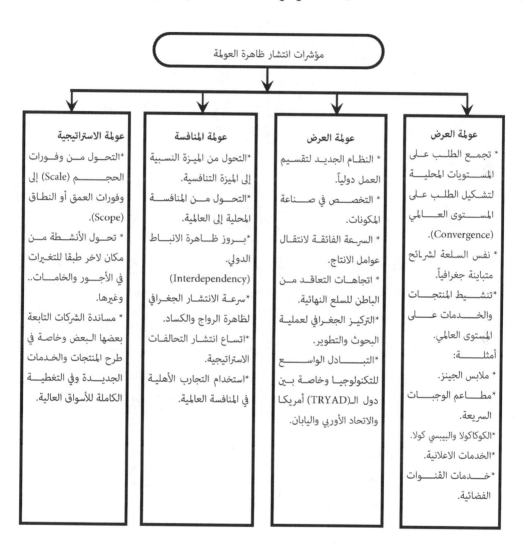

مؤشرات انتشار ظاهرة العولمة

عولمة العرض	عولمة العرض	عولمة المنافسة	عولمة الاستراتيجية
* تجمع الطلب على المستويات المحلية لتشكيل الطلب على المستوى العالمي (Convergence). * نفس السلعة لشرائح متباينة جغرافياً. *تنشيط المنتجات والخدمات على المستوى العالمي. أمثلة: * ملابس الجينز. *مطاعم الوجبات السريعة. *الكوكاكولا والبيبسي كولا. *الخدمات الاعلانية. *خدمات القنوات الفضائية.	*النظام الجديد لتقسيم العمل دولياً. * التخصص في صناعة المكونات. * السرعة الفائقة لانتقال عوامل الانتاج. * اتجاهات التعاقد من الباطن للسلع النهائية. *التركيز الجغرافي لعملية البحوث والتطوير. *التبادل الواسع للتكنولوجيا وخاصة بين دول الـ(TRYAD) أمريكا والاتحاد الأوربي واليابان.	*التحول من الميزة النسبية إلى الميزة التنافسية. *التحول من المنافسة المحلية إلى العالمية. *بروز ظاهرة الانباط الدولي. (Interdependency) *سرعة الانتشار الجغرافي لظاهرة الرواج والكساد. *اتساع انتشار التحالفات الاستراتيجية. *استخدام التجارب الأهلية في المنافسة العالمية.	*التحول من وفورات الحجم (Scale) إلى وفورات العمق أو النطاق (Scope). * تحول الأنشطة من مكان لاخر طبقا للتغيرات في الأجور والخامات.. وغيرها. * مساندة الشركات التابعة بعضها البعض وخاصة في طرح المنتجات والخدمات الجديدة وفي التغطية الكاملة للأسواق العالية.

ان هذا الانتشار لظاهرة العولمة يتطلب دراسة الآثار المختلفة للعولمة سواء من الناحية الاقتصادية أو السياسية أو الثقافية أو الاجتماعية. هذا وبعد قطاع العمل أكثر الأبعاد الاجتماعية تأثيرا بظاهرة العولمة وهو محور التركيز هنا.

ثانياً: مفهوم العولمة:

يعد مصطلح العولمة مـن أكثر المصطلحات إثارة للجدل في الآونة الأخيرة ويرى جوميت (1996) إن هذا المصطلح ما زال غير واضح المعالم سواء من حيث المفهوم أو التطبيق في الواقع العلمي.

ان غموض مصطلح العولمة يرجع أساسا إلى حداثة هـذا المصطلح بالإضافة إلى تعدد وتشابك الأبعاد المختلفة التي تنطوي عليها العولمة حيث تحمل في طياتها أبعادا سياسية واقتصادية واجتماعية وثقافية وغيرها، فعلى الصعيد السياسي تـؤدي العولمة إلى تحويـل سـلطة الدولة إلى الشركات متعددة الجنسية بشكل يفقد حكومات الدول استقلاليتها وهو الأمـر الـذي يؤدي إلى عدم الاستقرار السياسي. لقد أدت العولمة إلى اتجاه الـدول إلى التخلي عن وظائفها الأساسية قبـل المجتمع خاصة المجالات الإجتماعية.

(Gumment, 1996)

وعلى المستوى الاقتصادي، لم يعد الاقتصاد الوطني لكل دولة مستقلا فلقد فرضت العولمة اقتصاديات السوق التي تحتاج إلى المستويين - على المستوى المحلي والدولي - إلى سلطة قادرة على فرض النظام ومنح الثقـة للبنوك والأسواق ويكون بمقدورها فرض التحكم في حالات النمو والكساد، إن إضعاف دور الدولة تحت ضغوط عملية العولمة يحول دون تحقيق ذلك في الوقت الذي لا توجد فيه منظمات دولية يمكـن الاعتماد عليها في هـذا الشأن، كما أحدثت العولمة تغييرات في الهياكل والأنظمة المالية فعلى حين أن خلق الائتمان واستخدامه كان يتم داخل إقليم الدولة فإنه في الوقت الحاضر أخذ بتعدي الحـدود الإقليمية للدولة في إطار أسواق عالمية، ولا يعني هذا إلغاء دور البنوك والأسواق المالية المحلية غير أن هـذه البنوك لم تعد مستقلة تماما ذلك أنها أصبحت تشكل جزء من نظام أكبر تتأثر صعودا أو هبوطا أكثر من تأثرها

بالأوضاع المحلية، وعلى المستوى الثقافي، تمارس العولمة دورها فيما يتعلق بالمدركات والمعتقدات والأفكار، وغيرها...

فعلى الرغم من وجود تنوع ثقافي بين الشعوب إلا أن أفكار واتجاهات وسلوكيات الأفراد أخذت في التأقلم مع تقنيات عملية العولمة خاصة مع الثورة المعلوماتية وزيادة الاتصالات الدولية.

وعلى مستوى المنظمات، فبعد أن كانت السلع والخدمات تنتج من أجل شعب معين في دولة معينة أصبحت هذه السلع والخدمات تنتج من قبل شعوبا مختلفة ومن دول مختلفة للوفاء باحتياجات السوق العالمية بدلا من السوق المحلية، بمعنى أن الشركة العالمية تنظر إلى العالم كله كوحدة واحدة وتقوم بعمل استثماراتها وشراء إمداداتها وإجراء بحوثها وتصميم منتجاتها أينما أمكنها أداء ذلك بأعلى جودة وبأقل تكلفة.

وعلى ذلك يمكن القول أن العولمة هي فلسفة جديدة تتطلب تقنيات فكرية وسلوكية وفنية على درجة عالية من الشمولية والتكاملية وتستلزم أن تقوم الدول والمؤسسات - على حد سواء - بتغيير رسالتها وأهدافها واستراتيجيتها.

إنها كما يعرفها برهان غليون (1997) الدخول بسبب تطور الثورة المعلوماتية والتقنية والاقتصادية معاً في طور من التطور الحضاري يصبح فيه مصير الإنسانية موحدا أو نازعا للتوحد.(برهان، 1997) .

ثالثاً: الجوانب الإيجابية والسلبية للعولمة:

للعولمة عدد من النواحي الإيجابية والسلبية نعرضها على النحو الآتي:

أ) الآثار الإيجابية للعولمة:

من أهم النتائج الإيجابية المترتبة على العولمة ما يلي:

(Hirst & Thoompson , 1996)

1- إيجاد بيئة موائمة للقطاع الخاص ولعل اقتصاد السوق بكفاءة ويتضمن ذلك تعزيز القدرة التصديرية للاقتصادي الناجح والمؤهل للمنافسة واكتساب الأسواق الدولية.

2- تزايد معدلات التبادل التجاري العالمي مما يتيح فرص واعدة للتنمية والتعاون ومن ثم إمكانية رفع مستويات المعيشة على نطاق الكرة الأرضية.

3- تسهم في بلورة قيم ومفاهيم جديدة تحفز على المبادرة الفردية ومن ثم فهي تشجع على الابتكار والقبول بالمخاطرة والتخلي التدريجي عن الأعمال التقليدية.

4- تحفيز الدول على إعادة تنظيم وتكييف مؤسساتها العامة والخاصة على حد سواء بحيث تلبي مخرجات هذه المؤسسات احتياجات ومتطلبات العولمة.

5- فتح خيارات جديدة للبلدان التي حصرت حاضرها ومستقبلها في نطاق اقتصاد بعينة أو إنتاج وتصنيع سلعة واحدة أو خدمات محدد وقد توفر معطيات اقتصادية جديدة تساعد على إعادة التوزيع الاجتماعي والارتقاء بمستويات المعيشة لأكثر الفئات الاجتماعية احتياجا.

ب) الآثار السلبية للعولمة:

هناك عدد من النتائج السلبية المترتبة على انتشار ظاهرة العولمة من أهمها: (Horsman,1994)

1- تقليص وفقدان الدولة الكثير من سيادتها الوطنية.

2- زيادة حالات التهميش والاستعباد الاجتماعي، حيث يلاحظ تزايد أعداد المستبعدين اقتصاديا واجتماعيا من الشعوب والدول والقارات وبقدر هذا العدد بنحو ملياري شخص لم يستفيدوا حتى الآن من النجاح الذي يبشر به أنصار السوق.

3- ارتكاز الاقتصاد العالمي على مجموعة من الشركات التكنولوجية والمالية

والشركات متعددة الجنسية بحيث تحولت مصادر القوة المالية من الدول إلى مجموعة من الشركات وأسواق المال التي يهيمن عليها عدة مئات من الاقتصاديين ورجال الأعمال، ويقومون بالعمليات التجارية والمضاربات، وتحقيق الأرباح الخيالية فوق إرادة الحكومات والمؤسسات الاقتصادية والمالية الوطنية.

4- إتاحة تكوين الثروات بعيدا عن وسائل الإنتاج والرأسمال المنتج ودون خلق وظيفة واحدة.

5- تشجيع المضاربة والاستثمار في الأموال والعقارات أكثر من استثمارها المباشر أو غير المباشر في حركة التجارة في السلع والخدمات مما يضر ـ باقتصاديات الدول النامية.

6- انتشار ظاهرة البطالة.

7- تراجع الاهتمام بتوفير الخدمات الأساسية كالتعليم والصحة والإسكان والأمن والحماية الاجتماعية.

رابعا: العولمة وتأثيراتها على الموارد البشرية في الدول المتقدمة:

من أهم النتائج المترتبة على العولمة بالقوى البشرية في الدول المتقدمة ما يلي: (Eichengreen,1996; Horsman,1994)

1- تزايد التفاوت في الدخول في هذه الدول بسبب الضغوط المؤدية إلى تناقص الأجور لفئات معينة من العاملين بفضل التغيير التكنولوجي السريع وزيادة التحرير الاقتصادي والتجاري والمالي وتراجع نفوذ الحركة النقابية.

2- تراجع دور الاتحادات العمالية.

3- إختفاء فرص التوظيف التي تستمر مدى الحياة.

4- التحول التدريجي نحو استخدام العمالة المؤقتة.

5- زيادة أعداد العاملين في قطاع الخدمات ليصل إلى نحو 80% من العمالة الكلية في بعض الدول مثل الولايات المتحدة.

6- تراجع الإحساس بالأمان الوظيفي نتيجة زيادة العمالة المؤقتة مما أدى إلى تقليل ضغطهم من أجل زيادة الأجور واذعانهم أحيانا بتخفيض الأجور للاحتفاظ بوظائفهم والموافقة على زيادة عدد ساعات العمل.

7- تراجع أوضاع المتقاعدين مما سيؤدي الى دفع المزيد من الضرائب أو المساهمات حفاظا على مستوى التقاعد أو القبول بخفضه تخفيضا لما يسمى بـ " تكلفة العمل" والتي تعد العائق الأكبر أما الصناعات الغربية للمنافسة في اطار العولمة خاصة مع تزايد عدد كبار السن في تلك البلدان.

8- البطالة، حيث تعيش سوق العمل في الدول المتقدمة مرحلة حرجة... فالإنتاجية تؤدي إلى زيادة البطالة وتراجع في دخل العمل، كما أن اندماج الشركات بهدف زيادة قدرتها التنافسية يؤدي بدوره إلى الاستغناء عن أعداد كبيرة من العاملين، فالبطالة تسجل معدلات عالية نتيجة اعادة الهيكلة الاقتصادية التي تنتهجها الشركات وتعزى مشكلة البطالة (تقدم بنحو 18 مليونا) في بلدان الاتحاد الأوربي الى صرامة سوق العمل وسخاء نظام التقاعد وبطء القوى العاملة إعدادا وتأهيلا عن اللحاق بأطوار سوق العمل المستحدثة وكذلك ارتفع الأجور بما يدفع المنشآت إلى الإحجام عن توظيف عمالة جديدة.

9- ظهور أشكال جديدة للعمل، ومن هذه الأشكال العمل لبعض الوقت خاصة للنساء وقد اجتاح هذا التغيير أسواق العمل في الدول المتقدمة منذ السبعينيات، فالعاملات لبعض الوقت بالنسبة لجملة العاملات ارتفع من 11.2% عام 1973 إلى 24.5% عام 1992 في فرنسا وارتفع خلال الفترة نفسها من 15.5% إلى 62.9% في هولندا ومن 24% إلى 36% في نيوزلاندا، كما أن هناك اتجاه للارتفاع في عدد العاملين من الرجال لبعض الوقت وإن كان لا يزال محدودا. (Gumment,1996)

خامسا: العولمة وتأثيراتها على الموارد البشرية وعلاقات العمل في الدول العربية:

من أهم انعكاسات العولمة على الموارد البشرية وعلاقات العمل في الدول العربية ما يلي: (حيدر، 1999)

1 - الأجور:

تضع كل دولة أنظمة لتحديد الأجور بشكل يضمن سد حاجات العمال الأساسية وتنظيم أساليب حمايتها وتقاضيها والزيادات الطارئة عليها ضمن قاعدة الأجور الواحدة للعمل والواحد دون تفريق في الجنس، كما يجوز ربط الأجر بالإنتاج على أساس حصول العامل على الحد الأدنى للأجر فإذا زاد إنتاجه على المعدل المقرر منح أجرا إضافيا عن الإنتاج الزائد، ومع الدعوة إلى العولمة وتحرير التجارة، فإن من بين الآثار الناجمة عنها تقليص الإنفاق الحكومية على الخدمات العامة وتحويل بعضها إلى خدمات مأجورة بأسعار السوق، إضافة إلى دفع أسعار الطاقة المستخدمة في المنازل، كل ذلك يؤدي إلى زيادة نفقات الأسرة مقابل الحصول على تلك الخدمات أو السلع وتصبح تكاليف المعيشة أكبر، مع ثبات الأجر أو عدم ارتفاعه بنسب ملائمة، مما يعني تخفيضا فعليا لقيمة الأجر الحقيقي الذي كانت تدعمه النفقات الحكومية بشكل غير مباشر، وحسب تقرير البنك الدولي عن التنمية في العالم 1995 فإن الأجور الحقيقية قد انخفضت خلال الثمانينات، وفي قطاع الصناعة وهو الأكثر وضوحا في توافر بيانات إحصائية عنه بالنسبة لغالبية الدول العربية فقد كان الانخفاض حوالي 30% ، ويرجع التقرير إن السبب في هذا الانخفاض يعود إلى التخفيضات في الإنفاق الحكومي التي رافقت برامج الإصلاح الاقتصادي التي تشرف عليها المؤسسات المالية العالمية.

2 - حق العمل:

تنص تشريعات العمل على أن لكل مواطن قادر الحق في العمل المنتج الذي يمكنه من أن يكسب عيشه وأن يحيا حياة كريمة، وعلى الدول تهيئة فرص العمل عن طريق خطط وبرامج التنمية بما يضمن حق العمل لجميع المواطنين في سن العمل، إن هذا الالتزام الذي اعتمدته معظم القوانين العربية بدأ التراجع في ضوء تخفيف القيود المفروضة على التشغيل وزيادة الاستثناءات، وفتح مجال الخيار والتفضيل وتراجع مكاسب التشغيل في تطبيق النصوص والتعليمات بدقة.

3 - برامج الإعداد المهني للعمال:

سبق للدول العربية أن أولت برامج الإعداد المهني للعمل اهتماما كبيرا أحدث توسعا وتطورا في ميدان التدريب المهني باعتباره من متطلبات نجاح خطط وبرامج التنمية الاقتصادية والاجتماعية.

إن الدعوة في ظل التوجيه لتنفيذ برامج الإصلاح الاقتصادي إلى تخفيض النفقات العامة للدول وتخفيض مجالات الدعم الاجتماعي سيؤثر بشكل مباشر وغير مباشر على استمرارية مراكز ومعاهد التدريب المهني وتطوير برامجها وخططها.

4 - فرص التشغيل:

تتأثر فرص التشغيل بظاهرة العولمة حيث صاحب عملية العولمة تطورا هائلا في التكنولوجيا والمعرفة وقد كان للتكنولوجيا دائما تأثيرها على فرص التشغيل حيث كانت تحدث بطالة مؤقتة لكن سرعان ما يعدل سوق العمل أوضاعه، وتتحسن مهارات العمال ويزداد النمو وتفتح أسواق جديدة فتزداد الوظائف والتخصصات الجديدة إلا أن التكنولوجيا الحالية لعصر العولمة تختلف عن سابقتها وتشكك في مدى توفيرها لفرص التشغيل وذلك للأسباب التالية:

- التكنولوجيا الرائدة حاليا هي تكنولوجيا المعلومات وقد هددت هـذه أول ما هددت المهارات الوسطى، فالوظائف الكتابية وكثير من المهارات الفنية في الصناعة بل والزراعة أصبح يغني عنها تدخل الحاسب والأوتوماتيكية ثم اتجه تهديد هـذه التكنولوجيا للوظائف الدنيا، بتدخل (الرموت) وأصبحت المعارف التي تكتسبها العمالة تضعف أهميتها بسرعة، فقد فاقت القدرة على الابتكار وتعلم الجديد في أهميتها الخبرة المكتسبة من ممارسة القديم، وتتجه هـذه التكنولوجيا حاليا لتهديد المهارات العليا وذلك باتجاهها الى الذكاء الصناعي ونظم ودعم القرار، ولذلك نلاحظ - خاصة في الدول المتقدمة- إمكانية حدوث نمو في الدخل دون أن يرافقه نمو في فرص التشغيل.
- ان هذا التأثير السلبي للتكنولوجيا على فرص التشغيل سوف يلاحظ في الدول العربية والبلدان النامية وبما يصوره أكبر من الدول المتقدمة، وذلك بسبب تأثير وتأثر هذه التكنولوجيا بأسواق العمل فالتجارة التي يعول عليها في عصر العولمة هي تجارة الخدمات وتحديدا قطاع المعلومات، ويقدر لهذه الصناعات الجديدة صناعة المعلومات، أن تتجاوز حاجز الترليون سنويا في وقت قريب، ويقدر لها نمو بنحو 16% سنويا وهذه الصناعة وثيقة الصلة بالبحث العلمي وفي هذا الإطار فإن الدول العربية لا تملك القدرة ولا تبذل الجهد الكافي لمسايرة جهود البحث.
- إن رفع الإنتاجية في الدول العربية يتطلب المزيد من الاستثمارات ومع ضآلة الاستثمار المحلي فإن الأمل ينعقد في الاستثمار الخارجي المباشر وفي ظل عولمة رؤوس الأموال فإن الاستثمار يتجه إلى عد محدود من البلدان والمناطق ليس بينها الدول العربية.

كما أن هناك مشكلة أخرى تتعلق بأن الاستثمارات اتجهت إلى الأنشطة كثيفة رأس المال قليلة العمالة مما يساهم في زيادة حدة البطالة بالدول العربية.

5 - الهجرة:

تستهدف العولمة التوسع في التبادل التجاري بين مختلف دول العالم الأمر الذي قد يوحي بأن ذلك سوف يشجع على المزيد من الهجرة إلا أننا إذا نظرنا إلى النقاط التالية ربما توصلنا إلى نتيجة مختلفة :- (Guazzone,1995)

- تسعى العولمة الى تقليل تفاوت الأجور بهدف تقليل التفاوت في التكاليف الإنتاج الأمر الذي يسمح بمنافسة متكافئة نظريا لأسعار المنتجات ويقود هذا الوضع الى تقليل دوافع الهجرة المرتبطة بتفاوت الأجور.

- تؤكد العولمة على عولمة رأس المال وحرية الانتقال الكامل للاستثمار وهذا الانتقال يزداد يوما بعد يوم حيث تتكاتف جهود جميع الدول لإزالة العقبات أمام انتقاله، وسوف تذهب رؤوس الأموال إلى حيث اليد العاملة الوفيرة والرخيصة الأمر الذي سوف يعمل على التقليل من دوافع الهجرة إلا أن تقليل دوافع الهجرة سوف يبقى تأثيره في المناطق التي تتميز بعناصر الجذب الأكبر والأهم للأستثمار.

- تسعى العولمة إلى تجانس شروط العمل وظروفه ليس بين المواطنين في مختلف البلدان فحسب بل وبين المواطنين والوافدين وإحدى وسائل ذلك إقرار الاتفاقيات الساعية لحماية حقوق المهاجرين، الأمر الذي سوف يرفع من تكلفة إستجلاب المهاجرين ويقود الدول التي تملك قدرات مالية وقلة في اليد العاملة إلى اللجوء إلى السوق المالية الدولية بدلا من الاستثمار المحلي واستقدام المهاجرين.

- تشجع العولمة حرية تنقل عناصر الإنتاج إلى درجة فرض ضمان حرية تنقل عناصر الانتاج إلا أنها تهمل في حساباتها أهم عنصرين من عناصر الانتاج وهما اليد العاملة والتكنولوجيا فالعولمة لا تعط اليد العاملة أي حق في التنقل بسبب القيود التي تضعها الدول المتقدمة على انتقال العمالة.

إن العولمة تقيد الهجرة -إلا في بعض الحالات الاستثنائية- ولكنها في الوقت نفسه تضاعف دوافع الهجرة، ومع تزايد التباين بين شدة دوافع الهجرة وتضاؤل فرصها فإن هناك احتمالات لزيادة الهجرة غير الشرعية ثم زيادة الاجراءات المضادة لها. (Eichengreen,1996)

وتشير نتائج احدى الدراسات إلى وجود علاقة وثيقة بين الهجرة وزيادة حركة التجارة العالمية حيث تساعد العولمة على إرسال اتصالات وشبكات المعلومات والقنوات التي يمكن أن تؤدي إلى زيادة مؤقتة في الهجرة من الدولة الفقيرة إلى الدولة الغنية في الأجلين القصير والمتوسط أما في الأجل الطويل، فستعمل العولمة إلى تقليل الهجرة.

كما أن العولمة ربما تخلق وسائل جديدة لهجرة الكفاءات فمع تطور الاتصالات وزيادة الانفتاح، وتغير طبيعة العمل والإنتاج، لم يعد ضروريا التنقل بين البلدان للهجرة بل يمكن أن تتم الهجرة دون مغادرة الأرض وذلك من خلال:

(Hirst & Thompson,1996)

- الشركات متعددة الجنسية، حيث أن هذه الشركات بطبيعتها قادرة على جذب عاملين وكفاءات يدينون لها بالولاء على حساب البيئة الاجتماعية والسياسية للبلدان، وهؤلاء تقل روابطهم ببيئتهم، كما أن انتقالهم -إن حدث- لا يعد هجرة ولكن انتقال إلى موقع إنتاجي مماثل في الشروط والظروف نفسها.

- كما أن وسائل الأتصال الحديثة ساعدت على العمل والإنتاج دون الانتقال إلى موقع العمل، لذا فقد أصبح العمل عن بعد ممكنا سواء داخل الدولة الواحدة أو المدينة الواحدة أو خارجها.

ومع استثناء الكفاءات من قيود الهجرة هناك استثناء آخر يتعلق بحرية تنقل الخدمات ففي ظل هذه الحرية أصبح من حق المسوقين للخدمات أن يكون لهم وكلاء وخبراء وفنيين حيث تباع منتجاتهم دون أن يكون وجودهم محكوما بقواعد الهجرة بل محميا بحرية تجارة الخدمات. وبذلك تقدم حصانة لفئة

من الخبرات الأجنبية المرتبطة بتسويق الخدمات لتكون في البلد الذي ترغبه خارج نطاق نظم الهجرة وقوانينها.

6 - بروز أشكال جديدة للعمل:

ويأتي في مقدمتها العمل لبعض الوقت خاصة للنساء، كما بدأ العمل في المنزل يشيع بفضل طبيعة الصناعة وسهولة الاتصالات وهذه الصورة الجديدة للعمل قد تناسب الدول العربية لتحل إشكالية التوفيق بين المسئوليات العائلية والتزامات العمل وتقلل من تكلفة العمل خارج المنزل.

7 - تقليل دور النقابات العمالية:

إن وجود نقابات عمالية قوية يؤدي إلى زيادة أجور أعضائها بالنسبة لباقي العاملين لذلك يصر ـ البنك الدولي والمؤسسات المالية الأخرى على ضرورة الحد من نفوذ ودور النقابات وإلغاء دورها التفاوضي.

الفصل الثاني

عولمة الموارد البشرية ... الفرص والتحديات

أولاً: تمهيد

ثانياً: مفهوم تطوير القدرات البشرية ضمن منظور العولمة

ثالثاً: المتغيرات الآنية والمستقبلية المؤثرة في تنمية القدرات البشرية المعولمة

رابعاً: الوسائل التطويرية لدعم تنمية العولمة وتأثيراتها على الموارد البشرية في الدول المتقدمة

خامساً: النموذج المقترح لتنمية الموارد البشرية المستقبلية

الفصل الثاني

عولمة الموارد البشرية ... الفرص والتحديات

أولاً: تمهيد:

لم يعد تطوير الموارد (القدرات) البشرية خياراً للمؤسسات والمنظمات فقد أصبح شيئاً ضروريا يجب الانخراط فيه ووضعه كأولوية في الاستراتيجيات والأهداف المرجوة. وقد جاء هذا استجابة للشعارات الهادفة والتي تطالب بأن يصبح الانسان هو أساس التنمية وهدفها وغايتها. كذلك نتيجة إلى الحاجة إلى خلق مهارات ومعارف جديدة في الانسان لكي يستطيع أن يواكب التغيرات التكنولوجية والمعلوماتية وتحديات العولمة والمنافسة الدولية. وينعكس هذا بدوره على التنمية الاقتصادية والسياسية والاجتماعية والمؤسسية وبالتالي على الإنتاجية والربحية.

وإذا كان دور المؤسسات في تطوير القدرات البشرية بسيطا في السابق فإنه ازداد تعقيدا في الوقت الحالي ويتنبأ أن يكون صعب التحقيق مستقبلا ولكن ليس مستحيلا. ان وجود دور متميز وشامل ينظر إلى الإنسان في إطار متكامل ويأخذ بعين الاعتبار جميع الجوانب المتعلقة بتطوير قدراته، يسهم بشكل مستمر وفعال في جميع مجالات التنمية.

سنتناول هنا مفهوم تطوير القدرات البشرية في ضوء التغيرات الحديثة والمستقبلية الناتجة عن العولمة مع الإشارة إلى الدور الجديد للمؤسسات والمنظمات في المؤسسات لدعم تطوير القدرات البشرية بما يواكب العولمة. وسنختتم هذا الفصل بطرح نموذج للتطوير يجعل من الإنسان أساسا وغاية وهدفا للتنمية قادرا على الاستفادة من إيجابيات العولمة وتقليص السلبيات أو القضاء عليها.

ثانياً: مفهوم تطوير القدرات البشرية ضمن منظور العولمة:

ماذا يعني تطوير الموارد البشرية ضمن منظور العولمة؟ هل هو يعني تطوير الفكر أو تطوير الذات أم تطوير الكفاءة أم تطوير الطرق والوسائل؟

ان هناك من ينادي بتطوير الفكر عن طريق الوعي بما يحدث من متغيرات حولنا وإدراك الحاجة إلى كسب المعرفة والاطلاع على ما هو جديد إيمانا بأن التطوير يأتي نتيجة توافر المعلومات الحديثة وكيفية توطيدها بما يخدم المهنة. فالإنسان المطلع والمكتسب للمعارف والمعلومات المتطورة يستطيع استغلالها والاستفادة منها ومن ثم المنافسة عن طريق إرادتها بفاعليه.

أما تطوير الذات فيأتي من الإحساس بالمسؤولية الشخصية في تلقي العلم والخبرة ومن ثم تطبيقها بما يحقق الأهداف الشخصية والمؤسسية وذلك من خلال تحقيق ماذا أريد؟ وماذا تريد المهنة؟ بما يعود بالنفع على المجتمع.

ويحتاج تطوير الكفاءات إلى إدراك الفروق الشخصية في التعلم واكتساب القدرات المطلوبة. حيث أن وجود مثل هذه الفروق تخلق التميز مما يتطلب تحديد الكفاءات المطلوبة ومعايير تحقيقها ومن ثم التشخيص المستمر مقابل المعايير المحددة.

إن مفهوم التطوير من خلال تطوير الطرق والوسائل التدريبية يعد شيئا ضروريا حيث أن التدريب بعيدا عن مواقع العمل أو بعزلة عنه لم يعد مجديا. فالتعلم النظري أصبح مدخلا لسوق العمل وليس شرطا للنجاح فيه. فالخبرة في مجال ما ضرورية وسببا للنجاح والترقي فيه. هنا نرى الفرق بين من اكتسب المعرفة فقط وبين من استطاع استغلالها وتوطيدها لخدمة وصقل الخبرة العلمية. (Eichengreen,1996)

مما سبق نرى أنه يجب أن ينظر متخذو القرار إلى التطوير من الجوانب الأربعة متكاملة ومترابطة ومتداخلة لكي يستمد كل جانب القوة من الآخر لخلق وتطوير مورد بشري فعال قادرا على مواجهة العولمة والاستفادة منها. من

هنا نرى أن تطوير الموارد (القدرات) البشرية يعني القدرة على تمكين الإنسان من تطوير فكره وذاته وقدراته عن طريق استخدام أفضل الوسائل والطرق بصورة فعالة ومثمرة.

ثالثا: المتغيرات الآنية والمستقبلية المؤثرة في تنمية القدرات البشرية المعولمة
: Global Human Resources

اقتصر مفهوم تطوير الموارد البشرية في السابق على إمداد الإنسان بالمعارف والمهارات المطلوبة لتأدية عمله بصورة فاعلة. ولكن مع التغيرات العالمية المستمرة أصبح التركيز على بناء الفرد الفعال في إطار متغيرات كثيرة ومتساوية خلقتها العولمة منها التقدم التكنولوجي والمعلوماتي المستمر وتغير مضمون الأهداف والأولويات المؤسسية ضمن المنافسة الدولية والتغير في الأنماط الإدارية المكتسبة.

لقد كثر الحديث في الآونة الأخيرة عن العولمة وما سوف تجلبه لنا من منافع ومضار مما ترتب عليه نوع من الخوف أدى إلى تساؤلات كثيرة منها كيفية الاستعداد لمواجهة العولمة. كيف تستفيد من المنافع الناتجة وكيف تتجنب الأضرار. فإن لكل شيء جديد مضاره ومنافعه ولكن السؤال الذي يطرح نفسه هنا هل العولمة شيء جديد على مجتمعاتنا ومواردنا البشرية؟ أعتقد بأن الإجابة تكون النفي لأننا تعرضنا من قديم الزمان للتبادل الثقافي والعلمي وفتحنا أبوابنا للدول الأخرى لنكتسب منها أفكارا وعلوما جديدة ولكي نشارك نحن بتسليط الضوء على حضارتنا ويستمع الآخرون إلى آرائنا وأفكارنا في شتى المجالات. فالعولمة بمفهومها الانفتاحي ليست بالجديدة على شعوبنا فقد ارتاد دولنا حشد كبير من المفكرين والخبراء والعلماء لتبادل الآراء والخبرات وتدريب وتعليم أبناؤنا على ما هو جديد. ولم نكتف بذلك فقد توافد الكثير من أبنائنا لطلب العلم وكسب المعرفة والخبرات من الدول الأخرى ومن ثم العودة لتطبيق ما تعلموه لرفع مستوى الخدمات والإنتاجية. (المطلق، 1999)

لقد كان لدولنا دور رائد في تنمية القدرات البشرية عن طريق تقبل مفهوم العولمة والانفتاح على العالم مما كان له الأثر الكبير في رفع مستوى القدرات البشرية في شتى المجالات. فالمطلوب حاليا هو ليس التخوف مما ستجلبه العولمة ولكن كيفية التعامل مع المتغيرات الجديدة في المجتمعات الأخرى والتي يمكن أن تؤدي إلى ظهور نوع جديد من الحاجات التدريبية والتطويرية ومن أهمها الوعي الشامل والمتكامل لكي يتسنى لنا تسويق المهنة بما يتناسب مع المستجدات المحلية والإقليمية والعالمية. فالحاجة المستقبلية هي تدريب وتأهيل مواردنا البشرية الهندسية لتكون قادرة على مواجهة التحديات العالمية بما يسمى (عولمة الموارد البشرية).

1 - التقدم التكنولوجي والمعلوماتي:

إن الثورة المعلوماتية والتكنولوجية التي يواجهها العالم تمثل عنصرا هاما من عناصر التقدم والازدهار والتي يجب أن نتعامل معها بحذر وكفاءة، فالمعلومات في ازدياد وتطور مستمر مما يجعل العنصر ـ البشري يقف مذهولا للكم الهائل من النظريات والتطبيقات والممارسات التي يجب أن يكون على اطلاع تام بها كي يستطيع أن يخلق ويطور مشاريع تنافسية تساعده على إبراز مؤسساته محليا وإقليميا وعالميا وتؤهله لترويج قدراته المتميزة في ميدان العمل.

وبناءا على ذلك أصبحت تنمية القدرات البشرية في عصرنا الحالي مسألة قرار ذاتي غير اختياري يركز على قدرة الفرد على تطوير معارفه ومهاراته في استخدام التكنولوجيا ومعالجة المعلومات وإبراز سلوكياته تجاه التكنولوجيا بصورة إيجابية تساعده على الانخراط في عالم حديث يؤمن بأن الكومبيوتر هو لغة العصر. وبناءا على ذلك لم يعد هناك مكان في ميادين العمل اليوم لعنصر بشري يرفض التعامل مع التكنولوجيا أو يكون غير مطلع على ما هو جديد. فالسرعة التي تتداول بها المعلومات والبرامج المتاحة عبر شبكة الإنترنت تسهل الحصول على المعلومات وتصقل مهارات العنصر البشري مما يجعله قادر على مواكبة ما هو جديد في العصر ـ الحالي ومتنبأ بما سيحدث

في عـالم المسـتقبل. فالتركيـز عـلى التـدريـب التقنـي وإمـداد العنـاصر البشرية بالقدرات المطلوبة للتعامل بإتقان وكفاءة مع عالم اليوم والغد، عالم الكومبيـوتر الـديناميكي، أصبح شـيئا ضروريا مـن أجـل تحقيـق أهـداف المؤسسات والاندماج في العالم الموحد. (Thompson,1996Hirst &)

2 - الأهداف والأولويات المؤسسية:

يعتـبر وضـع الأهـداف ورصـد الأولويـات في المؤسسـات مـن الممارسـات الهادفة لتحقيق الرؤى المرجوة وكانت الأولويات هي تحقيق الربحية وتقديم الخدمة الممتازة وإرضاء الزبائن وزيادة الإنتاجية. أما اليـوم فقد تـم التركيـز في الأولويـات على تأهيل وتـدريب المـوارد البشرـية بمـا يقع تحـت عنوان (تنميـة الموارد البشرية). إيمانا بأن الاهتمام والتركيز عـلى تنميـة قدرات العـاملين يؤثر تأثيرا إيجابيا في رفع مستوى الخدمة وإرضاء الزبائن وزيادة الإنتاجيـة وتحقيق الربحية المستهدفة. فالعلاقة هنا طرديـة تؤكـد أهميـة العنصر- البشري آخـذين بعين الاعتبار بأن المـوارد البشرـية تجلـب معهـا العقـول والأحاسـيس إلى ميدان العمل مما يدعو إلى تدريبهم على كيفية التفكير في المستقبل وإيصال رؤيتهم إلى الآخرين للتأكيد على تقدم المؤسسات وتطورها لتواكب مسـتجدات العولمـة في القرن الواحد والعشرين. (حجازي، 1998)

3 - التغيير في الأنماط الإدارية:

تم التركيز في الآونـة الأخيرة عـلى ممارسة أنمـاط إداريـة حديثـة تجعـل من الموارد البشرية أساسا لنجاحها واستمراريتها وكذلك في تطويرهـا، ومـن أهم هذه الأنماط وأبرزها نمط العمل كفريق يـدير وينفذ مشاريع عديدة ومتشعبة، ترتب على ذلك الحاجة إلى تدريب موارد بشرية قادرة على تقبل فكرة العمل الجماعي وتبـادل الـرأي والمشـورة وتقاسـم وتحمـل المسـؤولية وتغيير استخدام مصطلح "أنا عملت " إلى " نحن أنجزنـا ". ونتج عـن ذلك تبني العديد من البرامج التنموية والتي تهدف إلى صـقل مهـارات ومعـارف العمل

الجماعي لدى الفرد. والسؤال هنا إلى أي مدى أصبحنا قادرين على تبني مسألة " ملكية المشروع Ownership "وتحمل المسؤولية كمجموعة تعمل على اعداد وتطبيق وتقويم المشروع.

لهذا يحتاج المستقبل وتحدياته إلى موارد بشرية تتمتع بروح الفريق الواحد ليكونوا قادرين على مواجهة وإنجاز المشايع التنموية. كذلك يجب التنويه هنا إلى أهمية تبني مفهوم العمل كفريق من قبل الإداريين لكي يكونوا قدوة يحتذي بها في شتى المجالات العملية. إن هذه التغيرات تتطلب من المؤسسات إعادة النظر في سياسات وخطط تنمية الموارد البشرية الهندسية ضمن مفهوم العمل كفريق من أجل مواكبة التحديات المستقبلية. (Guazzone,1995)

4 - التأهيل التقني:

أدى التقدم التكنولوجي إلى زيادة استخدام العديد من برامج الكومبيوتر في التدريب والتعليم التقني حيث يستطيع المورد البشري استخدام برامج تدريبية خاصة لتنمية مهاراته في مجال معين. كذلك أصبح الإلمام بأساسيات برامج تشغيل الحاسوب وبعض البرامج التطبيقية المساعدة للاستخدامات العامة للحاسوب شيئا ضروريا جدا للتأهيل والتنمية. واستدعى اقتناء برامج تخصصية مهنية من البرمجيات الجاهزة المتوفرة تجارباً لاستخدامها في تأهيل وتنمية المتطلبات الوظيفية في مجالات التخصصات المختلفة، وقد تم تبني واستخدام العديد من الخدمات التكنولوجية للرقي بالعاملين والمؤسسات على السواء. ومن هذه الخدمات:

أ) البريد الإلكتروني والقوائم البريدية:

تستخدم للاتصال وتبادل الرسائل وملفات الرسومات (Graphics) وملفات الوسائط المتعددة (Multimedia)، حيث توفر تسلم رسائل بريدية (E-mail) في موضوعات تخصصية تناقش أحد الموضوعات أو الدعوة

لاجتماعات مهنية للجمعيات الهندسية وعرض محاضر الجلسات والمناقشات مما يتيح للأعضاء الاطلاع على مختلف الأنشطة الدارجة في أي مكان في العالم دون الحاجة للوجود الفعلي في الاجتماعات. وغالبا ما يتم الاتصال عن طريق الرسائل الإلكترونية.

ب) مجموعات الاهتمام المشترك:

ويتضمن المناقشة والحوار مع مجموعات ذات اهتمام مشترك حول موضوعات تخصصية هندسية تساعد على تبادل المعلومات والاطلاع على التطويرات الحديثة في الحقل الهندسي كذلك وجود غرف المحادثة والنقاش المتخصصة في مختلف التخصصات.(صابوني،1996)

ج) استخدام محركات بحث لشبكة الإنترنت:

يتيح التطور التكنولوجي عبر شبكة الإنترنت وسائل متطورة للبحث العلمي عن طريق استخدام البرامج التطبيقية المختلفة مثل .Excite. Yahoo. Infoseek. Etc كما يستطيع المهندس أن يستفيد من الخامات الأخرى لشبكة الإنترنت بالاطلاع على قواعد المعلومات العامة مثل الكتب والصحف والمجلات العلمية والثقافية والموسوعات. (Iriye,1997)

5 - التعليم والتدريب المستمر:

أصبحت الاستمرارية في التعليم والتدريب منهجا ضروريا للتنمية وتحقيق النتائج وذلك استجابة للتطور العلمي والتكنولوجي المتواصل. إن تشعب العلوم التطبيقية وازدياد التركيز على التخصصات الدقيقة في برامج التعليم العالي أدى إلى إعادة تعريف دور التعليم الجامعي برمته في مجال العلوم فبدلا من أن تركز المناهج الدراسية في المرحلة الجامعية الأولى على تخريج مورد بشري قادر على "مزاولة المهنة" أعطت اهتماما أكبر على تخريج مورد بشري يمتلك الأدوات اللازمة "لتعلم المهنة" وأصبحت برامج التعليم تفترض ضرورة المتابعة ببرامج التدريب المستمر التي تهدف إلى تنمية

"المهارات المهنية" أولا، ثم المحافظة على "اللياقة المهنية" لفترة طويلة من الزمن. (Hauss,1996)

وبناء على ذلك برزت أهمية برامج التـدريب المسـتمر والتـي تطالـب بإنجاز عدد معين من الساعات ليعطي المـورد البشـري حـق مزاولـة والتـي تجدد تبعا لانخراط المورد البشري في برامج تدريب مستمرة لتنمية مهاراتـه والحفاظ على لياقته المهنية. فالتدريب المهني في معظم التخصصـات مهـم للغاية ومتنوع ومختلف من حيث المنهج والمضمون وكيفية التقويم.

رابعا: الوسائل التطويرية لدعم تنمية العولمة وتأثيراتها عـلى المـوارد البشـرية في الدول المتقدمة:

إن الوسائل التطويرية المستخدمة في دعم تنمية الموارد البشـرية متعـددة ومتميزة بطرق تطبيقها ومتابعتها وتقويمها. ولا يمكـن أن تكـون هـذه الوسائـل فعالة إلا بوجود رؤية واضحة وأهداف محددة، وأهم من ذلك الاقتنـاع بأهميـة الموارد البشرية المؤهلة والمدربة واعتبارها مصدر الفكر والإبداع وأساس التطوير والابتكار والتأكيد عـلى أهميـة الاستثمار في تعليم وتجهيز وتـدريب وتطوير الكوادر لكونهم رأس المال الحقيقي المسؤول عـن تنفيـذ المهام وبالتـالي التركيـز على حتمية خلق جيل جديد من الموارد البشرية والقادة في المـنظمات الجديدة تتناسب مع قدراتهم وتوجهاتهم مع معطيات وتحديات النظام (حنفي، 1999)

ونجد أن تطوير الكوادر (القدرات) البشرية لمواكبة العولمة يتطلب الآتي:

1- فحص الرؤية (Vision) والتاكد من مواكبتها مـع التغيرات والتحـديات الحاليـة والمستقبلية وهو شيء ضروري للنجاح في المؤسسات.

2- مراجعة الاستراتيجيات والسياسات الادارية (Administrative Strategies and Policies) بمـا يتعلق بالتوجيهات الجديدة ووضع استراتيجية جديدة تعكس الـوعي التـام بالمتغيرات والتحديات وتستجيب لاحتياجات ميدان العمل.

3- تحديد الكفاءات المطلوبة (Job Competencies) في الموارد البشرية المستقبلية مع التركيز على ما يراد توافره في خريجي المستقبل، ما هي معارفه، مهاراته، سلوكياته، أساليب إدارته، ونحتاج هنا إلى دمج فكري وعملي بين جهات التعليم العالي وجهات العمل مع وضع تخيل لما يجب ان يمتاز به الموارد البشري المستقبلي.

4- استمرارية تقويم الأداء وإدارته بصورة تتناسب مع الكفاءات المطلوبة لنضمن توافر الكفاءة وقياسها بأسلوب متقدم ومناسب مع التغيرات.

5- التأكيد على الجودة في الأداء وإرضاء المستهلكين والزبائن بما يعكس رؤية واستراتيجيات وأهداف المؤسسات.

6- تشجيع التعليم المستمر والتدريب المستمر الذاتي والنوعي للقدرات البشرية والذي يتطلب وجود برامج وأنشطة تدريبية ترقى بالفكر وتطوير الذات في مختلف التخصصات المطلوبة.

خامساً - النموذج المقترح لتنمية الموارد البشرية المستقبلية:

يوضح الشكل التالي نموذجاً لتطوير القدرات البشرية المعولمة ويركز على جعل الإنسان محوراً للتنمية صانعاً للتنمية وهدفاً للتنمية.

شكل رقم (12) النموذج المقترح لتنمية الموارد البشرية المستقبلية

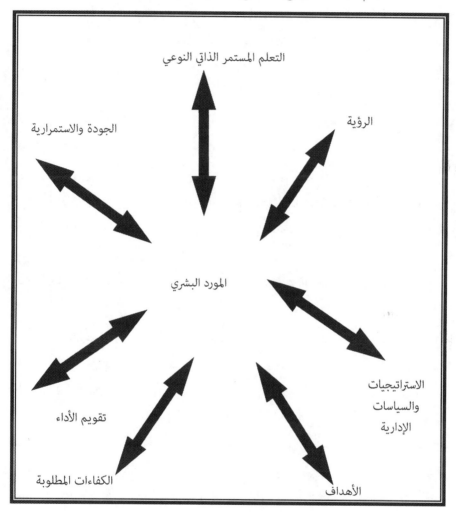

التعلم المستمر الذاتي النوعي

الجودة والاستمرارية

الرؤية

المورد البشري

الاستراتيجيات والسياسات الإدارية

تقويم الأداء

الكفاءات المطلوبة

الأهداف

لذلك يجـب تحديـد مواصـفات المـورد البشـري المعـولم .... في القـرن الواحد والعشرين بوضع رؤية جديدة طبقاً للتنبؤات وضمن المتغيرات ومـن ثم رسم السياسات ووضع الإستراتيجيات الإدارية التـي بـدورها تتفـرع إلى أهداف محددة مقاسة وواقعية تحقق برامج الاستثمار في الموارد البشرية.

وكما نتعرف على الأهداف ونحدد المواصفات، يجب أن نحدد الكفاءات المطلوبة ونبدأ في رصد الموازنات لتحقيقها، وكذلك التأكد من جودة الأداء التي نرى فيها تحقيقاً لرؤيتنا وأهدافنا. ولا ننسى- بان وجود معايير للجودة وكيفية ضبطها واستمراريتها يساهم بصورة فاعلة في التحسين وزيادة الإنتاجية. كذلك يتوجب علينا أن نستمر في تنمية قدرات الإنسان (المحور) وذلك عن طريق البرامج التطويرية المستمرة والتي تصقل المعارف والمهارات بما يتناسب مع المتغيرات المستقبلية.

وأخيراً وليس أخراً نرى أن تنمية القدرات البشرية تشمل القدرة على تمكين الإنسان من تطوير فكره وذاته وقدراته عن طريق استخدام أفضل الوسائل والطرق بصورة فاعلة ومثمرة لذلك يجب أن يكون التطوير شاملاً حيث الإنسان يتأثر ويؤثر في التنمية لذلك تكون الحاجة هنا إلى التركيز على منح الكوادر البشرية المعرفة والخبرة والمهارة وجواً علمياً مناسباً يساعده على الإبداع..

إن المتغيرات التي تؤثر في التنمية البشرية عديدة وفي تغير مستمر لذلك يجب أن يتوفر للإنسان القدرة على الانخراط في عالم المعلوماتية والاتصالات التكنولوجية بصورة مستمرة وأن يتقبل العولمة ويستطيع أن يميز بين منافعها ومساوئها بما يكفل له حياة عملية مثمرة، كما يجب على متخذي القرار والقائمين على إدارة الأعمال أن يتعرفوا على الفرص والتحديات التي تجلبها العولمة وتؤثر على تطوير الموارد البشرية وقدراتهم، وأن يكونوا على وعي تام ومستمر بمستجدات العصر حتى يستطيعون تلبية احتياجات ميدان العمل بالموائمة بين العرض والطلب.

المصادر

المصادر العربية :

1- البياتي، هلال، "شبكة الانترنيت"، مجلة علوم، العدد 86، 1996.

2- بادر، جوزيف، فن الإدارة، ترجمة أسعد أبو ليدة، دار البشير، 1997.

3- براون، أ، علم النفس الاجتماعي في الصناعة، ترجمة محمد خيري وآخرون، دار المعارف بمصر، القاهرة، 1979.

4- بربر، كامل، أدارة الموارد البشرية وكفاءة الاداء التنظيمي، بيروت، المؤسسة الجامعية للدراسات والنشر والتوزيع، 1997

5- جلا، سعد، علم النفس الاجتماعي، ط2، الاسكندرية، منشأة المعارف، 1984.

6- الجميل، سيار، العولمة والمستقبل، بيروت، 1998.

7- جواد، شوقي ناجي، والمؤمن، قيس عبد علي، سياسات الأعمال، مطبعة الراية، بغداد، 1990.

8- حنفي، محمد عمر، العولمة الفرص والتحديات، مؤتمر تنمية الموارد البشرية الدولي الثاني، الإمارات العربية، 1999.

9- الحسن، محمد ربحي، معالجة المشكلات الإدارية، مدخل عام، المملكة العربية السعودية، 1986.

10- حسن، عادل، العلاقات الانسانية وادارة الافراد، الاسكندرية، دار الجامعات العربية، 1980.

11- حسين، عادل، العلاقات الانسانية وادارة الافراد، دار الجامعات المصرية، الاسكندرية، 1994.

12- حمامي، يوسف، تقويم أداء العاملين، عمان، معهد الادارة العامة، 1993.

13- عبد الـرزاق ، رضـا ، وآخـرون ، أدارة الافـراد ، بغـداد ، وزارة التعلـيم العالي والبحث العلمي ، .1990

14- درة ، عبد الباري ، والصباغ ، زهير ، ادارة القوى البشرية، منحي نظمي، عمان ، دار الندوة للنشر والتوزيع ، 1986،

15- راجـح، احمـد عـزت، علـم الـنفس الصـناعي، الـدار القوميـة للطباعـة والنشر، مطبعة الاسكندرية، مصر، .1985

16- راشد، احمد عادل، ادارة القـوى البشـرية، الاسكندرية، دار الجامعـات المصرية، .1993

17- زويلـف، مهـدي حسـن، ادارة الافـراد والعلاقـات الصـناعية، بغـداد، جامعـة بغداد، .1988

18- الزبـيدي، ابـراهيم عبـد الهـادي، علـم الـنفس الصـناعي، دار الحكمـة للطباعة والنشر، بغداد، .1991

19- سـالم، فؤاد الشيخ، وآخـرون، المفـاهيم الإداريـة الحديثـة، مركـز الكتـب الأردني، .1992

20- سميث، بيرم م.، تولي المسؤولية، (مترجم)، مركـز الكتـب الأردني، عمان، 1989.

21- سعيد ، صالح عودة ، أدارة الافراد ، طرابلس ، .1994

22- شركة (ديجتال) ومجلة (بايت)، تعرف على الشبكة، .1997

23- الشكرجي، نعمة جـواد، مـدخل في وظائف المنشأة، بغداد، مطبعة عصام، .1986

24- الشماع، خليل محمد حسـن، الادارة مـع التركيـز علـى ادارة الاعمال، 1991.

25- الشنواني، صلاح، اصول ادارة الاعمال، مصر، دار الجامعـات المصـرية، 1991.

26- عبـد الـرزاق ، رضـا ، وآخـرون ، أدارة الافـراد ، بغـداد ، وزارة التعليـم العالي والبحث العلمي ، 1990.

27- شريف، فؤاد، العلاقـات الصناعية، دار الجامعـات المصريـة، القاهرة، 1956.

28- عبد الخالق احمد، علم النفس المهني، الدار الجامعية للطباعة والنشـر بيروت، 1983.

29- عبد الله، بدر عبد الـله، العامـل ودوران الآلـة، دار الكاتـب العربي للطباعة والنشر، القاهرة، 1967.

30- عبد الـله، جهاد، "شبكات ...... ليست كالشبكات"، مجلة بايت، نيسان، 1997.

31- عقيلي، عمر وصفي، وآخـرون، وظائف منظمات الأعمال، دار زهران للطباعة والنشر والتوزيع، 1993.

32- عبـد الـرزاق ، رضـا ، وآخـرون ، أدارة الافـراد ، بغـداد ، وزارة التعليـم العالي والبحث العلمي ، 1990.

33- عيسوي، عبد الرحمن، علم النفس والانتـاج، مؤسسـة شباب الجامعـة، القاهرة، 1992.

34- علا قي ، مـدني عبـد القـادر ،ادارة المـوارد البشريـة (جدة، مؤسسـة المدينة للصحافة) 1993 .

35- عبد الوهاب ، علي محمد ، الحوافز ، نظرة متكاملة ، المجلة العربية للا دارة ، المجلد الثامن ، العدوان ، الثالث والرابع ، 1984 .

36- عقلان ، حمـود عبد الصلح ، أدارة المـوارد البشـرية ، مـدخل قيمي ، صنعاء، أدارة الشوكاني للطباعة والنشر والتوزيع ، 1997 .

37- عساف ، عبد المعطي ، الاتجاهـات الحديثـة لتقويم أداء العـاملين في الادارة الحكومية ، مجلة العلوم الاجتماعية ، جامعـة الكويت ، المجلـد السادس عشر ، العدد الاول ، 1988 .

38- مـايـر، نورمـان، علــم الــنفس في الصــناعة، ترجمـة محمـد عـمـاد الـدين اسماعيل، مؤسسة فرانكلين، القاهرة، 1967.

39- منصور، منصور احمد، المبادىء العامة في ادارة القوى العاملة، الكويت، وكالة المطبوعات، 1979.

40- نادياو، توم ر.هافل، "اليوم الشبكة وغداً العالم"، مجلة بايت، كانون الثاني، 1997.

41- نادياو، مايكل، "هل صار بريد   الالكتروني قديماً"، مجلة بايت، آذار، 1997.

42- ماهر ، أحمد ، أدارة الموارد البشرية ، القاهرة ، دار الشـروق للطباعـة والنشر 1996 .

43- المطلق، لؤلوة، الموارد البشرية المعولمة، الأكاديمية العربية للعلوم المالية والمصرفية، القاهرة.1999.

44- لانز ، كارن ، الدليل العملي في توظيــف وأدارة الافـراد، ترجمـة فـؤا د أمام هلال ، القاهرة ، دار الفجر للنشر والتوزيع ، 1990 .

45- الهيتي، خالد، وآخرون، أساسيات التنظيم الصناعي، مديرية دار الكتب للطباعة والنشر، جامعة الموصل، 1988.

46- يعقوب، امال احمد، علــم الــنفس الاجتماعـي، مطابع التعليم العـالي، بغداد، 1989.

المصادر الأجنبية:

1- Beach, Dale, Personnel: The Management of People at work, N.Y: Mamillan publishing Co., Inc., 1980.

2- Boggs,D.H., and Simon,J.R., "Differential Effect of Noise on Tasks of Varging Complexity," Journal of Applied psychology, 52, 1978.

3- BRISCOE, DENNIS: HUMAN ANAGEMENT HAS COME OF AGE. PERSONNEL ADMINISTRATOR. NOV. 1988.

4- CARRELL, MICHAEL R. AND KUZMITS, FRANK E; PERSONNEL: MANAGEMENT OF HUMAN RESOURCES, CHARLES E. MERRILL PUBLISHING CO., COLUMBUS, OHIO,1994

5- CHRUDEN, H. AND SHERMAN, A.: PERSONNEL MANAGEMENT, SOUTH WESTERN PUBLISHING CO.. NEW YORK. 1989

6- COLEMAN. CHARLES: PERSONNEL: THE CHANGING FUNCTION, PUBLIC PERSONNEL, 1983

7- COOPER, M. R. ET-AL.,: CHAGING EMPLOYEE VALUES: DEEPENING DISCONTENT HARVARD BUSINESS REVIEW, VOL. 5 7..NO. L JAN-FEB. 1989.

8- Chruden, H.J, and Sherman, A.W., Personnel Management, N.Y.,South Western Publishing Co. 1986.

9- Danghtrey, A.S., and Ricks, B.R., Contemporary Supervision, Managing people and Technology, Singapore, 1989.

10- Flippo, Edwin, B., Principles of Personel Management, N.Y., mcgraw Hill Co., 1994.

11- Ford, A., And Hellerstein, "work and Heart Diseases," Circulation, 18,1968.

12- Fox,J.G., "Background Music and Industrialefficiency," Applied Ergonomics, 1971.

13- Fraser, D.C., "Recent Experimental work in the study of Fatigue," Occupational psychology, 32,1976.

14- Gumment,Globalization & Public policy, USA,1996.

15- Globalization & opportunites for   Developing,Countries in worLD Economic outlook, Washinton,1997.

16- Guazzone, S. The Globalization, L.I.1995.

17- Hirst & Thompson, Globalization,London, 1996.

18- Horsman, K., Globalization, the concept & the Importance, N.Y., 1994.

19- Hipner,H.W., Psychology Applied to life and work, prentice- Hall,1984.

20 - Katzell, R.N., Industrial psychology, California, Annual Review INC., 1974.

21-Santamaria, A., Background Music onamental Task in Fluence of Playing time on Performance and heart variadility, State University, 1970.

22- Siagel, L.,Industrial Psychology, Home Wood, Illionois, Richard,D., Irwin, INC., 1989.

23- Smith, H.C., and wakalaly, J.H., Psychology of Industrial Behavior, N.Y., Mc Graw-Hill Book Co.,1972.

24 - Ryan, Kathleen D. And Oestrich, D.K, Driving Fear Out of the Workplace, San Francisco: Jossey- Bass, 1991.

25 - Schmidt, Warren H. And Finnigan, Jerome P.; The Race Without a finish Line, San Francisco: Jossey-Bass publishers, 1992.

26 - Sheppard, B.H; Lewick:, R. And Minton, J.W.; Organizational Justice: The searh for Fairnss in the workplace, New York: Iexington Books, 1992.

27- Zen, Stephen Uselac; Leadership: The Human Side of Total Quality Team Management, Ioudonvill, ohio: Mohican publishing company, 1993.

28- Mclaughlim, Curtis P. And Kaluzny, Arnold D.; Total Quality Management in health: Making it Work, Health Care Management. Rev. 15 (3), 1990

29- Tom Glenn; Getting people to Do What They want to Do, The public Manager, 21(3), Fall,1992.

30 - Encyclopaedia Brittanica INC., Encyclopaedia Brittanica, VOL.9,USA.,1985. 31- GRAHAM. H. T: HUMAN RESOURCES MANAGEMENT, PITMAN PUB. LIMITED, LONDON, 1993.

32- HERZBERG F : ONE MORE TIME: HOW DO YOU MOTIVATE EMPLOYEES? HARVARD BUSINESS REVIEW. JAN-FEB., 1974.

33-HERZBERG F.. MAUSNER. B. AND SNYDERMAN, B: THE MOTIVATION TO WORK,WILEY & SONS. NEW YORK, 1959.

34- ENGLISH, JACK W: THE ROAD AHEAD FOR THE HUMAN RESOURCES FUNCTIONS, PERSONNEL.MARCH-APRIL,1995

35- FEE, DALLAS DEE: MANAGEMENT BY OBJECTIVES: WHEN AND HOW DOES IT WORK. PERSONNELJOURNAL. JAN.1986

36- FLIPPO, EDWIN B.': PERSONNEL MANAGEMENT. SIXTH EDITION, MCGRAW HILL BOOK CO., NEW YORK. 1984.

37- FOLTZ, R. ET. AI: SENIUI MANAGEMENT VIEWS THE HUMAN RESOURCE
FUNCTION, PERSONNEL ADMINISTRATOR, SEPT., 1982.

38-FOULKES FRED: THE EXPANDING ROLE OF THE PERSONNEL FUNCTION,
HARVARD BUSINESS REVIEW. MARCH-APRIL 1990 .

39- FOULKES, F. K. AND MORGAN, H. M.: ORGANIZING AND STAFFING THE
PERSONNEL FUNCTION. HARVARD BUSINESS REVIEW, MAY-JUNE, 1991.

40- GEMMEL, A.J.: PERSONNEL AND LINE MANAGEMENT: PARTNERS IN ABSENTEE
CONTROL, PERSONNEL JOURNAL, FEB. 1987.

41- GOODMAN, ROGER J.: CHANGE AND THE PUBLIC PERSONNEL MANAGER. PUBLIC
PERSONNEL MANAGEMENT. MARCH-APRIL 1976

42-MARKOWITZ, J.: FOUR MODELS OF JOB ANALYSIS. TRAINING AND DEVELOPMENT
JOURNAL, SEPTEMBER 1981.

43- MASLOW, A.; MOTIVATION AND PERSONALITY. HARPER & ROW. NEW YORK.1954

44- MATHIS, ROBERT L. AND JACKSON, JOHN H.: PERSONNEL: HUMAN RESOURCE
MANAGEMENT. FOURTH EDITION. WEST PUBLISHING CO.. NEW YORK. 1995.

45- ME GREGOR. DOUGLAS: THE HUMAN SIDE OF ENTERPRISE, ME GRAW-HILL, NEW YORK. 1968.

46- MORRIS, B. R.: RECRUITMENT. PROMATION. AND CAREER MANAGEMENT. THE USE OF QUANTITATIVE METHODS, INSTITUTE OF MANPOWER STUDIES. LONDON, SEPTEMBER 1989.

47-ODIORNE. GEORGE: MANAGEMENT BY OBJECTIVES NEWSLETTER, PITMAN. NEW-YORK. 1992.)

48- PATTEN. THOMAS H.: MANPOWER PLANNING AND THE DEVELOPMENT OF HUMAN RESOURCES. JOHN WILEY &. SONS. INC.. NEW YORK. 1985

49- PORTER. L-.LAWLER, E. AND HACKMAN, J.: BEHAVIOR IN ORGANIZATIONS, MEGRAW-HILL BOOK CO.. NEW YORK. 1975.

50- ROSS, JOYCE D: A DEFINITION OF HUMAN RESOURCES MANAGEMENT, PERSONNEL JOURNAL. OCTOBER. 1982.

51-SCHULER. RONDALL S.: PERSONNEL AND HUMAN RESOURCE MANAGEMENT. WEST PUBLISHING CO. .NEW YORK. 1988.

52- STRAUSS. GEORGE AND SAYLES LEONARD: PERSONNEL:THE HUMAN PROBLEMS OF MANAGEMENT. PRENTICE-HALL. ENGLEWOOD CLIFFS. N. J. 3RD ED. 1989.

53- TOWNSEND. CHRISTINA AND FRESHWETER, MICHAEL: MANPOWER MOBILITY AND THE GROUPING OF SKILLS. PERSONNEL MANAGEMENT. JUNE 1989.

54- WERTHER, WILLIAM B. AND DAVIS, KEITH: PERSONNEL MANAGEMENT AND

Human Resources, New York, 1991.

55-White, H, Personnel Administration & Organizational Productivity, Personnel Administration,

August, 1991.